CB015351

AMOR
& resgate

AMOR & resgate

Janaína Farias
pelo espírito
Jean Lucca

© 2019 Janaína da Conceição Martins de Farias

Editora Espírita Correio Fraterno
Av. Humberto de Alencar Castelo Branco, 2955
CEP 09851-000 – São Bernardo do Campo – SP
Telefone: 11 4109-2939
correiofraterno@correiofraterno.com.br
www.correiofraterno.com.br

Vinculada ao  www.laremmanuel.org.br

1ª edição – 1ª reimpressão – Outubro de 2019
Do 3.001º ao 6.000º exemplar

A reprodução parcial ou total desta obra, por qualquer meio, somente será permitida com a autorização por escrito da editora. (Lei nº 9.610 de 19.02.1998)

Impresso no Brasil
Presita en Brazilo – Printed in Brazil

Coordenação Editorial
Cristian Fernandes

Preparação de Texto
Eliana Haddad, Gisella Amorim e Izabel Vitusso

Capa e projeto gráfico de miolo
André Stenico

Catalogação elaborada na editora

Lucca, Jean (espírito)
     Amor e resgate / Jean Lucca (espírito); psicografia de Janaína Farias. – 1ª ed., 1ª reimp. – São Bernardo do Campo, SP : Correio Fraterno, 2019.
     320 p.

  ISBN 978-85-5455-015-8

1. Romance mediúnico. 2. Irlanda. 3. Lei divina. 4. Crescimento espiritual. 5. Reencarnação. 6. Literatura brasileira. I. Farias, Janaína. II. Título.

CDD 133.93

Sumário

APRESENTAÇÃO..9

INTRODUÇÃO
    Retalhos no tempo..11

PRIMEIRA PARTE – Kevin e Miriel 15
    1 – Viagem no tempo 17
    2 – Desregramentos da juventude..21
    3 – Reencontro 31
    4 – Amor proibido 45
    5 – A história de Thompson 53
    6 – Inseguranças e desconfianças 65
    7 – As consequências das inconsequências................................81
    8 – O flagra 95
    9 – A festa de Saint Patrick 111
    10 – Expectativas 129
    11 – A história de Orish e o regresso ao Ulster........................141
    12 – Conhecendo o adversário...153
    13 – Entendimentos e desentendimentos 171
    14 – Selando o destino 185

SEGUNDA PARTE – O passado 193

1 – Noivado forçado..195
2 – Aproximados pelo destino...203
3 – A fuga..209
4 – A perseguição...215
5 – No limiar das novas experiências.......................................225

TERCEIRA PARTE – Destinos traçados 241

1 – Prosseguindo com os desatinos 243
2 – Sombrios vaticínios 251
3 – Tragédias desnecessárias..259
4 – O trágico desenrolar...271
5 – O desfecho...283
6 – Arrependimento e novas oportunidades.............................293
7 – A conclusão desses relatos 307
8 – Apontamentos finais...315

Apresentação

NA PRIMEIRA CARTA aos Coríntios (13:7), Paulo de Tarso nos adverte: "O amor tudo sofre".

Ao comentar este trecho, Emmanuel elucida pormenores e ilumina a santidade das linhas evangélicas:

> Não se atropela, nem se desmanda. Abraça no sacrifício próprio, em favor da felicidade da criatura a quem ama, a razão da própria felicidade. Por esse motivo, no amor verdadeiro não há sinal de qualquer precipitação conclamando à imoderação ou à loucura.[1]

Uma história de amor humano tem sempre muito a nos ensinar. Quase sempre desvirtuamos os sentimentos, ainda presos ao imediatismo de nossas ansiedades e fraquezas. Os desdobramentos são, muitas vezes, a ruína de oportunidades que estariam antes em nosso benefício. Os seres humanos aprendem muito morosamente a enriquecer suas relações pessoais e ainda teimam em degradá-las, transformando ligações transitórias em palco de dramas que se arrastam secularmente.

No amor verdadeiro, aludido pelo benfeitor, repousa a magnanimidade do sentimento puro e nobre que prima por estar, no seu próprio exercício, em comunhão com as leis divinas.

---

[1] *Palavras de vida eterna*, de Francisco Cândido Xavier, pelo espírito Emmanuel, FEB Editora, cap. 32.

Os lances da vida normalmente nos convidam à renúncia e às resoluções de alto teor espiritual, mas desperdiçamos as oportunidades de santificar todas as nossas relações em prol da efemeridade das ilusões.

Ainda assim, tudo se torna aprendizado diante da misericórdia divina que, pela lei de amor, convida-nos, com inúmeras oportunidades novas, a tentar mais uma vez e fazer diferente.

A história de amor que ora se apresenta constitui um libelo para reflexões profundas quanto ao nosso posicionamento frente às injunções do destino. Nossas aspirações são bálsamos, mas nossa teimosia são quimeras transfiguradas em angústias e trevas a nós mesmos.

Essa história é um convite à reflexão sobre a confiança que devemos nutrir em Deus e em suas resoluções, um ensejo à busca de harmonização com o Criador. Na sua infinita temperança, ele nos aguarda, em lances menos fortuitos, em escolhas mais acertadas, em atitudes mais condizentes com a experiência milenar de nossos espíritos.

Que saibamos amar!

Introdução

Retalhos no tempo

> "Interroguem friamente suas consciências todos os que são feridos no coração pelas vicissitudes e decepções da vida; remontem passo a passo à origem dos males que os torturam e verifiquem se, as mais das vezes, não poderão dizer: 'Se eu houvesse feito, ou deixado de fazer tal coisa, não estaria em semelhante condição.' A quem, então, há de o homem responsabilizar por todas essas aflições, senão a si mesmo? O homem, pois, em grande número de casos, é o causador de seus próprios infortúnios; mas, em vez de reconhecê-lo, acha mais simples, menos humilhante para a sua vaidade acusar a sorte, a Providência, a má fortuna, a má estrela, ao passo que a má estrela é apenas a sua incúria."
>
> *O evangelho segundo o espiritismo*, cap. 5, item 4.

Quando nos dispomos a recontar histórias tão velhas, sempre nos questionamos se seria útil citar seus pormenores, tais como as datas dos acontecimentos, os nomes reais dos envolvidos, as expressões idiomáticas que atendiam ao linguajar da época.

São histórias verdadeiras de pessoas que, independentemente de suas posições sociais, estavam encarnadas com o sublime propósito de conseguirem alguma coisa em prol de si mesmas na grande luta evolutiva.

Detalhes na narrativa sobre personagens ilustres levariam a curiosidade a tentar devassar os enigmas que os pesquisadores não conseguem compreender, devido à escassez de documentos e de provas que resistiram ao tempo. E algumas teorias são tão ardorosamente defendidas por aqueles que guardam a pretensão de haver penetrado a intimidade dos mistérios seculares, que é temeroso apontar novos caminhos para olhos enceguecidos pela pretensão de tudo verem, por não se perceberem vendados. O resultado seria apenas inflamar discussões e opiniões sem finalidade mais útil.

Não, ainda não é o tempo de tudo revelar ao homem da ciência. Dosamos, por decisão superior, como dosamos às crianças o conhecimento escolar, de maneira que possam adquiri-lo com a gradação e segurança ideais. Fazer de outra maneira seria como tentar desvendar os mistérios da física quântica a uma criança que ainda não aprendeu as operações fundamentais. Toda revelação deve ser suave e ponderada, com método sequencial e compreensão fraterna, para atingir seus objetivos.

Embora as decisões quanto aos nomes e datas tenham sido tomadas, existe ainda a questão da linguagem, que deve ser adaptada aos dias atuais, pois os idiomas não são estáticos. De qualquer modo, estaremos modificando as informações originais, já que transcrever ou traduzir as expressões mortas deixá-las-iam ininteligíveis a quem quer que se desse o trabalho de ler.

E para que, então, todo o trabalho? Apenas para provar a veracidade de um fenômeno com o qual o mundo já se encontra devidamente adaptado, a psicografia? Chamar a atenção dos doutos e letrados para pesquisas mais aprofundadas quanto aos princípios da doutrina dos espíritos? Confundir os incrédulos, atordoá-los diante do fato de uma linguagem antiga, desconhecida da aparelhagem mediúnica, ser transcrita por suas mãos?

Não. O homem não está carente de observações científicas ou chamamentos intelectuais. O homem no mundo sofre por não saber sentir, por não compreender o próprio cabedal emocional, por não saber lidar consigo mesmo. São as depressões e as neuroses diversas que subjugam os filhos de Deus. As pessoas caminham oprimidas pelos próprios desequilíbrios, entre remorsos e mágoas, dores e traumas, transtornos e compulsões.

Eis o escopo de nossas letras, grafadas ao sabor de nossa própria emoção ao rememorar as decisões de um tempo tão remoto, mas que ainda expandem suas consequências nos dias atuais. Ao recolher e juntar esses retalhos no tempo, desejamos ardorosamente chamar a atenção para o fato de que nossas pequenas decisões de todo dia, muitas vezes tomadas ao sabor da leviandade e da imprudência, mais vezes ainda tomadas porque não aquilatamos bem a real importância de seus pormenores, serão como um polvo invisível estendendo seus braços ao infinito ao nosso redor.

Em sã consciência, não poderemos responsabilizar ninguém pelas dores que nos batem às portas do coração. No encadeamento longínquo do tempo, credores e devedores são apenas pessoas que se sucedem, por decisões próprias, em papéis diversos no palco da vida. São irmãos que ainda não compreenderam a suprema destinação de todo universo que está imerso no amor infinito do Pai.

Ver-se vítima ou algoz é limitar a visão a um curto espaço dentro do tempo ilimitado.

Tudo se encadeia, todas as coisas são interdependentes. Cada segundo é a soma dos segundos que o antecederam. O tempo é cíclico, ao contrário do que concluem os menos avisados que o imaginam linear. Assim é para o homem, assim é para o planeta, assim é para o sistema e para todo o Universo, em uma solidariedade perfeita, que nossa insuficiente condição intelectual não consegue compreender ou devassar.

Por isso podemos dizer seguramente que somos responsáveis uns pelos outros, ainda que estejamos situados em distâncias estelares imensas uns dos outros, pois somos elos de um mesmo sistema perfeito e complexo, todos criaturas de um mesmo e único Pai Grandioso, que é Deus.

Para compreendermos isso, facultou-nos o Criador Excelso a experiência conjunta em diversos níveis, de maneira que gradualmente o amor e a fraternidade universais floresçam nos refolhos de nosso íntimo.

Não podemos deixar de refletir em nossa miserabilidade ao pensarmos nisso, nós que ainda não sabemos amar aqueles a quem estamos ligados pelos elos misteriosos das afinidades milenares. Quantas vezes deturpamos, em prol de paixões desequilibradas, o sentimento verdadeiro que nos empolga no íntimo do espírito? Quantas vezes traímos e abandonamos esses seres por quem nossas capacidades espirituais vibram com o máximo de virtude que nossa evolução nos permite alcançar? Quantas e quantas vezes arrastamo-nos uns aos outros aos abismos dos crimes e do desrespeito às leis de Deus?

Ora, agradou a Deus que a ligação entre as almas fosse um enigma para o homem orgulhoso e insensato, que se debate em discussões cheias de técnicas e vazias de veracidade. Mas não poderá este mesmo homem desmentir a atração fatídica, invencível que as unem nos destinos do mundo, como uma lição sublime no campo do aprendizado do amor, pois mesmo os mais afastados de qualquer hipótese mais verídica não poderão olvidar que dentro de si mesmos sentem a intuição de que possuem no universo um eco para todas as suas aspirações mais santas e mais sublimes.

Essas uniões são tal como um compêndio disciplinar que nos impulsionará em aquisições menos restritas em busca do amor universal. Mas, como alunos rebeldes, rejeitamos o aprendizado suave e nos enveredamos pelos caminhos dolorosos dos resgates, das expiações.

Aqui estamos, porém, em um e outro plano da vida, sendo chamados a melhores escolhas. Necessitamos endireitar as veredas de nossos passos, corrigir os distúrbios comportamentais que nos afastam da bem-aventurança, retomar o curso correto de nossa ascensão espiritual.

Aprendemos uns com os outros. Nossas experiências compartilhadas têm o objetivo de abrirmos o coração para a análise moral de nossos passos vacilantes.

Rogamos a Deus nos permita o trabalho diário no exercício das virtudes imprescindíveis à paz de espírito. Imploramos ao Pai que nos dê forças para não vacilarmos no cumprimento de nossos deveres.

JEAN LUCCA

PRIMEIRA PARTE

Kevin e Miriel

1
Viagem no tempo

A PAISAGEM NA Terra transforma-se de uma maneira impressionante, ao longo dos séculos.

Quem poderia imaginar que, na desértica região da Palestina, já houve o verdejar das mais sublimes esperanças pela natureza festiva nos tempos de Jesus? Quem contempla agora as vilas poeirentas e desoladas não pode deduzir que tamareiras floridas e perfumadas, flores e arbustos frutíferos já estiveram ali presentes. Pois que já se apagaram dos caminhos as gramíneas úmidas, o sussurro do balouçar das árvores amigas, os perfumes misteriosos da natureza.

Mas existem algumas regiões terrestres que conservam características que teimam pelos séculos. E o que resta da outrora vasta porção de espaço não modificado pelo homem conserva as mesmas peculiaridades das eras mortas.

A Irlanda é um belo exemplo dessa realidade. Muitos de seus campos conservam ainda contornos semelhantes àqueles que testemunharam os grandes guerreiros do passado em suas tragédias pessoais.

O solo irlandês, por si mesmo, teima em guardar não só os caracteres físicos, mas os ecos das passadas eras. Qualquer pessoa com algum alcance sensitivo, dando-se ao trabalho de concentrar-se em determinadas regiões, poderá sintonizar com o éter do local e vislumbrar os dramas e conquistas de heróis medievais, os amores que empolgam até hoje as lendas populares, vozes e silhuetas a se comporem diante de seus olhos.

Quando estivemos em processo de recuperação da memória espiritual mais remota, com as devidas autorizações, excursionamos nesta terra para refletirmos e deliberarmos para o futuro. Momento grave em nossa evolução individual, necessitávamos meditar sobre fatos passados, cujas consequências se estendem até os dias de hoje, para a devida compreensão de nossos profundos deveres. Assumiríamos tarefa solene e complexa que de nós exigiria toda a atenção. Nossos cabedais morais seriam aferidos em breve.

Debandamos à província de Ulster, ao Norte, propriamente onde hoje é o Condado de Fermanagh, não muito distante de Enniskillen, acompanhados de nosso gentil benfeitor Otelo.

Ao pisarmos no solo desta heroica terra, sentimos estremecer nosso ser. Saudades pungentes nos feriram a sensibilidade, ao vislumbrarmos os campos onde cavalgamos descuidados no passado já distante, na bela Irlanda de antes do domínio britânico. Em nossos ouvidos pareciam ecoar as vozes amadas daqueles com quem partilhamos a convivência. O olfato denunciava um ou outro pormenor de nosso conhecimento. Todo o nosso corpo espiritual vibrava entre angústias e saudades. A muito custo mantivemos a serenidade e o equilíbrio, diante de tantas sensações e sentimentos que abruptamente nos vagavam no íntimo.

Gentilmente Otelo aproximou-se e colocou a destra em nosso ombro, como uma advertência paternal, chamando-nos a atenção e consequentemente reduzindo o abalo que nos tomava.

Mas não me foi possível conter duas lágrimas.

– Jean, meu filho, no espírito repousam todas as memórias de suas experiências. Quando arquivamos uma memória, arquivamos todo o seu cabedal mental, psicológico, sensório-motor. As menores sensações, os mais sublimes sentimentos são armazenados, embora somente os acessemos conforme a importância que damos a cada fato. Processos diversos de fixação são acionados, desde os mais rudimentares que aprendemos nos reinos inferiores, até os mais complexos, cujas informações ainda nos faltam sentido espiritual para acessarmos. Quando avançamos em aquisições de ordem espiritual, este corpo ainda tão mal compreendido por nós avulta em potência, em elasticidade, em capacidade plástica e fluídica. Por isso recomendou-nos o Mestre a vigilância constante.

Porque notou-me o acabrunhamento, o benfeitor sorriu paternal, passando a destra em meus cabelos:

– Não necessitamos evitar, meu filho, desde que estejamos prontos para controlar o fenômeno. Rememorar é sempre reviver. Melhor é reviver com as aquisições de agora.

Sorrimos também, mais amenos.

Fazendo a menção de se afastar, para que pudéssemos deliberar por nossa conta, acenou o querido benfeitor:

– Estou sempre ao alcance de seu pensamento, Jean. Quando estiver pronto, voltaremos ao Brasil. Enquanto isso, estarei em contato com amigos destas terras, para angariar o auxílio para nossos propósitos. Esteja em paz.

Não respondemos de forma objetiva. A emoção ainda nos embargava. Mas acenamos ao amigo e pai espiritual, meneando a cabeça, com a mesma distinção que era protocolar nos tempos mortos, de maneira quase automática.

Uma vez sozinho, decidi caminhar, como caminham os homens encarnados. Absorvi o ar, refazendo-me do abalo anterior.

De onde eu estava podia ver o local onde outrora houvera o castelo do soberbo lorde O'Hare. Nenhum vestígio havia dele, carcomido pelo tempo e pelas pelejas, pelo depredamento dos caçadores de tesouros.

Ali, antes, houvera opulência e luxo. Mas o tempo reduzira-o ao pó. Não mais os ricos jardins e os fartos reposteiros, os tecidos luxuosos, os móveis de madeira nobre, as obras de arte pelas paredes.

Mas caminhei em direção ao antigo vilarejo que vivia à sua sombra, hoje ocupado por uma pitoresca vila histórica. Na estrada, as sombras da outrora vivenda verdejante dos McCann, os sítios prósperos dos caminhos, a academia de música do senhor Wilson Thompson. Todas, construções desaparecidas.

Pude escutar novamente o trotar dos belíssimos cavalos irlandeses, que sempre amei, em correria pelos caminhos. Pude me ver novamente na personalidade de Kevin McCann, em folguedos juvenis com seus amigos diletos, Doug e Egan, Melvino, Mirno, e meu irmão mais moço Kennedy.

Embrenhei-me na direção de onde um dia houve um pequeno riacho já extinto, fronteiriço a agradável bosque. Descompassou-se meu coração ao visualizar os mesmos campos em que outrora pude segurar as mãos pequeninas de Miriel.

Retornei para o ponto de origem onde era a antiga estrada e caminhei para a vila. Visualizei o antigo caminho para os bosques, relembrando-me das comemorações de Saint Patrick.

Enveredei-me por ele, tomado de emoções fortíssimas. Já não caminhava mais como os homens encarnados e, por isso, venci a distância com rapidez. Os cheiros e os sons eram os do passado remoto. Os caminhos estavam tomados e quase inacessíveis. Onde outrora havia a cabana amada, o mato crescera, deseducado e invasivo. Mas o bosque e o pequeno lago pareciam intactos pelo passar do tempo.

Então, a paisagem modificou-se para meu olhar. Erguia-se novamente a velha cabana, tão querida como antes. Refaziam-se os caminhos e os canteiros naturais.

Caminhei e adentrei a velha choupana, para deixar-me viajar ao tempo distante, na retrospectiva a que me animara naquele momento.

Todos os detalhes se fizeram vivos, desde as vestimentas e armas da época, como os caminhos e construções.

Assentei-me ao leito e fiz uma pequena prece, pedindo a Jesus que me auxiliasse a manter a tranquilidade durante aquelas horas. Iniciei então o processo de vasculhar meus arquivos mnemônicos, de maneira a reconstruir os passos de outrora, com o objetivo de aprender com as experiências próprias.

2

Desregramentos da juventude

NA IRLANDA, AS estações eram bem demarcadas e características. O relógio do tempo era preciso. Toda a natureza encarregava-se de transmutar-se, demarcando o avançar incessante do tempo.

Mas quando se é jovem, o tempo não atormenta as nossas forças mentais. Não nos preocupamos com o encadear infinito dos momentos, e muito raramente atinamos para a importância desta ferramenta concedida por Deus aos seus filhos como única aquisição verdadeira.

Em seus 21 anos, Kevin McCann, filho do saudoso Cann e da impetuosa Julien, despreocupava-se com o tempo, que para ele parecia infinito.

Vivia com a mãe e o irmão na propriedade da família que fora erguida por seus bisavós, mas que amargava a falência social e financeira, sendo a família reduzida a aldeões e agricultores.

Os antigamente prósperos descendentes de lordes, agora notoriamente falidos e obscuros, conservavam ainda a herdade graciosa e possuindo alguns requintes, os trajes nobres e as maneiras polidas. À custa de muito sacrifício, Cann garantiu o desenvolvimento intelectual e artístico possível para os dois filhos.

O jovem Kevin, desde muito cedo, dedicava-se aos negócios da família e à criação de cavalos de boa qualidade. Era admirado por seus pendores artísticos, principalmente no ramo da música, apreciado pelos amigos por causa da constante alegria e bom humor, requestado pelas moças por causa do porte adestrado nos exercícios e a bela aparência herdada de seus descendentes. Amava profundamente a mãe, embora conservasse a ideia de que as mulheres não tinham um papel relevante na vida social ou na vida de um filho varão.

Enchia-se também de zelos pelo irmão Kennedy, mais novo que ele dois anos, dedicado aos labores da agricultura e à arte da pintura, mais equilibrado e ponderado que seu próprio irmão mais velho.

Kevin possuía em si um insaciável anseio de emoções. Desde cedo, buscava preencher-se de alguma coisa que não sabia precisar o que era. Todos os jogos, todas as diversões não logravam satisfazê-lo verdadeiramente.

Por isso, buscava sempre mais e mais alucinações e prazeres que o distraíssem de si mesmo.

Cedo descobriu os divertimentos dos jovens rapazes da aldeia, entre alcoólicos e desregramentos sentimentais, pois era-lhe fácil conquistar a admiração das moças desavisadas ou das damas menos criteriosas quanto ao próprio proceder.

Apreciava os jogos e as disputas nas armas e era respeitado como um rapaz de talento para a área. Na infância, adentrou a academia de música do velho Wilson Thompson, que se empolgara com o talento natural do rapaz. Tornaram-se, por isso mesmo, muito próximos. O solitário músico tinha no rapaz um filho e este a ele amava com desvelo e admiração profunda.

Assim que, mesmo na situação financeira complicada da família, o rapaz jamais deixou a academia de seu amado mentor nas artes musicais, nunca parando de se dedicar aos treinamentos.

Se sua natureza inquieta o chamava aos desregramentos, a música havia esculpido em seu caráter a sensibilidade que o poderia equilibrar em momento propício.

Ah, se o homem pudesse aquilatar o poder da arte em seu espírito. Mas, pobre homem que se desregra inclusive nas manifestações da arte, desvirtuando-a de seu propósito de harmonizar o espírito. Pobre homem, que intoxica as próprias potencialidades, rebaixando a arte ao sabor das paixões inferiores.

Mas aproxima-se o tempo em que a arte, em todas as suas manifestações, libertar-se-á definitivamente do jugo opressor dos conflitos humanos, ajudando o homem a alçar voos magníficos de espiritualidade. O homem reconhecerá como arte somente as manifestações harmônicas do equilíbrio universal que o preside. E essa força magnífica que se encontra à sua disposição o erguerá para Deus.

Pois era justamente em seus momentos dedicados à música, sob a proteção de seu terno professor, que Kevin conquistava paz para a mente sempre agitada. Quando empunhava os instrumentos e deles arrancava os gemidos que seu talento propiciava, elevava-se a alguma região desconhecida e fecunda de alegrias verdadeiras. Todas as suas células pareciam absorvidas pela música que tomava sua inspiração de intérprete e compositor. E por isso mesmo compungia a quem quer que o ouvisse tocar.

Egan frequentava a mesma academia e compartilhava seu gosto pela música. Já Doug e Melvino apreciavam a interpretação e a recitação. Mirno era dado aos exercícios militares, muito embora também amasse a música, não como instrumentista, mas como apreciador dos talentosos amigos.

Todos de mesma idade praticamente, com pequenas diferenças.

Julien, mãe dos dois rapazes, inquietava-se por Kevin, seu filho mais velho. Era chegada a época em que ele deveria começar a cogitar de uma eleita, para prosperar-se a descendência de Cann e encher-lhe a casa de netos. Certamente que não seriam aceitos nos meios mais abastados, devido à atual situação financeira da casa, porém existiam na vila moças probas e de família respeitável, que seriam excelentes escolhas. E muitas delas suspiravam pelo "Adônis Irlandês", como o rapaz era conhecido nas rodas sociais, devido ao conhecimento que dava mostra da cultura grega e seu belo porte.

Mas ele não se interessava por nenhuma de maneira adequada. Ao contrário, fazia perderem-se jovens de famílias menos seguras, iludia mulheres casadas, fazia amantes aqui e ali.

Não era raro o rapaz ser desafiado a duelos pela honra deste ou daquele candidato à atenção das moças. Nunca havia se machucado seriamente em nenhum embate deste tipo, como também não havia tirado nenhuma vida, devido ao seu talento nas armas.

Mas Julien inquietava-se. Temia que ele encontrasse um dia um adversário mais eficaz com o punhal ou a espada, talvez mais forte e mais adestrado. Temia que um pai ou um irmão mais corajoso o atocaiassem, devido às desilusões de alguma moça sensível.

Chamava-o aos brios. Aconselhava, admoestava-o quanto aos deveres de um descendente de Cann. Porém, embora o imenso carinho pela mãe, o rapaz irlandês não se empolgava em seguir-lhe os conselhos. Como mulher, não a achava com padrões suficientes para ajuizar quanto à vida de um homem de seu tempo.

Julien, contudo, não era a única a se preocupar com a conduta do filho. Havia também Thompson, que o amava com desvelos paternos.

O velho e misterioso professor vivia sozinho, inteiramente dedicado às aulas de música, bem como a afinação e fabricação de instrumentos para os lordes, que respeitavam seu talento. Uma e outra vez era convidado a tocar nos castelos, porém esquivava-se e indicava algum de seus alunos.

Wilson Thompson era um homem de conduta irrepreensível. Vivia naquele vilarejo há quase trinta anos e ninguém encontrava nele qualquer motivo de crítica ou de desconsideração. Pouco se sabia sobre sua vida pacata e reclusa. Seu sotaque denunciava a criação em remotas regiões da antiga Grã-Bretanha, apesar da descendência irlandesa comprovada.

Pouco dado a expansões, Thompson levava uma vida discreta. Reservava uma parcela do dia para fazer o que mais lhe aprazia: ensinar às criancinhas mais desvalidas da aldeia os ofícios musicais, bem como conhecimentos e outras artes de sua predileção. Fazia-o totalmente de graça, sem alardes e sem chamar a atenção para si.

Rotineiramente, podíamos vê-lo nas primeiras horas da manhã entre os petizes, ministrando cultura. Nessas horas e quando estava com seu pupilo predileto, Kevin, seu sorriso era amplo e espontâneo. No mais, trazia o semblante calmo e sereno, porém anuviado por um vestígio misterioso de alguma tristeza insondável e silenciosa.

Havia tempos que observava os desregramentos do pupilo e as apreensões da senhora Julien a respeito dele e se preocupava. Vez por outra, chamava-o a melhores ponderações, com carinho e alguma discrição, mas, em seu entendimento, soara a hora de uma conversa mais grave com o rapaz, investido que se sentia de intimidade suficiente e prerrogativas paternas conferidas pelo seu sentimento verdadeiro.

Ponderou seriamente quanto ao que falaria, baseado no conhecimento que tinha das reações de Kevin. Refletiu sobre a melhor maneira de ser entendido.

Foi assim que, em uma bela manhã de primavera, Kevin adentrou a academia de Thompson com seu bom humor característico, caminhando para seu instrutor para lhe afagar os cabelos grisalhos, como era de seu costume:

– Agradável manhã, meu senhor, para nos deliciarmos com a harpa! Como passaste a noite? Entre as alacridades celestiais?

Observando-o gravemente, Thompson correspondeu ao afago carinhoso e puxou diante de si um assento, apontando-o para Kevin, para indicar-lhe que se sentasse.

– Passei bem, meu filho. Mas também eu me interesso por sua noite e, antes de passarmos aos exercícios, gostaria de ouvir como foi ontem.

Estranhando a seriedade das expressões de seu velho tutor, Kevin sentou-se procurando averiguar em suas maneiras o que havia.

– Bem, senhor, nada de mais houve. Nenhuma novidade, em verdade. Apenas os divertimentos normais.

Thompson continuava em silêncio. Adquirindo um tom sério, o rapaz buscou a mão do mentor, segurando-a com carinho:

– Meu senhor, vejo severidade e preocupação em suas expressões e inquieto-me. O que o aborrece?

– Meu filho, quero apenas ter uma conversa que acho propícia para sua juventude. Faço isso imaginando que o sentimento verdadeiro entre nós me dá aval para aconselhar-te, como faria a um filho. Imagino, inclusive, que tua consideração por mim me faz merecedor da tua atenção.

– Fala, senhor. Tens de minha parte o maior respeito. Tua palavra sempre foi para mim um tesouro. Ouvir-te-ei com toda a minha consideração...

A face do rapaz ruborizara-se, pois não atinava o que haveria acontecido para o tutor, sempre tão carinhoso e gentil, assumir a atitude grave. Certamente o sabia sério e probo, possuidor de um caráter admirável e de uma personalidade reta. Uma e outra vez, havia recebido dele zelosos alvitres, que guardou com imenso carinho. Mas, agora, parecia o velho mestre sinceramente preocupado.

Tentou recordar-se de suas próprias ações para compreender em que havia falhado na conduta para atrair os zelos de Thompson daquela maneira, mas nada achou em si mesmo de condenável.

Na sua visão, todas as suas ações eram normais. Certamente era demasiado afoito nos divertimentos, mas nada que preocupasse, ao seu ver. Não vivia embriagando-se todos os dias, como muitos jovens descriteriosos de seu tempo, embora apreciasse as libações alcoólicas. Também aos amores se entregava, mas era homem e jovem. Antes, seria isso motivo de orgulho para sua masculinidade. Mas era responsável quanto ao seu trabalho. Não se descuidava de seus deveres. Era um filho respeitador e carinhoso, que zelava financeiramente pela própria casa. Ele e Kennedy com os labores do comércio e da chácara garantiam alguma comodidade, embora sem as opulências dos tempos de seu avô. Possuía um caráter nobre e sincero. Respeitava com a força de seu coração as leis e anelava ser tão cumpridor dos próprios deveres de cidadão como o fora seu pai. Sendo assim, não compreendia o que haveria preocupado seu querido professor.

– Meu caro Kevin, já possuis 21 primaveras de vida. É chegado o tempo de acalmar as próprias manifestações e buscar terrenos mais sólidos que as areias movediças dos divertimentos desequilibrados.

Com a frase direta e objetiva, o rapaz desconcertou-se. Ajeitou-se no assento, vencido pelo desconforto íntimo e respondeu em tom baixo:

– Mas, senhor, tenho passado em revista meu proceder e não compreendo tuas alusões. Peço esclarecer-me...

– Ontem, meu caro aluno, estavas debandado aos lupanares, juntamente com teus amigos, à caça de divertimentos fáceis. Anteontem, buscaste a residência de certa senhora da redondeza, cujo marido está viajando a negócios e de lá só retornaste ao alvorecer. No dia anterior, te deste ao sabor de uma refrega com Brian, filho de Russel, ferindo-lhe o braço, por conta de excessos alcoólicos. Mergulhas nos jogos e nas disputas. Enumeras amantes e conquistas...

– Meu senhor, sou homem...

– Estás mais para um menino, meu Kevin. Um pobre menino, que precisa reafirmar-se nos abusos para sentir-se homem...

Kevin corou. Baixou a cabeça, confuso. Jamais ficara tão envergonhado diante de outro homem.

Thompson afagou-lhe a cabeça e ergueu sua face, para olhá-lo nos olhos.

– Entendo tua sede de experiências, meu filho, mas precisas compreender que na outra ponta desta corda existem pessoas, e estas possuem sentimentos. Não são poucas as moças que já choraram por ti. Ou os jovens menos vigorosos que foram humilhados por tua competência nas armas. És tão jovem e já colecionas amarguras alheias...

O rapaz ergueu-se e andou um pouco pelo ambiente. Passou as mãos pelos cabelos soltos, em um gesto muito seu, parando próximo a uma janela do ambiente.

Thompson ergueu-se também e caminhou até ele, colocando a mão em seu ombro.

– O que buscas, filho? Porque certamente que buscas alguma coisa...

– Eu não sei, meu senhor. Não sei...

– Raciocina, Kevin. O que está faltando para seguires com esta sede insaciável?

O rapaz pareceu introjetar-se por alguns momentos. Sentia profunda angústia com esta reflexão. Seus olhos claros transpareciam a comoção que lhe atingia.

– Meu senhor, tenho um vazio inexplicável em mim. Busco nos olhos das moças uma luz que ainda não descobri em nenhum deles. Busco um timbre de voz que jamais ouvi. Quando estou afundado nos carinhos fáceis, esqueço-me do mundo, porém, no momento seguinte, sou tomado de um remorso sem sentido, como se estivesse traindo meu coração. Tenho ímpetos de correr a algum lugar que desconheço, para retratar-me comigo mesmo. E as bebidas, as refregas, os excessos me fazem esquecer esse sentimento inexplicável e sombrio.

Respirando profundamente, Thompson chamou o rapaz novamente a assentar-se.

— Isso é falta de amor, Kevin. Estás buscando nas sensações o que somente o amor te pode dar. As fontes em que bebes são salgadas. Só farão por aumentar-te a sede. Deves encontrar o amor, que preencherá o vazio que alegas. Escuta: uma boa moça, virtuosa, dócil e gentil há de empolgar-te a melhores comportamentos.

O rapaz olhava-o, curioso.

— Conheço todas as moças da aldeia. Porém, meu senhor, nenhuma delas despertou em mim nada além dos instintos...

— Porque não observaste direito. Já viste Maire? A conheces?

— Certamente. A filha dos Morgan.

— Já a observaste?

— Sim. Bela moça. Mas excessivamente tímida.

— Mas assim devem ser as moças. Tímidas, gentis e dóceis. Não achas?

— Não sei. Até então, meu senhor, para meus propósitos com elas, o excesso de timidez atrapalha.

Thompson olhou com gravidade e desgosto, encabulando o rapaz.

— Peço desculpas. Mas estou sendo sincero.

— Mas eu chamo-te a observá-la como esposa...

— Eu? Casar-me, meu senhor? Não me sinto inclinado...

— Porque não pensaste no assunto. Vê a bela Maire. Nasceu para ser uma esposa digna e invejada.

Notando a indecisão do rapaz, Thompson abriu um sorriso amável.

— Escuta, filho, hás de pensar no assunto. Com calma. Sou zeloso por ti. Quero-te como um filho e sinto-me no dever de inspirar-te a melhores procederes. Pensa direito sobre o que te digo. Observa a bela Maire com outros olhos. Investiga a ti mesmo. Caso te interesses, intercederei por ti junto à sua família. Mas, caso te estremeças por outra, está aqui quem te ama como um pai. Só peço que refreies um pouco teus desregramentos e penses no assunto.

O rapaz ergueu-se novamente, fazendo a menção de despedida, meneando a cabeça respeitosamente. Recebendo do tutor a aquiescência, saiu pela porta tomado de pensamentos desencontrados.

Voltou ao lar para preparar-se para a rotina de trabalhos. Com a ajuda de Ramon, seu criado de quarto, banhou-se e vestiu-se, armou-se e tomou a montaria, saindo em direção aos compromissos diários.

Julien observava-o engolfado em cismares e regozijou-se. Sua percepção de mãe adivinhava que o velho Thompson havia conversado com o filho.

Naquela noite, Kevin voltou mais cedo para casa. Não procurou os lupanares nem os locais de divertimento. Não procurou os amigos. Havia passado pela aldeia e observado Maire.

Sim, era bela. Mas não chamava sua atenção. Não acendia nele a chama que ansiava sentir dentro do próprio peito. E mais cismava, pois não se sentia inclinado a casar-se. A ideia, ao contrário, o enervava.

3

Reencontro

ERGUIDO EM UMA trépida colina próxima à aldeia, ao norte, não muito distante dos bosques mais densos, estava o castelo dos O'Hare. Lá viviam abastadamente o lorde M... O'Hare, sua esposa Adrien, e sua única filha mulher, Miriel. Os filhos, todos casados e mais velhos, já haviam partido. Miriel havia nascido como uma bênção do céu à maturidade do casal.

O lorde era um gentil homem de seu tempo, probo, reto, nobre e orgulhoso. O orgulho de família era sua prerrogativa máxima.

Em casa, desejava ser a vontade férrea, embora fosse consumido pelos desvelos da única filha, que amava como a um tesouro. A ela quase tudo cedia em sua fortaleza de caráter, muito embora almejasse dominar sua natureza tempestuosa e inquieta.

Miriel era caprichosa e irreverente. Embora mulher em uma época em que era adequada a submissão e a subserviência, seu caráter era explosivo e inquieto. Dobrava o pai às suas vontades, portanto recebera educação em armas e educação intelectual imprópria a uma moça naqueles tempos.

Amava profundamente o pai, muito embora os constantes embates entre ambos, sempre por causa de suas afrontas a sua autoridade.

Pelos gostos inusitados a uma dama, não tinha relações aprofundadas com a mãe, que se inquietava cada vez que o marido cedia às vontades caprichosas e extravagantes da filha.

Com seus 15 anos completos, a moça era de talhe delicado e pequeno, lindos cabelos avermelhados muito compridos, que ela gostava de trançar. Sua tez era alva, quase pálida, seus lábios eram avermelhados naturalmente, como que pintados à mão.

Era bela, a jovem Miriel. Em seus olhos transparecia a força de mil tempestades inquietando o espírito.

Seus embates com o pai recrudesciam, pois que estava em idade casadoira. Seu pai a queria casada com algum homem promissor, filho de família respeitável e de tradições. Ela, cheia de caprichos, recusava veementemente os candidatos que lhe eram oferecidos. Este por ser muito alto. Aquele por possuir voz estridente, este outro por ser considerado por ela um tolo.

E o pai irritava-se com suas constantes recusas.

– Não tenho que te pedir aval, *milady*. Talvez não tenhas ciência de que minha vontade prevalece em tua vida. Talvez não compreendas que somente eu saberia aquilatar o que é adequado para ti...

Miriel desfazia-se em argumentos e nervosismos, acabando por debulhar-se em lágrimas, que compungiam seu genitor, que adiava mais e mais suas decisões.

E seguiam-se as tensões, sucessivas.

Em certa ocasião, O'Hare conheceu um lorde de nome Orish O'Wenn, descendente de família respeitável e abastada. Por causa de negócios estabelecidos entre ambos, convidou-o a cear em seu castelo.

Orish O'Wenn era solteiro. Homem de quase quarenta anos, único herdeiro de uma fortuna memorável. Havia retornado para a Irlanda há poucos meses, depois de viagens intermináveis pelo mundo.

O lorde, uma vez convidado, acabou por conhecer a jovem filha de O'Hare e foi tomado de interesse na única vez que a viu. Procurou seu pai e falou-lhe abertamente dos próprios propósitos de tomar a mão da filha, ao que o lorde prometeu deliberar em tempo oportuno.

Sondando Miriel, percebeu que ela mal havia notado alguma particularidade do lorde O'Wenn, não se interessando por ele.

Firme no propósito de concedê-la em casamento, para persuadi-la, seu pai presenteou-a com um belo corcel árabe. Conhecia-lhe as preferências pelos animais e queria amenizar qualquer insatisfação que ainda reinasse. Permitiu-lhe também excursões pelas suas terras e pelos campos, sem maiores interferências de servos e guardiões, bem como pelos campos próximos à aldeia, de maneira que pudesse se animar, desfrutando do precioso animal.

Com estas disposições, a moça prometeu que observaria o lorde e avaliaria com calma as vontades de seu pai.

E assim conheceu mais intimamente O'Wenn. Não se impressionou vivamente por ele. Sabia-o muito rico, mais que o próprio pai. Era um cavalheiro bem formado, de feições belas, embora não surpreendentes. Era alto, magro, de cabelos negros muito bem alinhados e olhos negros e profundos. Era atraente e inteligente. Não apreciava as armas e as montarias, como Miriel, mas inclinava-se para os livros e para o conhecimento, o que de certo modo a agradou.

Em nada ele a empolgou, porém, a ideia não era completamente repugnante. Sabia que seu pai não descansaria antes de vê-la casada e acabaria por ter que ceder aos seus desejos. Então, era inevitável que acontecesse. Se antes com alguém que fosse ao menos agradável de conversar, seria melhor. Aquiesceu, então, a ser cortejada pelo lorde, mas exigiu em troca que seu pai não permitisse as bodas antes de ela completar os 17 anos de idade. Teria com isso pouco mais de um ano e meio para ainda desfrutar de seu lar, como pretendia.

Miriel tinha um caráter singular. Apesar de educada para ser gentil, não temia expressar-se livremente. Dona de um raciocínio rápido e perspicaz, divertia-se ao ver o lorde entregue de amores por ela, requestando-a com presentes e joias, declarando seu amor de maneira desajeitada nos pequenos passeios que faziam pelos jardins. Às vezes procurava segurar suas mãos e ela o advertia com escrúpulos fingidos para depois rir-se dele, correndo pelos canteiros.

Não raras vezes, Orish expunha seus sentimentos, corado e vencido, observando-a atento:

– Miriel, minha Miriel! Estou atormentado de amores por ti. Não sabes que me devastas com teus folguedos? Fico confuso e impaciente com tuas fugas.

– Senhor lorde, controla-te. Não são modos de um cavalheiro! Devias envergonhar-te de pressionar assim uma dama.

– É que tu me confundes e atordoas!

E ela corria rindo pelos caminhos.

– Oras, senhor lorde, é bom que seja assim!

Vendo-a correr, o rapaz sussurrava, conformado:

– Oh, santo Deus, trata-se de uma menina mimada que está a me enlouquecer!

E a caprichosa moça, às vezes, era fria e distante. Às vezes, era dócil e meiga. Às vezes, insinuante e provocadora. Divertia-se ao tirar as mais diversas reações do noivo, como uma menina leviana faria com um brinquedo, esquecida de que o tempo passava e brevemente dele seria propriedade.

Às tardes, como havia combinado com o pai, cavalgava pelos campos belíssimos com seu corcel árabe negro. Montava como era permitido aos homens, em roupas apropriadas.

Ficava horas a fio neste entretenimento e amava sentir o vento em seu rosto, desalinhando seus longos cabelos soltos, como gostava de deixá-los para os passeios.

Naquela primavera a natureza parecia mais pitoresca que nunca. As brisas traziam os perfumes deliciosos e místicos do bosque. As árvores e as flores coloriam a paisagem.

Com o tempo ameno, foi-lhe permitido cavalgar também pela manhã em lugares mais distantes.

Numa dessas manhãs, a jovem filha de O'Hare sentia-se mais emotiva. Não saberia dizer o porquê. Algum sentimento diferente a tomava. Estava mais propensa a observar os pássaros e as flores. O ar parecia diferente, os perfumes mais marcantes. As cores, o clima... Tudo se afigurava, de certo modo, mais intenso. Talvez porque aproximavam-se suas bodas. Mas por que estaria emotiva, se não se interessava verdadeiramente pelo noivo que tinha mais que o dobro de sua idade?

Mas sairia da casa paterna. Sim. Talvez essa perspectiva tão próxima, pois em alguns meses completaria 17 anos, já a estivesse influenciando.

Miriel estava sentindo-se fragilizada aquela manhã. Não sabia a que atribuir. É certo que não a agradava a ideia de sair do refúgio paterno para aninhar-se em um castelo estranho, pertencendo a um homem que não amava. Na verdade, a ideia de pertencer a quem quer que fosse a atormentava. Trazia em si um sentimento de repulsa pela inferioridade social da mulher. Por isso mesmo era rebelde, quase revoltada com as injunções sociais que a forçavam a receber ordens masculinas por toda uma existência.

Mas não neste dia. Seus sentimentos não eram a revolta ou a rebeldia. Eram sentimentos que ela mesma não conseguia decifrar. Naquela manhã, tudo estava intrigantemente mais intenso.

Uma vez diante do seu corcel, acariciou o inquieto animal e montou-o, pondo-se a cavalgar. Passeou pelas terras de seu pai, saiu de suas fronteiras e demandou para os bosques preferidos, forçando o animal a correr o máximo que podia.

O ar frio em seu rosto era como um refrigério a qualquer pensamento atormentador, mudando suas disposições íntimas. Aos poucos, a melancolia anterior dava lugar ao sentimento de liberdade e alegria vibrante. Agora, sentia-se feliz, muito feliz, mais que nos outros dias. Decidiu atravessar o pequeno riacho que cortava o bosque, onde ainda não estivera.

Apeou próximo à margem depois de algum tempo, para molhar o próprio rosto nas águas gélidas e claras, bem como permitir ao corcel algum descanso. Como não estava em uma estrada ou caminho para a aldeia ou os outros castelos, retirou os sapatos para colocar os pés na água fria. Riu-se fogosamente de si mesma, observando-se no espelho d'água. Os cabelos desalinhados eram uma moldura de fogo onde seus olhos verdes contrastavam como faróis. Molhou as mãos na água, para passá-las nos cabelos, erguendo-se. Pegou-os para ajeitá-los. Sentiu a brisa da manhã e fechou os olhos. Recordou-se de uma das velhas canções irlandesas das histórias fantásticas de sua ama. Aquelas histórias onde figuravam cavaleiros épicos e heroicos em excursões para salvar donzelas indefesas.

Pensou consigo mesma que jamais seria uma delas, a depender de um homem para safar-se de alguma situação crítica, pois que ela sabia manejar o punhal e a espada. Em um influxo de alegria desconhecida, abriu os braços e começou a cantar em voz alta, dançando à beira do riacho. Via-se no espelho d'água e ria-se, fazendo gestos para cada verso da música, ou modificando a própria voz para imitar os personagens. E ria-se ainda mais.

Aquela estranha emotividade transformara-se em um regozijo de igual modo diferente, quase insofreável, induzindo-a a dançar e brincar como uma criança tenra.

E por estar absorta em seus divertimentos, não percebeu que alguém se aproximava vindo do lado oposto, caminhando devagar, por curiosidade ante a cena cômica que presenciava, de uma moça vestida com trajes praticamente masculinos de cavalgada, de cabelos semitrançados, dançando e cantando.

Era Kevin.

A verdade é que Miriel, sem saber, adentrou as terras de McCann nos seus limites. E Kevin estava a caminho de um recanto preferido junto ao bosque, quando foi atraído pela voz da moça.

Ele não estava montado. Caminhava ao lado do cavalo irlandês de sua preferência, a observar toda a cena. Ao aproximar-se, porém, pôde ver com mais precisão os cabelos avermelhados de Miriel e ouvir-lhe o timbre da voz, o que fez disparar-lhe o coração, sem que atinasse o motivo.

A um certo momento, deixou o cavalo e caminhou, vencendo ainda mais a distância entre eles. Achava graça e ao mesmo tempo inquietava-se.

Chamou-a, por fim:

– *Milady? Milady...*

Parando o canto, a moça virou-se brutalmente para ele, que estava a menos de três metros de distância. Empalideceu-se e deu dois passos para trás.

Encararam-se por alguns instantes e um choque de sentimentos desconexos invadiu a ambos. Misto de medo e atração, ressentimentos misteriosos, saudades inexplicáveis sacudiram a emotividade dos dois.

Um instinto interno sinalizava a Miriel que corresse, fugisse, pois estava sozinha em um bosque deserto, diante de um homem desconhecido, bem maior que ela.

A moça virou-se abruptamente para correr em direção ao corcel, mas tropeçou e caiu, ferindo o joelho.

Kevin correu ao seu socorro, tentando segurá-la, ao que ela o repeliu brutalmente, assustada, imaginando se tratar de um ataque.

– *Milady! Milady*, acalma-te, pois estou tentando ajudar.

A moça buscou a adaga de prata em um movimento desesperado, porém Kevin a interceptou, segurando-a:

– *Milady*, por favor! Não tenhas medo. Não intento machucar-te. Ao contrário, por favor...

Esperneando e debatendo-se, a moça tentava alcançar o braço do rapaz para morder, com os olhos arregalados de raiva.

Kevin então a segurou firmemente, colocando sobre ela o peso do próprio corpo e segurando seus braços.

Assustada e ofegante, a moça estacou a reação, encarando-o com olhar fulminante. Vendo que ela parou, o rapaz falou em tom baixo, tentando ser amigável:

– Ouça, *milady*, não se assuste. Está tudo bem! Quero ajudar, só isso!

– Ajudar? Mas está retendo-me!

– A *milady* caiu. Tentei segurar e te assustaste. E inclusive tentaste me matar com tua adaga. Por isso te seguro. Mas vou soltar. Não tenhas medo. Não te assustes. Sou dono destas terras e ouvi tua voz. Vim averiguar o que se tratava apenas. Mas tu te assustaste e agora estás ferida. Vou ajudar-te com esta ferida. Preciso que compreendas que não vou te machucar.

Miriel ficou estática e o rapaz a soltou com bastante prudência, erguendo-se e oferecendo-lhe a mão.

Já de pé e limpando a própria vestimenta, a moça sentiu a dor da ferida no joelho, que se ralara no chão e sangrava um pouco.

– Senhor, não foi minha intenção invadir tuas terras. Não percebi que o fazia. Mas garanto que não me descuidarei mais. Agradeço tua solicitude e peço perdão pela minha reação.

Miriel encaminhou-se para o cavalo e o rapaz a segurou pelo braço:
– Espera. Teu joelho está ferido. Deixa-me te ajudar.
– Não é preciso.
– Mas, faço questão. Para que eu me desculpe contigo do susto que te dei.

Miriel parou a caminhada, ainda desconfiada e trêmula.

Kevin foi até a montaria e buscou um tecido que trazia para forrar o chão. Retirou dele um pedaço pequeno, estendendo o restante. Convidou a moça a assentar-se. Miriel a tudo atendia em silêncio, enquanto o rapaz umedecia o pedaço de tecido em um preparado que tinha nas mãos.

– O que é isso?
– É para o ferimento. Não se preocupe.
– O senhor é médico?
– Não.
– Por que andas com medicamento em tua montaria?

Kevin sorriu e pousou o tecido encharcado no ferimento da moça, que reagiu à ardência.

– Acalma-te. Já vai passar. Bem, quanto ao remédio, gosto muito de cavalos. Este medicamento é para eles, que às vezes se machucam em grandes cavalgadas.
– Estás passando em mim um remédio de cavalos?

O rapaz riu-se largamente com a estupefação de Miriel.

– Uso em mim também, não te sintas diminuída.

Miriel observava todos os movimentos de Kevin, ainda um tanto desconfiada. Pensava consigo mesma que deveria ter montado em Negro e ido embora o mais rápido possível. No entanto, estava ali, ao lado de um completo desconhecido.

O irlandês ergueu-se e buscou um farnel, depositando-o no tecido em que Miriel estava sentada. De dentro saíram pães cheirosos, algumas gulodices e frutas.

– *Milady*, eu estava indo desfrutar meu desjejum junto ao riacho quando me deparei com tua pessoa dançando e cantando. Bem, gostaria de convidar-te para que o desfrutes comigo, enquanto a dor de teu ferimento se alivia.

– Senhor, eu não te conheço para compartilhar contigo um desjejum...

Kevin ergueu-se, sorrindo:

– Tens razão. É que ainda agora estávamos tão próximos ali no chão, que parecíamos muito íntimos. Esqueci-me de que não nos conhecemos.

Miriel ergueu-se fulminada pela raiva.

– O senhor é muito atrevido e abusado.

Ia caminhar, quando Kevin a segurou.

– Calma! Me desculpa. Não quero irritar-te. Estava brincando... – disse imprimindo gentileza à voz. – Não vás. Eu te peço desculpas.

Miriel estacou e o encarou. O rapaz curvou-se então, ainda sorridente:

– *Milady*, sou Kevin McCann, dono dessas terras e teu escravo. Honro-me em conhecer-te.

Com a expressão mais relaxada, Miriel abaixou-se também, em um cumprimento cordial:

– Sou Miriel, filha de M... O'Hare, meu senhor, ao seu dispor.

– Bem, agora que nos conhecemos formalmente, poderias me dar a imensa honra de desfrutar comigo o desjejum?

– Não creio, meu senhor, que eu esteja vestida apropriadamente para compartilhar uma refeição com um cavalheiro...

– Estás linda... – Kevin deixou a frase escapar quase que instantaneamente, fazendo a moça corar.

Miriel assentou-se. Estava com fome, pois ainda não havia se alimentado naquela manhã.

Estranho fato se deu. Em breve tempo, estavam conversando os dois desconhecidos, como se já o fizessem há anos. Os assuntos lhes eram fáceis e em todos eles percebiam que não havia muitas divergências de gostos e opiniões.

Kevin estava encantado com a estranha moça que encontrara dançando em suas terras e com quem praticamente houvera tido uma refrega. Observava seus grandes olhos verdes cheios de vigor e energia muito própria dos homens. Seus modos decididos e seu raciocínio rápido para todas as conversas. Encantava-se com suas maneiras tão diferentes e atraentes. Intrigava-se pelo fato de uma mulher ter tanta opinião e conhecimento, fato muito raro naqueles dias. As mulheres de seu tempo eram dóceis, gentis e caladas. Ali estava uma que não parava de falar, era visivelmente insubordinada, destemida demais para uma mulher, um tanto atrevida para uma moça pequena e de aparência tão delicada e frágil. No entanto, ela o encantava.

Ela era certamente uma moça de família abastada. Montava um corcel árabe, dizia-se uma filha de M... O'Hare, o lorde que habitava o castelo na colina. Se era parente de O'Hare, era por si só inacessível a ele, membro de uma família que amargava a falência.

Já Miriel observava Kevin com curiosidade, sentindo-se enormemente atraída pelo seu falar gentil e educado, seu bom humor e sua galhardia. O porte do rapaz a remetia às antigas lendas de origem celta, contadas nas cantigas de sua ama. Parecia um herói daquelas histórias fantásticas. Tudo nele a impressionava. O vento balançando seus cabelos, seus olhos acinzentados medindo-lhe as atitudes, o timbre de sua voz, suas maneiras nobres em demasia para um aldeão ou um camponês. Ele estava bem trajado, era inteligente e culto. Certamente descendia de alguma família nobre.

Mas ali, naqueles momentos, os dois conversavam esquecidos do mundo de sua época. Ali, entre os pães cheirosos e conversas amenas, não havia títulos, dinheiro ou distância entre eles. Por isso mesmo entregaram-se gostosamente àquele estranho encontro de almas, descuidados e levianos quanto a todo mundo ao seu redor. Riam-se como velhos amigos.

Mas os minutos escoaram. Em um certo momento, Miriel ergueu-se, olhando o sol.

– Oh, meu Deus! Tenho que ir. Já estamos quase na hora da refeição. Meu pai há de me acorrentar hoje junto aos cavalos, se eu me atrasar mais um pouco.

Kevin ergueu-se também, aproximando-se dela. A ideia de vê-la indo embora, naquele momento, pareceu-lhe insuportável. Não sabia dizer o que sentia. Tinha a impressão de estar revivendo alguma coisa.

– Espera, senhorita. Não vás. Tem certeza de que teu ferimento está melhor? Talvez convenha esperar mais um pouco.

– Sinto muito, meu senhor, mas não me é possível. Preciso ir, mas agradeço novamente tua solicitude.

– Chama-me Kevin, por favor. Pois vou chamar-te, se não te importas, apenas por Miriel... Seremos amigos!

O rapaz se colocou à frente da moça, impedindo-a de andar e encarou-a nos olhos, tendo a nítida impressão de já haver feito a mesma coisa antes. Miriel ruborizou-se e esquivou-se.

– Kevin – falou com voz fraca –, preciso ir. Mas agradeço-te os momentos agradáveis. Seremos amigos, doravante!

– Podes voltar amanhã?

– Amanhã? Não sei... Acho que não...

– Volta amanhã, eu peço. Trarei a harpa e tocarei para ti e verás que homem talentoso acabas de angariar como amigo...

Sorriram, olhando-se. Miriel não se sentia disposta a cogitar da inconveniência do que estava prestes a falar, portanto aditou resoluta:

– Voltarei amanhã. Trarei também o desjejum!

A moça precipitou-se sorridente para o corcel árabe, montando-o e instigando-o. Demandou em correria na direção do castelo de seu pai, sendo observada por Kevin até sumir no horizonte.

O dia, para ambos, foi um dia atípico.

Miriel, de quando em quando, pegava-se sorrindo, relembrando a conversa com Kevin. Repetia seu nome baixinho, compreendendo que sua fonética era de todo agradável:

– Kevin McCann!

Rememorava seus detalhes, o tom de sua voz, seus cabelos balançando ao sabor das brisas, seu rosto angular, seus olhos cinzas. Não sabia ao certo o que lhe chamava tanto a atenção. Talvez sua inteligência rápida aliada ao bom humor. Ou jeito nobre e gentil.

"Estás linda" – ela parecia ouvir novamente. Isto vindo de outros rapazes, até mesmo de seu noivo, sujeitaria o autor a um discurso sobre condutas desapropriadas de um cavalheiro com uma dama de família, em seu constante tom de ironia e distância. Mas nada dissera a Kevin, pois vindo dele parecia encantador.

Haviam combinado um novo encontro, que de todo era inconveniente, como inconveniente fora o primeiro. Em um momento, estavam lutando e ela o queria ferir com a adaga de prata. Em outro, compartilhavam pães e conversa agradável. Era total insensatez. Não fazia o menor sentido atender ao convite de um novo encontro e ela estaria colocando em risco sua honra de donzela e de filha de um O'Hare. Se um dos seguranças os houvesse testemunhado, certamente seria levada arrastada para o castelo e Kevin estaria morto a fio de espada, pela honra do lorde. E sua moral estaria contestada, pois dera-se ao convívio com um homem desconhecido e jovem, em um local ermo.

Era impossível questionar a impossibilidade de tornar a ver o rapaz, de voltar à beira daquele riacho. No entanto, sentia-se impaciente para voltar a fazê-lo.

Já o rapaz inquietara-se, subjugado por emoções diversas. Relembrava o perfume que sentira exalando de Miriel quando dela se aproximou. Seus olhos, sua expressão quase masculina, resoluta, atrevida, destemida. Seu sorriso brejeiro, a dança e o canto em que a surpreendeu em suas terras, o olhar pusilânime de indignação, quando irritada, o rosto corado de vergonha em certos momentos. Tudo nela era encantador e irresistível. Com o passar lento das horas o rapaz desassossegava-se em imaginar que ela não iria ao seu encontro no outro dia.

Mas seria de se esperar que ela não fosse. Toda aquela situação era totalmente fora dos padrões da normalidade. O que esperava ele, afinal? A filha de O'Hare sujeitando-se a encontrar com um estranho em um bosque deserto? Certamente que ela não voltaria.

Buscou os divertimentos para conseguir vencer a extrema excitação que o atingia. Não conseguiria repousar, então seria melhor distrair-se com os amigos. Mas de repente todas as moças perderam qualquer brilho aos seus olhos. Para ele, em comparação com Miriel, com quem na verdade passara algumas poucas horas, elas não possuíam encantos. Nenhuma das com quem convivia tinha aquele brilho e aquela inquietação no olhar. Nenhuma discorria sobre todos os assuntos com tanta veemência. Nenhuma desafiava-o a elaborar os raciocínios, como ela o fizera em apenas alguns minutos. Os amigos estranhavam seu alheamento de toda hora e seu desinteresse pelos prazeres mais restritos.

Com o avançar da noite, Kevin encaminhou-se para o lar, observando as estrelas. Havia encontrado Miriel por volta das sete horas da manhã. Iria para o riacho no mesmo horário, para aguardá-la.

Se ela não fosse, ele pensaria em outras maneiras de encontrá-la.

Às seis horas, já estava arrumado e partindo. Não havia dormido muito, mas sua robustez não dava indícios de cansaço ou abatimento.

Tomou de seu cavalo irlandês e caminhou-se para o lugar do encontro, decidido a esperar por ela a partir daquele instante.

Apeou no local e arrumou o desjejum com cuidado. Colocou a pequena harpa ao seu lado e refletiu se não seria conveniente relaxar e deixar-se cochilar um pouco. Mas tão logo pensou nisso, pode ouvir o cavalgar do corcel árabe, aproximando-se. Não pode conter o sorriso largo que lhe invadiu o rosto. Sentiu o próprio coração descompassando.

Ergueu-se, entre trêmulo e emotivo, e aguardou a dama aproximar-se, para auxiliá-la a descer do cavalo.

– Tu vieste...

Miriel desceu. Não estava trajada como no dia anterior, com roupas para montaria. Trajava um vestido em tecidos finos, em tons de verde que realçavam seus olhos. Viera cavalgando como convinha a uma dama, não mais da maneira masculina, como no dia anterior.

– Mas estás belíssima, senhorita! – exclamou Kevin, ao vê-la de pé à sua frente.

És muito gentil, meu senhor! Penso ser mais apropriado para uma refeição, acompanhada de um cavalheiro.

Sorriram ambos.

Miriel trouxera uma pequena bolsa contendo algumas guloseimas, que depositou no tecido estendido ao chão.

Sentaram-se e conversaram. Kevin tocou para ela, que parecia enlevada com a música. Falaram de livros, de música, de lendas e de fatos diversos. Sem perceberem, aproximavam-se e acabaram por se sentar quase encostados um no outro.

Após as horas escoarem-se celeremente, despediam-se, prometendo encontrarem-se novamente, e assim foi por quase um mês.

Jamais comentavam sobre a vida que levavam fora daqueles campos. Miriel havia buscado junto à ama informações sobre o nome de família de seu novo amigo, sendo informada de que se tratava de uma casa falida. Certificou-se de que seria impossível que ambos pudessem ser amigos fora daquele bosque deserto. Ou amigos ou qualquer outro tipo de relação.

Seu noivo aparecia nos dias combinados, para cear com a família, mas ela já não o provocava mais. Não se sentia mais atraída pelos mil divertimentos de incomodá-lo ou humilhá-lo em seus brios. Vivia, desde que conhecera Kevin, absorta em si mesma, sorrindo por coisa alguma em alguns momentos, cismada e introspectiva em outros.

4

Amor proibido

MIRIEL RECONHECIA QUE Kevin era alvo de seu amor. Sim, amava-o como jamais supôs amar um homem. Os encontros matinais eram a sua alegria suprema. Tecia mil sonhos e esperanças enquanto cavalgava para encontrá-lo à beira do riacho. Construía mil histórias fantásticas para esse amor que era de todo impossível. Em todas elas ele era seu herói, seu salvador. Aprazia-lhe, como nunca dantes, ser a dama frágil que ele pudesse resgatar daquela realidade. Em suas fantasias, fugiam em seu corcel árabe e casavam-se ao som de instrumentos celestiais em alguma terra de sonho, distantes de seu pai, de seu noivo, de tudo e de todos.

Quando seus olhos pousavam nos dele, ela sentia-se transportada a algum lugar onde o tempo e o espaço como o conhecemos não existiam.

Mas, voltando ao seu mundo real, lá estavam todas as injunções de sua vida, gritando em altas vozes de que aquilo não seria possível. Não poderia enfrentar o pai. Não teriam para onde fugir. Kevin estava falido e não teria recursos para uma empresa destas. Então, muitas vezes, engolfava-se em cismares e melancolias durante o dia.

O noivo, sempre carinhoso e apaixonado, imaginava que eram coisas próprias de uma menina mimada, que estava prestes a mudar de vida. De tudo fazia para agradá-la, enchendo-a de joias e presentes.

Kevin não procurou saber sobre a moça. Sabia que ela era filha de M... O'Hare e isso bastava para compreender a impossibilidade de serem próximos. Mas amava-a, desde o primeiro instante em que nela colocou os olhos. Mudou completamente o comportamento, em busca de alguma solução para o caso. O lorde não o aceitaria como membro da família, sendo ele falido. Mas era descendente de uma família que fora nobre. Seus brasões falavam de um passado heroico e repleto de gentis homens cultos e servidores da Pátria. Se quisesse ter alguma chance de conquistar um lugar na família do orgulhoso patriarca, deveria erguer a posição da sua. Traçava estratégias, fazia mil planos, procurando dentro da própria posição meios de ascensão e, quem sabe, adentraria serviços militares como seus antepassados, para angariar favores dos soberanos da nação, de maneira a erguer novamente a estrutura financeira de sua casa.

Queria ser reto e nobre. Deixou os divertimentos, encontrando-se com os amigos em ambientes mais amenos. Idealizava alguma excursão para aprofundar estudos e, quem sabe, adentrar carreiras diplomáticas ou intelectuais. Seu pai tinha amigos influentes. Saberia onde encontrá-los e buscar a proteção para seus projetos.

Projetos diversos e fantásticos preenchiam suas esperanças, porque assim é a mente de um jovem apaixonado. A força do sentimento que possui em si mesmo parece ser maior que qualquer obstáculo, se bem que o seja na realidade.

Amava Miriel com todas as suas forças. Queria-a como esposa. Cogitava agora família e filhos, cheio de delírios e sonhos maravilhosos.

Comentara com Thompson que encontrara a escolhida, sem dar-lhe, contudo, pormenores. Disse que em tempo oportuno gostaria de sua ajuda, como seu mentor muito caro.

Também com sua mãe comentara que tinha o coração irremediavelmente entregue e que, em breve, ela teria os sonhados netos.

Vibrava de alegrias e esperanças, procurando traçar com segurança uma estratégia para realizar seus intentos.

Ia aos encontros radiante e passava horas medindo as reações do objeto de seu amor. Via-a ruborizando-se a cada palavra mais terna. Entre uma e outra amenidade, pegava em suas mãozinhas e podia sentir o tremor característico da emotividade. Ela o amava, certamente. Ainda não haviam falado abertamente sobre isto, mas estaria óbvio em seus olhares.

Riam-se prazenteiros. Corriam pelos gramados ou cavalgavam pelas colinas. Ele fazia para ela coroas de flores silvestres para seus lindos cabelos avermelhados. Ela lhe dera o lencinho alvo e perfumado onde figuravam suas iniciais bordadas por ela mesma, que ele guardava ao bolso. De quando em quando cheirava-o durante o dia, para lembrar seu perfume.

Eram assim, tolos e esquecidos de todo o resto, mergulhados em um mundo criado por eles mesmos a cavaleiro de toda realidade.

Em uma destas manhãs de sonhos e alegrias, Kevin estava mais intenso que o habitual. O sorriso que bailava em seu rosto não era aquele de seu habitual bom humor, mas diziam de uma emotividade quase incontrolável.

Quando a retirou da montaria, desceu-a quase rente a si mesmo, provocando em Miriel um rubor que o encantou. Não a soltou de pronto. Osculou-lhe o rosto, sem conseguir disfarçar a própria inquietação.

Sentaram-se próximos. Kevin não falava muito. Encarava a amada com persistência, fazendo-a baixar o olhar a todo instante, envergonhada. Quando se ergueram para o pequeno passeio habitual, não pôde mais sofrear-se e postou-se de frente a ela, segurando-lhe as mãozinhas.

– Miriel! – sussurrou com voz embargada de emoção. Seus lábios tremiam.

A moça tentou esquivar-se, atordoada, mas ele levou suas mãos até os lábios e as osculou, com os olhos úmidos. Tomou-lhe o rosto com as mãos, fazendo-a encará-lo:

– Não, Miriel, não fuja de mim. Escuta-me.

– Kevin, por favor...

– Miriel, eu te amo! Não posso guardar este sentimento. Eu te amo! Amo-te desde o primeiro instante em que pousei os olhos em ti.

A jovem prorrompeu em pranto, tapando os olhos com as duas mãos.

Confuso e desesperado, o rapaz afagou-lhe os cabelos e segurou sua cabeça, retirando depois suas mãos para poder encará-la.

– Querida, o que há? Por que choras? Imaginei-te amando-me também. Enganei-me? Choras por repulsa de minha declaração? Diz-me, querida, antes que eu enloqueça!

– Oh, não, não, Kevin. Antes, bem o contrário. Eu te amo! Sim, eu te amo!

Kevin puxou-a para si em um arroubo desequilibrado. Beijou-lhe os cabelos e o rosto sem qualquer controle de si mesmo.

– Oh, Miriel! Como estou feliz de ouvir de ti estas palavras! Pois se me amas também, sou o mais venturoso dos homens!

Com as mãos no seu rosto, beijou-a e a enlaçou vigorosamente. Sentia como que um frenesi o impulsionando para ela. Mas sentiu que ela o empurrava, amedrontada, e conteve-se, afastando-se apenas para olhá-la.

– Estás assustada? Não te assustes comigo!

– Não, Kevin, tu não compreendes. Não vês que este amor é impossível? Não vês que não pode ser? Antes eu o repudiasse e tu a mim. Para nossa desgraça é que nos amamos!

– Não digas isso, Miriel! Nós viveremos este amor. Farei de ti a minha esposa e seremos felizes!

– Não é possível, não vês? Sabes de quem sou filha?

– Do lorde M... O'Hare. Isso te assusta? Estás aflita por causa da aprovação de teu pai. Pois eu te digo que haverei de ajeitar isso. Já estou buscando os meios de teu pai me aceitar como pretendente à tua mão. Pois quero me casar contigo, minha Miriel. Tu serás minha esposa!

Miriel o encarou por alguns instantes. Como queria ouvir aquelas palavras. Uma imensa alegria começou a tomar suas forças, até que se lembrou do noivo, e desabou em nova crise de choro.

– Kevin, não é possível. Meu pai não vai aceitar.

– Como podes guardar tanta certeza, querida? Estás vencida pelo pessimismo, é bem isso. Não, mil vezes não. Tu serás minha! Uma vez tendo erguida a condição financeira de minha casa, que certamente conheces, senão não estarias tão temerosa, não haverá motivos para teu pai me rejeitar...

— Kevin, já tenho um noivo e me caso em poucos meses... – gritou por fim a moça.

Kevin a soltou e afastou-se para trás. Encarava-a de olhos arregalados. Falou quase como um grunhido:

— O que dizes? Do que falas?

— Sou noiva. Minha mão já está prometida e compromissada...

O rapaz levou as duas mãos nos cabelos. Queria raciocinar e tinha imensa dificuldade. Olhava a moça em silêncio. Sim, ela era linda e encantadora. De certo algum rapaz havia se interessado, apressando-se em pedir ao lorde o compromisso, assim, inesperadamente.

Kevin aproximou-se novamente de Miriel, tocando-lhe o rosto.

— Mas como assim? O compromisso pegou-te desprevenida? Este tal pretendente à tua mão apareceu assim, inopinadamente? Quando foi isso?

Respirando profundamente e compreendendo a gravidade do que falaria, Miriel encarou-o tristemente:

— Quando nos conhecemos, eu já era noiva...

Kevin sentiu a cabeça rodar. Não podia aceitar o que estava ouvindo. O raciocínio falhava, o corpo estremecia.

Miriel, vendo-lhe a decepção estampada no olhar dolorido, ergueu a mão, tocando-lhe o rosto.

— Kevin...

O rapaz a repeliu, afastando-se de olhos desmesuradamente abertos.

— Tens um noivo? E te permitiste estar aqui comigo durante todo este tempo? Tens um noivo e não me contaste? Como pudeste trair-me desta maneira? Como pudeste mentir e brincar comigo assim? Uma noiva desfrutando momentos a sós com outro homem... Como pode ser isso?

Miriel sentia-se tremer. Buscava na mente argumentos. Falou por fim:

— Éramos amigos...

Aproximando-se bruscamente da moça, o rapaz a encarou, irado:

— Amigos? Éramos amigos? Somente amigos? E os olhares que me lançaste, encorajando-me a amar-te? E o rubor que testemunhei em tua face cada vez que eu busquei teu olhar com insistência? Senti o calor de tuas mãos nas minhas! Sussurrei gentilezas aos teus ouvidos... Mas éramos apenas amigos? É com esta intimidade que tratas teus amigos?

– Assim era porque eu te amei, Kevin, desde o primeiro momento.

– Me amaste e mentiste? Como pudeste? Por que não me falaste que tinhas um noivo? Não me achaste suficientemente digno de disputar tua mão? Não me consideras à altura dos brasões de tua família?

– Não! Estás enganado! Tu és para mim mais precioso que um príncipe! Mas eu não pensava em mais nada quando me entregava ao deleite de tua companhia. Parecia apartada do mundo. Deixei-me iludir em um mundo que só existe para nós dois.

Kevin estava vermelho e suarento. Sentia todo o seu interior tremendo.

– Só argumentos! São palavras! Tu brincaste comigo e eu a desprezo por isso. Eu deveria subir ao castelo de teu pai para dizer a ele a qualidade de filha que ele tem, que se permite estar todas as manhãs em local ermo com um homem desconhecido, trocando carícias e olhares, sendo ela noiva. Eu devia entregar-te para que ele te corrigisse como se deve, para que não brinques mais com as pessoas.

– Tu não te atreverias!

Levando as duas mãos na cabeça e tomado de loucura, o rapaz avançou sobre Miriel, segurando-a fortemente:

– Eu devia mostrar-te agora mesmo que não convém brincar com os brios de um homem. Sim! Eu mesmo posso aplicar-te a lição, tratando-te como bem mereces.

– Solta-me! Solta-me, seu animal, pois que eu...

– O que vais fazer? Gritar? Atacar-me com tua adaga? Mereces aprender que não podes submeter as pessoas a joguinhos, como fizeste comigo!

Ao contrário do que pretendia, Miriel não tinha forças para reagir. Suas emoções paralisavam-na. Por isso, prorrompeu em pranto convulsivo, deixando pender os braços que socavam o peito de Kevin.

– Pois que seja, senhor! Pois que seja! Vai ao meu pai ou faz o que te aprouver!

Atordoado, o rapaz soltou-a e afastou-se. Ouvir o pranto da criatura que amava compungia-o ao máximo. Não sabia o que fazer. Arrependia-se da reação animalesca que acabara de tomar. Não a queria assustar.

Queria sim apagar tudo aquilo, ouvir da sua boca que tudo não passava de uma mentira, que não havia noivo, que tudo estava bem. Vencido, desesperado, Kevin ergueu a mão para acariciá-la:

– Desculpa-me. Não quis assustar-te. Não chores mais. Vamos conversar...

Mas a moça empurrou-o vigorosamente, retirando forças do íntimo que desconhecia, e correu ao corcel, montando-o e saindo em disparada.

Estava trêmula e descontrolada.

Após verificar que não era seguida, fato que mais a decepcionou que aliviou, parou em um recanto já nas terras do pai, próximo a um pequeno bosque, sentou-se em um velho tronco caído e deixou-se chorar.

Kevin estava perdido para ela. Ele jamais a perdoaria. Sim, ele estava certo. Ela devia ter dito a verdade. Mas que adiantaria? Eles nada poderiam fazer.

De um para outro momento acendeu-se uma esperança em seu íntimo. E se fugissem? Se ela o convencesse a fugir com ela... Sim, ela poderia convencê-lo. Saberia como fazê-lo, pois que ele a amava. Iria perdoá-la ao perceber que ela intentava largar tudo por ele. Iriam para longe, juntos. Outros reinos, outras terras, onde não poderiam ser encontrados por seu pai ou seu noivo... Ela levaria suas joias de família, algum recurso em moedas. Nem para sua ama contara a respeito de Kevin. Ninguém sabia, portanto, ninguém desconfiaria. Ela tinha o corcel árabe e Kevin também possuía bons cavalos. Até que compreendessem o que verdadeiramente acontecia, estariam longe.

Empolgada pelas ideias, de repente sentiu um delíquio. A vista turvou-se um pouco, como prenunciando um desmaio. O raciocínio ficou confuso e sentiu uma forte pressão na cabeça. Sua mente parecia querer trazer à tona fatos ocultos em misteriosos precipícios íntimos.

– Não vais fugir com ele! Se fugirem, eu o mato! – um grito soturno repercutiu no éter.

Miriel empalideceu. Com o susto, encontrou forças para erguer-se em um átimo, olhando ao redor. Observava, petrificada as árvores do pequeno bosque. Tentava identificar algum movimento de alguém, que certamente a espreitava e auscultava seus pensamentos. Arrepiou-se e sentiu as carnes tremendo.

A ideia da fuga repugnou-a de repente, pois uma certeza concreta de que não daria certo ocupou seu coração. Não arriscaria a vida de Kevin.

Não! Isso não! Não fugiria. Não tinham como fazer isso – pensava vigorosamente como para ser ouvida pela misteriosa voz.

Aos poucos acalmou-se. Não distinguiu qualquer movimento. Estava só. Afastou-se das árvores sem dar as costas para elas, em direção ao corcel árabe.

Ao montá-lo, acalmou-se mais um pouco. Não havia ninguém. Raciocinava que certamente seu estado psicológico havia criado a tal voz. Não era a primeira vez que isso acontecia com ela. De outras vezes imaginou também vozes e vultos que a atormentavam. Sim, era apenas o extremo abalo emocional em que se encontrava – repetia a si mesma.

Pensando novamente em Kevin, o coração da moça ressentia-se profundamente de si mesma. De repente, não havia nela convicção suficiente para cogitar de qualquer solução para o caso. Amava-o, disso tinha certeza. Porém, a ideia de entregar-se a esse amor assustava-a. Como uma ideia implantada, vozes internas a avisavam de que iria se decepcionar, que ele a deixaria mais cedo ou mais tarde, partindo para aventuras diversas. Uma parte de si dizia que não seria possível a vida sem ele, longe de sua presença. Outra parte dizia que deveria seguir distante, que ele representava um perigo irremediável a alguma tranquilidade.

Partiu depois para o castelo, ocultando-se de todos. Estava profundamente abatida. Alegou indisposição e permaneceu nos próprios aposentos, pois não queria ver ninguém.

5
A história de Thompson

KEVIN, VENDO-A PARTIR, não teve qualquer reação. Não conseguia ajuizar o que fazer.

Seguiu lentamente para seu cavalo e buscou a academia do velho Thompson.

Quando entrou no ambiente, era visível seu abatimento. Os cabelos desalinhados, o sinal de pranto nos olhos, o abalo emocional.

Não eram horas de instruções, portanto, o instrutor estava só. Vendo o pupilo naquele estado, correu em seu préstimo, preocupado:

– O que houve, filho? O que aconteceu? Estás doente?

Sentando-se, desanimado, o rapaz entregou-se ao desabafo:

– Sim, meu senhor! Estou doente. Gravemente doente...

– O que tens? Já tomaste providências? Foste a um facultativo?

– Facultativo nenhum pode me ajudar. O remédio que preciso só eu posso providenciar. Preciso de brios de homem, meu senhor. Perdi os brios de homem, pois que amo uma mulher que é noiva, mentiu para mim e brincou com minha honra. E, ainda assim, não consigo pensar em mais nada, além de estar com ela novamente, lançar-me aos seus pés e implorar que não me deixe. Não consigo cogitar de viver sem ela, nem que para isso mate o infeliz que a vai desposar ou o pai, que não me vai aceitar como candidato. Nem que para isso eu me precipite no crime e na desonra, raptando-a e levando-a comigo à força. Vê, meu senhor? Não tenho mais brios, porque se os tivesse, a odiaria pelo jogo a que me submeteu. Se os tivesse, não estaria irremediavelmente perdido de amores!

Thompson estava estupefato. Silenciou, enquanto o rapaz chorava com as mãos cobrindo o próprio rosto, balançado por soluços de desespero. Afagava-lhe a cabeça, aguardando que ele se acalmasse. Buscou água em uma bilha de barro e depositou o copo nas mãos do pupilo.

Aos poucos, o rapaz aquietou-se, sorvendo o líquido.

– Meu filho, que espécie de discurso é este que ouço de teus lábios? De onde retiraste tanto material de insensatez para externar por meio de palavras tão insanas? Quanta loucura... Acabaste de me falar em assassínios, rapto e fuga.

– Estou sendo leal à realidade, meu senhor. Procuro não mentir.

– Estás sendo leal somente ao desespero injustificado. Estás permitindo-te vencer pelo entrechoque de sentimentos desregrados. Pareces um demente! Blasfemas como o último dos ateus. Olvidas de repente de todos ao teu redor para ouvir apenas a voz da loucura. Como chegaste a este patamar de desequilíbrio?

– Senhor, lembra-te que falei de uma moça que me dominava todo o ser? Lembra-te que me reconheceste tomado de amor?

– Sim.

– Pois bem. A moça que amo é Miriel, filha do lorde M... O'Hare. Encontramo-nos por acaso, se é que o acaso pode reger um episódio desta magnitude. Pois eu a amei quando a vi. Eu já a amava quando a vi pela primeira vez. Sim, é bem isto. Eu já era dela antes de nascer, antes de existir. Só assim para explicar o que sinto. Pois bem, desde então encontramo-nos todas as manhãs. Eu tracei estratégias para ser merecedor de alguma chance do lorde, de modo a desposá-la. Oh, sim, eu a quero como minha esposa, e por este ideal sou capaz de qualquer sacrifício, de qualquer coisa. Tudo me dizia que não seria possível, como já adivinho que me advertirás também. Mas eu me deixei sonhar e desejar. Hoje, resolvi falar de meu amor abertamente, adivinhando que era correspondido. Esperando ter dela a confissão para arrojar-me com mais força em meus intentos. Não importa o que fosse preciso. Joguei meu amor aos seus pés como o último dos escravos da Irlanda. Dei a ela conhecer os meus mais verdadeiros sentimentos, para ouvir dela que era noiva. E que já o era antes de nos conhecermos, e ela não me disse. Mentiu para mim. Ocultou-me a realidade sórdida. Enlouqueci, sacudindo-a e assustando-a. Ela fugiu de mim, sem ouvir-me os pedidos de desculpa. Voltou à fortaleza dos O'Hare, deixando-me aqui desesperado!

– Filho, quanta insensatez! Por que não me buscastes para conversarmos desde o princípio? Eu sabia do compromisso desta jovem, pois que fui contratado para afinar os instrumentos de músicos contratados por aquele que irá desposá-la e que não esconde de ninguém a satisfação de fazê-lo. Fui procurado pessoalmente há meses. Eu o teria dito e não estarias agora tão desesperado.

– E quem seria este infame, meu senhor? Diz-me para que eu possa exterminar o obstáculo. Convidá-lo-ei a um duelo! – disse, erguendo-se.

– Senta-te, Kevin, por Deus! Desconsiderarei tamanho desrespeito à minha presença. Não vais duelar com ninguém. Não te farás assassino e réprobo. Não há razões, pois mesmo que venças, o lorde não o aceitará. Pensa, meu filho. Por que estás desertando dos raciocínios mais lógicos? Não há impasse sem solução justa. Mas é preciso manter a calma para encontrarmos os caminhos melhores.

O músico ergueu-se e tomou também da água que oferecera ao aluno, evidenciando sua inquietação. Respirou profundamente, refletiu um pouco e sentou-se novamente.

– Tu estás me dizendo que a encontrava nos bosques. Tiveste com esta moça alguma intimidade?

Envergonhado, o rapaz compreendeu que a pergunta se dava devido à sua conduta de jovem entregue aos próprios instintos.

– Respeito-a, meu senhor, pois a quero como esposa. Esta manhã eu a beijei e não mais que isso, embora reconheça que fiquei dementado quando soube de sua falsidade. Mas recuei qualquer atitude antes de executá-la. Ela está tão pura como estava quando a vi pela primeira vez...

— Antes assim! Graças a Deus, qualquer tragédia desnecessária pode ser remediada. Agora, pensa comigo: esta moça é a filha de M... O'Hare e tu sabes bem do abismo que somente este fato cava entre ambos. É bem verdade que ela está noiva e, pelo que pude depreender dos fatos, irão marcar a data dos esponsais em breve. Não podemos esperar que o lorde retire a palavra empenhada há quase um ano, pois configura-se em uma desonra para um homem de sua posição. Sendo assim, meu Kevin, o melhor a fazer é esquecer isto tudo e empenhar-te em uma nova vida. Esquece esta e volta o teu olhar para alguma outra moça, para que te cases e te arvores em ser responsável e leal. Vê que este amor em que hoje te mergulhas é prenúncio de tragédias e dores. É impossível. Conforma-te e busca outra porta para a felicidade. Lembra-te de Maire? Ainda te aguarda docemente. E, caso não possa teu coração interessar-se por ela, tantas outras moças existem que poderão fazer-te feliz! Garanto que irás esquecer este suposto amor tão logo encontre a paz nos braços de um compromisso seguro.

Kevin ergueu os olhos.

— Meu senhor, não posso. Não poderei amar outra, que não Miriel. Não! Só posso amar Miriel! Tudo quanto venho buscando sem saber o que, senhor, encontrei nos olhos de Miriel. Não duvides e nem me consideres leviano ao pronunciar estas palavras. Já me consumi em mil colos e mil paixões. Várias damas se aninharam em meus braços, embora nunca em meu coração. Miriel é a única capaz de fazer-me rejeitar a vida de desregramento que tive desde cedo. Somente por ela eu desejo a vida reta e leal de um marido. Meu mestre, qualquer aspiração por retidão, equilíbrio e ordem na minha vida advém do meu amor por ela.

O rapaz ergueu-se ante a estupefação do professor, caminhando para a porta. Thompson o chamou gravemente:

— Kevin, retorna ao assento! Vamos conversar.

Kevin estacou e voltou o olhar para o músico, deixando transparecer que o contrariava voltar. Mas caminhou até a cadeira, de cabeça baixa.

— Meu filho, eu sei que julgas que não tenho como compreender o que se passa em teu coração, pois me conheces por homem solitário. Mas nem sempre foi assim.

Curioso, o rapaz o encarou, sondando-lhe as feições. Surpreendeu os olhos de Thompson nublados com lágrimas que não ousavam cair. Só então percebeu que seu mestre estava trêmulo e emocionado.

– Pois saibas, meu Kevin, que eu o compreendo mais do que imaginas. Também amei em minha vida. Também sonhei reter nos braços uma moça que me tomou todas as aspirações. Chego a estremecer diante da coincidência de nossos destinos. Questiono ao Senhor dos Mundos porque meu aluno favorito, aquele que amo como filho, está vivenciando uma situação que apagou meus sonhos em plena mocidade.

Kevin ficou intrigado. Os olhos de seu professor sondavam alguma região inacessível aos outros olhos. Uma intensa dor anuviava seu rosto. Em um gesto instintivo, pegou nas mãos do querido instrutor, deixando-se em completo silêncio, para ouvi-lo.

Ante o gesto de carinho, as lágrimas de Thompson rolaram serenas.

– Kevin, nos meus anos primaveris, estive em outras terras, em outros lugares, conheci outras realidades e outros reinos. Em um deles, que não ouso pronunciar o nome, trabalhei como músico e afinador de instrumentos, declamador e orador para alguns nobres de fortuna. Meu talento foi apreciado e requisitado em fortalezas opulentas, entre homens de poder. Eu vivi um tempo com conforto e despreocupação, às custas do talento artístico. Até que um dia conheci a filha de um nobre que me encantou desde a primeira vez que passei rente a ela nas alamedas das propriedades de seu pai. Desde então, eu procurava vê-la, espreitando pelos lugares de sua preferência. Depois de algum tempo, declarei-me, trêmulo e ofegante, sabendo-a, então, também minha pelos elos das afinidades verdadeiras. E, levianos e apaixonados, procurávamos mil maneiras de nos vermos e nos encontrarmos aqui e acolá, para entendimentos rápidos e intensos, só para que eu pudesse reter nas minhas as mãos dela, em inconveniências ligeiras e desajeitadas, ou para que eu pudesse sussurrar em seus ouvidos os meus mais inspirados versos de amor. Nós sonhávamos com a ventura conjugal. Idealizávamos a casinha que nos testemunharia a alegria até o fim de nossos dias. Imaginávamos a casa repleta de filhinhos, iluminando nossa vida. Sonhávamos, filho, como só sonham os que amam. Mas o pai dela era um tirano. Conhecido por sua austeridade e por seu orgulho, ele jamais me aceitaria como um pretendente à sua preciosa filha. Apesar de apreciar meu talento, nunca me deu a ousadia de dirigir-lhe a palavra, jamais se permitiu o mais leve cumprimento, deixando todos os tratos do meu serviço aos seus criados diretos. Por isso mesmo não imaginava que eu pudesse ter a irreverência de amar e seguir pela sua fortaleza a sua filha. E mesmo sabendo-o implacável, eu desafiava seus guardas, sua segurança, somente para visualizar o objeto de meu amor. Ah, Kevin, quando somos jovens, o raciocínio nos parece ofuscado pelo brilho das esperanças mais insensatas! Pois que eu juntei, durante o espaço de um ano, todo o pagamento que me foi possível. Mal comia, não me divertia, não tinha qualquer gasto, tudo para poder reter em cofres aquilo que eu imaginava ser a concretização de minha felicidade. Toquei em festas, compus versos, afinei instrumentos madrugada adentro. Dormia pouco, excedia no trabalho, abusando de minhas forças, para apresentar-me ao orgulhoso nobre como um candidato à altura de suas pretensões quanto à filha. Ingenuamente, eu imaginava que o ouro bastava. Ora, eu não conseguia atinar que seria necessário muito mais que qualquer fortuna amoedada para ganhar a mão de minha escolhida, pois o pai dela era um amante das tradições familiares, das árvores genealógicas ricas e tradicionais. Para ele, um homem não era mais que um reflexo do que seria a história dos descendentes. E eu, meu Kevin, era apenas um músico, filho de músico, neto de artistas... Era órfão e sozinho. O único valor que minha tradição familiar me legava era o amor ao trabalho e a honestidade. Mas claro que não era suficiente para o orgulhoso nobre. Eu já adivinhava, meu filho. Mas quando somos jovens e amamos, olvidamos os alvitres mais lógicos do raciocínio. Acreditamos apenas em nossos sonhos. E foi assim que, depois de um ano de privações e sacrifícios, ajuntei uma pequena fortuna e fui buscar aquele que eu queria como sogro, para pedir-lhe a filha. E é claro que tu podes imaginar o que se deu, quando expus para o pai de meu amor os meus planos mais honestos. Repeliu-me como se eu fosse um animal odioso. Riu-se de minha ousadia, ironizou minhas esperanças. Tratou-me como o mais vil entre os vis. Fechou-me as portas de sua residência luxuosa e assegurou-se de que eu não mais encontraria trabalho por aquelas regiões, usando de suas relações e do temor de que era alvo. E para dar-me o golpe de misericórdia, anunciou um torneio de três dias em suas terras, dando a filha como prêmio ao vencedor. Em breve, anunciava seu noivado com um certo guerreiro, conhecido por sua crueldade e brutalidade nos campos de disputas. Desesperei-me, meu precioso aluno. Perdi o chão e enlouqueci, ante a torpeza daquele homem mesquinho, que me condenou e condenou a própria filha ao infortúnio. Na minha loucura, arrisquei-me e entrei em suas terras para ver novamente minha amada criatura, nas vésperas de suas bodas. Invadi os aposentos em uma noite de sombras. A pobrezinha, após o imenso susto, ao reconhecer-me, jogou-se em meus braços em pranto convulsivo. Estava pálida, magra, sofrida. Implorou-me que fosse embora, que deixasse aquelas regiões e refizesse minha vida longe dali. Declarou seu amor incondicional a mim e que jamais me esqueceria, mas era preciso que nos separássemos. Eu protestei, ciumento e sofrido, dizendo que deveríamos fugir, e permanecer juntos, que não me conformaria com a desventura de vê-la nos braços de outro. Que preferia morrer. Ela me disse que o homem com quem seu pai a estava obrigando a casar-se era um sanguinário, um homicida. Que se fugíssemos, ele nos encontraria. E certamente eu morreria na ponta de sua espada. Que ela não suportaria me dar um destino destes. Que melhor seria viver me sabendo bem e com saúde. Assim suportaria qualquer provação. E que eu suportasse também. Ela me disse que, entre as suas servas, havia uma de tradições orientais que tinha crenças em vida após a morte e nas vidas sucessivas. Aprendera com ela muitas coisas e agora acreditava, firmemente, que nós dois, que nos amávamos verdadeiramente, iríamos nos reencontrar em algum lugar do futuro, onde as convenções humanas não nos furtassem a felicidade. Eu protestei mais. Argumentei, tentei persuadi-la. Quase a raptei. Mas ela estava invencível. Parecia um anjo, ali na minha frente, delicada e firme ao mesmo tempo. Eu a amei ainda mais naquele instante. Aquele era nosso último encontro neste mundo. Oh, somente Deus poderá aquilatar meu sofrimento e meu desgosto naqueles momentos. Abraçamo-nos e ela me fez prometer que iria embora. Eu disse que somente iria depois de vê-la tomando votos, para que minhas esperanças morressem de verdade. Combinamos então assim. Beijamo-nos pela primeira e derradeira vez naquela noite. Meu coração estava partido em mil pedaços. Quando eu ia sair, ao voltar-me para vê-la pela última vez, ela pediu que eu esperasse mais um pouco e me disse que no dia de seu casamento, ia prestar-me a derradeira homenagem, selando para sempre a promessa de me amar pela eternidade. O vestido de suas futuras núpcias descansava em um móvel próximo. Ela foi até ele e arrancou-lhe uma flor de tecido que enfeitava a cintura, beijou-o e arremessou a mim, que a apertei no peito. Disse-me: "Para que todos saibam que também eu estarei incompleta". Vi-a desfazendo-se em lágrimas, mas ainda dona de uma força que eu não tinha. Fui embora desconsolado. Não dormi e nem me alimentei. No dia seguinte, olvidando qualquer advertência do meu instinto de sobrevivência, invadi novamente aqueles sítios e busquei o salão onde se efetuaria os votos matrimoniais. Escondi-me como pude, em um lugar donde poderia vê-la entrar para ser entregue ao brutamontes que a desposaria. E vi. Lá estava ela, linda como um sonho, porém pálida, abatida, caminhando com nobreza e distinção em seu vestido onde uma flor faltava à cintura. As pessoas notavam, cochichavam. O pai dela aparentava haver percebido apenas àquela hora, desgostoso. Mas ela caminhava, de cabeça erguida, sem importar-se com seu olhar de reprovação ou com qualquer burburinho ao redor. As vezes perlustrava o ambiente, como a procurar alguém, levando a mão até onde faltava a flor, em um gesto que somente eu poderia compreender. Mas depois, entregou-se como um cordeiro ao matadouro, posicionando-se em frente ao sacerdote, em um altar improvisado. Era ali bem de frente que eu estava escondido. De onde eu estava, podia ver as lágrimas silenciosas molhando suas faces empalidecidas. Mas não houve qualquer reclamação. Como também ninguém dela se compadeceu. Todos sorriam, menos nós dois. Ah, meu filho, eu quis sair de meu esconderijo e arrojar-me no vil homem que a desposava, matando-o. Mas eu não poderia decepcioná-la assim. Sim, aquele anjo de candura merecia de mim a força que eu nem tinha, para honrá-la por uma vida inteira. Então ali fiquei toda a cerimônia, vendo-a de meu esconderijo, até que ela se fosse e todos se fossem, para eu ir embora pelo lado oposto, de onde havia vindo.

Sem conter os soluços que o balançavam, o velho músico levou as mãos no rosto. Depois, tirou das dobras do casaco uma flor de tecido perfumada, mostrando-a ao aluno. Suas mãos tremiam. Levou a flor até os lábios e osculou-a com sofreguidão, levando-a, depois ao peito.

Kevin não conseguia dizer uma só palavra. Deixava-se chorar com seu amado instrutor, refletindo que jamais imaginara que Thompson guardava dentro de si uma história tão triste.

Acalmando-se e guardando novamente a flor no casaco, continuou o músico:

— Depois disso fui embora. Peguei da pequena fortuna que juntei e corri por muitos lugares. A verdade é que lugar algum jamais me acomodaria novamente. Meus sonhos estavam mortos, como morto estava meu coração. Decidi jamais contrair matrimônio, para poder reter na memória a figura de meu amor idealizado, com a paz da solidão. E de minhas andanças, voltei à Irlanda. Acabei chegando aqui, meu filho, onde abri a academia. Parte da pequena fortuna ficou pelo mundo, seja nos gastos das viagens, seja nos estudos, seja na compra de instrumentos, ou nesta academia. E com o que sobrou dela posso manter ainda o ensino às crianças que aqui diminuem a solidão de um homem que um dia sonhou em ter uma família numerosa, com os filhinhos de um amor verdadeiro. Meu coração ficou sepulto no altar onde vi minha amada entregue ao infortúnio. Mas aqui, contigo, Kevin, encontrei novamente a alegria de enternecer-me de cuidados e afetos. E por que me estremeço por ti, que te conto o que nunca contei a ninguém. Para que saibas que também eu já sofri e chorei, como tu hoje choras. Para que saibas que não estás sozinho como eu estive um dia, portanto não precisas entregar-te ao desespero.

Kevin, em pranto, jogou-se qual uma criança desamparada nos braços do instrutor, que começou a lhe afagar os cabelos paternalmente, enquanto dava vazão às próprias lágrimas.

— Ouve, meu filho, ouve este que te ama como um pai. Se teu amor por esta moça é destes que jamais morrem, como foi e ainda hoje é, tantas décadas depois, o meu, deves honrá-lo, pois amores assim procedem do céu. Se como eu também achares que não é possível desposar qualquer outra moça, eu te entendo. Mas deves fugir, meu Kevin! Deves ir embora daqui para que não suceda o que há de pior, pois quem de nós poderá sofrear o coração destroçado pela desilusão? As tragédias sondam os aflitos e desconsolados! A inconformação é terreno fértil às arremetidas do mal. Tantos há no mundo – acredite! – que probos e bons por toda uma vida, resvalaram-se aos crimes e odiosidades tão somente porque deixaram-se arrastar pela intemperança de um minuto angustioso. Às vezes, Kevin, a diferença entre o criminoso e o reto é a tênue linha do desespero. Deves fugir, meu aluno! E não irás sozinho, pois tens a mim, que não te abandonarei ao sabor da tempestade. Tenho ainda recursos. Vamos embora e o teu e o meu talento hão de servir-nos pelos nossos caminhos. E assim manteremos longe de ti e longe de tua família qualquer vento de tragédia que te possa soprar obscuros vaticínios na vida. E este amor, meu filho, que adivinho tão belo e tão puro, não se maculará com o opróbrio e com a degradação. Tu o farás santo, como santo deve ser todo amor verdadeiro. E verás que este amor santificado santificará também a ti e à tua bela Miriel.

Kevin ouvia, confuso. Mil ideias fatigavam seu raciocínio. Ergueu a fronte de semblante exausto. Não conseguia conclusões mais firmes. Mas refletia em tudo o que ouvira. Realmente sabia ser impossível suportar viver naquela vila sabendo Miriel desposada de outro homem. Não poderia suportar a ideia. Mas como viver sem ela? Como suportar a vida longe dela?

– Meu senhor, como terei forças para deixá-la? Não posso sequer imaginá-la desposando outro sem sentir o fogo de todos os ódios e todas as revoltas em meu peito...

– Eu compreendo, Kevin. Mas o tempo vai acalmar-te. Se não ficares para contemplar este desgosto, as primeiras ânsias vão apascentando-se naturalmente, restando apenas o sentimento verdadeiro que as provocou.

O rapaz pensou mais um pouco e ergueu-se para encarar o mestre:

– Tens razão, meu senhor! Sim, devo ir-me daqui, pois não poderei suportar uma situação assim. Mas devo primeiro despedir-me dela. Como tu mesmo fizeste. Vou despedir-me e nos aprontaremos para partir o quanto antes. Conversarei com minha mãe e meu irmão. Vou deixá-lo a par de todas as providências do sítio e iremos embora. Aceito o teu acolhimento e de hoje em diante te chamarei de meu pai, pois hei de ter a honra de amparar-te a velhice quando esta chegar.

Thompson pensou um pouco, transparecendo preocupação.

– Mas, meu filho, considera que já te despediste dela hoje. Leva o ósculo de teu amor e partamos agora...

– Mas, meu senhor, não posso partir sem falar com ela pela última vez... Não tenho forças!

– Filho, serei bem sincero: quem me persuadiu a partir foi a mulher que eu amei. A fortaleza moral dela me deu forças para ir embora sem causar maiores tragédias na minha vida e na vida dela. E se Miriel, tão jovem, te pedir que fique? Conseguirás resistir aos rogos da moça que amas? Conseguirás ouvir a voz da razão se ela sucumbir ao desalento? Miriel é jovem demais, meu Kevin. Não possui experiência para aquilatar a gravidade da situação...

Kevin esboçou um leve sorriso:

– Achas que ela me vai pedir que fique?

Thompson respirou profundamente.

– Ainda que peça, Kevin, sabes que seria impossível qualquer recurso sem um crime...

O sorriso do jovem desfez-se. Ele segurou nas mãos de Thompson, com os olhos tristes:

– Não te preocupes, meu pai! Não conheces Miriel. Ela está furiosa comigo. Há de repelir-me, essa é a verdade. Vou apenas procurar vê-la pela derradeira vez. Acredito que não terei o ensejo de trocar qualquer impressão com ela. Levarei comigo um bilhete, pois que ela sabe ler e escrever. Vou apenas entregar e partiremos.

Kevin ergueu-se, após oscular as mãos do benfeitor.

– Agora, meu pai, devo ir cuidar do que preciso para partir. Vou conversar com minha mãe e Kennedy. Preciso colocar em ordem algumas questões. Depois procurarei Miriel. Estamos pactuados.

Em uma última reverência, saiu pela porta, buscando o lar.

6
Inseguranças e desconfianças

KEVIN PROCUROU o lar e conversou com a pequena família sobre suas dificuldades íntimas. Expôs-se como jamais houvera feito antes, ante a estupefação da mãe e do irmão mais moço. Seus familiares nunca imaginaram ouvi-lo declarar-se tão tomado de amores daquela maneira por uma moça. Com muito desgosto e lágrimas nos olhos, a mãe ouviu seu plano de deixar aquelas paragens. Sem mesmo conhecer, antipatizou-se daquela moça que havia enfeitiçado o filho naquele nível.

Rogou que ele não se fosse. Aquilo seria somente uma bobagem da juventude. Passaria em breve. Que ele se casasse. As mais belas moças da aldeia suspiravam por ele. Certamente que o fariam esquecer os devaneios do primeiro amor.

Mas tudo em vão. Kevin estava irredutível.

Kennedy abraçou-se ao irmão com lágrimas nos olhos, ante a perspectiva de vê-lo partir. Ouvia-o compungido, procurando compreender o sofrimento íntimo que o fazia sucumbir.

De certo havia notado os passeios matinais do irmão. Vez ou outra, em sua curiosidade juvenil, o havia seguido em surdina, observando-o a uma certa distância, com sua amada na beira do riacho de sua propriedade. Notara a singular diferença de proceder que o acometera desde que a conhecera e observava os protestos dos amigos mais íntimos, que perdiam o companheiro das farras.

Agora, ali estava ele, abatido, sofrido, dizendo que partiria em breve para longe, por não suportar ver a mulher amada em outros braços.

Todos foram dormir com impressões fortíssimas naquele dia.

Kevin mal se alimentava. Sentia-se aflito, agitado. Não conseguia dormir, por isso a certa altura da noite, procurou os amigos de diversões. Todos estranharam seus ânimos enfraquecidos. Mas ele nada disse sobre seu drama íntimo.

Recebeu a notícia naquela noite que Egan, seu colega de academia, decidira-se por fim pedir a mão de Sile, a formosa jovem que amava desde a infância.

– Até que enfim, meu Egan! Cheguei a imaginar que nunca o farias! – disse Kevin, abraçando-se ao amigo.

– Chega um momento em que um homem precisa fazer o que deve! – respondeu sorrindo o rapaz, ruborizado.

Sorriam e bebiam ao som de músicas agitadas, davam-se às disputas e aos jogos. Vendo-os entregues às empolgações, não poderia um expectador supor a tempestade íntima que tomava o jovem McCann, cujo pensamento estava em Miriel e na viagem que empreenderia em breve.

Precisava ver Miriel. Só pensava em Miriel.

Depois de extenuar as próprias forças nos divertimentos, procurou o lar para algum descanso. Mas, se o corpo estava exausto, a mente estava ativa como nunca. Mal surgiam as primeiras luzes da manhã, Kevin estava de pé para demandar-se do lar novamente. A mãe, vigilante, à custa de muito protesto, o fez alimentar-se de alguma coisa antes que ele saísse em busca do cavalo preferido.

O rapaz tomou o caminho do riacho. Apeou à sua margem, ruminando as lembranças de suas alegrias há tão pouco tempo desfrutadas. Podia ouvir a voz de Miriel em sua cabeça. Podia sentir seu perfume. Não compreendia por que ela o havia tomado todas as preferências daquela maneira. Havia pouco mais de dois meses que se conheceram, ali mesmo.

Pensou em cavalgar até as terras de O'Hare, de maneira a poder avistá-la de algum jeito, mas viu Kennedy se aproximando.

Depois de algum entendimento com o irmão, reprimindo-o por tê-lo seguido, retornou às lides do sítio com ele, pois intentava deixar todas as coisas em ordem antes de partir.

Já Miriel, como o dissemos, permaneceu recolhida em seus aposentos por todo o dia. Recusava-se a sair ou a deixar-se visitar, a não ser por sua ama, Alvy. Ordenou a esta que informasse seu pai que se achava, talvez, adoentada.

Alimentou-se pouco e entregou-se à prostração psíquica que a tomava. Odiava tudo em sua vida. Sentia-se a mais desventurada de todas as criaturas, por saber-se sem poder algum sobre o próprio destino. Seria obrigada a se casar com um homem enquanto amava perdidamente a outro. E com ninguém podia desabafar, desoprimindo o peito de tantas inquietações. A mãe era para ela distante e fria, já que esta nunca pôde interferir na educação ministrada à filha e com a qual não concordava. Ao pai, amava com extremos, mas nunca poderia dizer-lhe o que se passava em seu coração. Somente tinha intimidade com a boa ama Alvy, que foi quem praticamente a criara desde cedo, como era de praxe ser o papel da ama de família abastada naquela época. Mas a ela, também, nunca revelara seu romance com Kevin, muito embora pudesse adivinhar em seu olhar que alguma coisa ela sabia estar acontecendo com o coração da sua protegida.

Mas a velha ama nada perguntava. Apenas velava por ela, cuidadosa e solícita, trazendo as refeições e lhe medindo a temperatura de quando em vez, para certificar-se.

Ao cair da noite, trazendo a última ceia, Alvy sentou-se à cabeceira da moça, fazendo que esta lhe deitasse ao colo. Começou a cantar uma velha canção que jamais havia cantado antes, enquanto alisava-lhe o cabelo.

Ao som de sua voz suave, Miriel ouviu uma antiga história sobre a filha de um certo rei que havia sido dada como prêmio a um comandante de seu exército, pelos feitos magníficos na conquista de terras. Mas a moça apaixonara-se por um cavalheiro nobre e gentil, belo e artista e o seduziu para que fugissem juntos. Na epopeia cantada, os dois jovens fogem da ira do comandante, que quer lavar a própria honra com o sangue do casal. Os versos falam da fuga espetacular por entre florestas mágicas, vilarejos e reinos distantes, até o desfecho trágico em que o comandante os alcance e consuma sua vindita.

Miriel ouviu atenta, tomada de impressões. Ao findar-se o último verso, ergueu-se e postou-se de frente à sua ama.

– Que música é esta, boa Alvy? Nunca a ouvi antes...

– Esta é bem antiga, minha menina. Já quase não me lembrava mais dela. Achaste bela?

– Muito trágica, minha ama...

– Os antigos dizem que é uma história real...

Miriel observou a ama por alguns instantes, sondando-lhe as intenções. Depois, voltou ao seu colo, permitindo-se receber seu carinho. E porque achava-se fragilizada, duas lágrimas escorreram por seu rosto.

– O que a tem desgostado tanto, minha menina? Fala para tua Alvy, para que eu possa sanar a causa de tanto sofrimento...

A filha de O'Hare deixou-se, então, narrar seu drama íntimo. Contou de seus encontros com Kevin. De suas alegrias e esperanças expandidas ali no ermo bosque. Da irritação e descontrole do rapaz ao ouvir a confissão de que era noiva. Da voz misteriosa que a assustou próximo ao pequeno bosque nas propriedades de seu pai. De suas esperanças mortas e os sonhos impossíveis.

Alvy ouvia com a expressão espantada. Tinha as mãos no rosto, quando falou:

– Minha menina, quanta loucura. Como te deixaste ficar sozinha com um desconhecido em um bosque? Tu, que és noiva e filha de um homem rígido de costumes. O que aconteceria se ele desconfiasse de alguma coisa e flagrasse vocês dois? Tua vida e a vida desse rapaz estariam perdidas.

– Mas o que eu poderia fazer, minha ama, se o amei desde o primeiro dia!

Miriel deixou-se chorar no colo da ama.

– Acaso o jovem por quem te estremeces é da família sobre a qual me pediste informações há algum tempo?

— Sim, minha ama.

— Seria qual dos filhos de Cann que te encanta assim? Seria o pequeno Kennedy, que tem mesma idade que tu?

— Não...

— Então trata-se do Adônis Irlandês...

— Quem?

— É como é conhecido Kevin McCann. É com ele que te deixaste desfrutar esta perigosa aventura?

— Sim! Kevin McCann...

Ao pronunciar o nome, o pranto da moça fez-se mais intenso. Alvy ergueu a cabeça de Miriel, olhando em seus olhos:

— Diz para sua ama, querida: nestes encontros que tinhas com este rapaz, não te deixaste engodar e seduzir? Estará esta situação mais séria do que me dizes?

— Não, minha ama. Kevin sempre me respeitou...

Fazendo expressão de alívio, a ama continuou:

— Oh, minha Miriel! Sempre foste tão irreverente. E eu que julguei jamais ver-te amando a homem algum. Mas, escuta, não te deixes abater assim. Melhor ter sido dessa maneira do que vocês terem levado adiante essa loucura. Tudo isso iria acabar em tragédia, não vês? Tu estás noiva e casa-te em pouco tempo. E, mesmo que não fosses, quero que saibas que o jovem Adônis é conhecido por seus desregramentos com as mulheres. Chego a espantar-me de dizeres que ele a respeitou. Mas, ouve, ele não poderia fazer-te feliz. Vive entregue aos divertimentos. É um irresponsável com a própria conduta. Eu te conheço o gênio ferrenho. Tu não és como as outras moças, que conhecem as extensões dos direitos masculinos. Certamente que não irias aturar o comportamento leviano desse rapaz.

— O que dizes? — disse a moça, estacando o choro e erguendo-se para encarar a ama.

— Te digo a verdade...

— Não pode ser, minha ama! Estais enganada. Kevin é reto e nobre. Jamais me trairia...

— Tu que estais equivocada, Miriel. Escolheste para amar um jovem alucinado pelas ilusões. Mas nada disso importa agora. Pois que tu mesma me dizes que este romance acabou. Te digo que melhor assim. Procura concentrar-te no casamento que se aproxima. Ele me parece um homem bom. E parece ser louco por ti. É agradável aos olhos e culto. Concentra-te nele e esquecerás o Adônis Irlandês, que nada te pode oferecer, a não ser a insegurança e a desilusão.

Miriel nada respondeu. Aquelas palavras a impressionavam. Alvy sabia de tudo quanto acontecia na aldeia e nos arredores. Sua família era de lá. Mas não podia aceitar o que ela informava a respeito de Kevin. Não queria pensar no assunto.

Custou muito a adormecer e, na madrugada, teve um pesadelo inquietante:

Sonhou estar novamente de frente ao bosque onde havia ouvido a estranha voz, de pé, olhando para as árvores. Ouviu atrás de si então, a mesma voz dizendo: "Tu não me escaparás". Não estava ali o corcel árabe. Não se animou a olhar para trás para ver quem falava. Correu em direção às árvores. Esquivava-se delas, aflita, escutando atrás de si o rugido de seu perseguidor. Desesperada, começou a gritar por seu pai. Mas ninguém havia ali para ajudá-la. Em um dado momento, sentiu-se tropeçar e cair ao chão. A moça acordou sentindo-se cair sobre o próprio leito, em um grande impacto.

Também Alvy acordou e correu a auxiliá-la, que estava suarenta e trêmula.

Ouviu-a narrar o pesadelo, lembrando-se de que na infância eles eram frequentes, de tal modo que a menina se viu acometida por uma doença dos nervos durante algum tempo.

Tentando acalmar a moça, Alvy cantou uma de suas velhas canções, acolhendo-a nos braços até que ela voltasse a dormir.

Na manhã seguinte, Miriel não saiu para cavalgar como era de seu costume. Levantou-se tarde e buscou as refeições em silêncio. Por seu gênio destemperado, nem seu pai nem sua mãe questionaram o que havia. Apenas perguntaram se ela havia melhorado da indisposição, ao que a moça respondeu que sim.

Durante uma semana, Miriel não buscou o cavalo árabe para os passeios diários. Passeava apenas nos extensos jardins ao redor do lar pelas tardes em que seu noivo não vinha para o jantar.

Não sabia ela que Kevin andava espreitando pelos arredores, procurando vê-la de algum modo. Já com todas as providências tomadas, queria despedir-se de Miriel, de maneira a empreender a grande viagem. Há alguns dias o rapaz rondava sorrateiramente, procurando não chamar a atenção dos servos e guardas de O'Hare.

Mas, inquieto e leviano, chegava-se cada vez mais perto da grande construção.

Em uma tarde calma, viu entre os canteiros do extenso jardim que alguém passeava. Aproximou-se devagar. O crepúsculo se anunciava e a pessoa em questão dirigia-se a um recanto de onde era possível ver o pôr do sol de uma espécie de pérgula. Kevin percebeu que se tratava de Miriel. Caminhava sozinha. Sua ama ficara sentada em um recanto próximo à entrada do castelo, como era de seu costume, a pedido da moça que gostava de desfrutar alguma solidão.

Kevin aproximou-se mais e pôde vê-la. Estava vestida em um traje vaporoso. Os cabelos estavam trançados e ajeitados com flores perfumadas. Parecia um pouco mais magra, mas estava tão linda como sempre fora.

A moça caminhou até o recanto e encostou-se em um guarda corpo. O rapaz, averiguando que a ama o não havia visto e que não havia guardas por perto, entrou também no recanto, trêmulo de emoção.

Aproximou-se devagar. Ia chamá-la e refletiu: "E se ela gritar ou entregar-me à guarda? Talvez ainda estivesse com as impressões do último encontro..." Estacou um pouco, observando-a de costas. Mas ele não iria recuar. Precisava falar com ela, ainda que isso custasse perigo de vida. Deu mais alguns passos e a tocou no ombro, sussurrando:

– Miriel...

A jovem virou-se repentinamente, assustada. Olhou para ele e ficou pálida, encarando-o de boca aberta.

Vendo a reação da moça, Kevin afligiu-se. Não queria que ela o temesse. Mas não tinha muito tempo, pois estar com ela colocava em perigo suas decisões. Estava ali apenas para vê-la, deixar o bilhete e ir embora. Aquela era a última vez que a via na vida, provavelmente. Por isso, com a voz embargada de emoção e olhos úmidos, disse rapidamente em voz baixa.

– Miriel, por favor não te assustes. Vim porque precisava falar-te. Só vim despedir-me, nada mais. Está tudo neste bilhete. Tu o deves ler e crer em cada palavra que aí está escrita.

Retirou da roupa um bilhete dobrado, sem envelope, sem lacres, e colocou-o nas mãos da menina, que tremia. Ele sentiu um frêmito ao tocá-la. Ambos estavam de mãos geladas.

Agora, ele tinha que ir embora. Precisava vencer-se e deixá-la rapidamente. Deixando uma lágrima escapar, fez menção de sair, quando a moça jogou-se-lhe aos braços, segurando-o.

– Kevin! Kevin!

Sem conter-se, o rapaz a abraçou, beijando-lhe a cabeça inúmeras vezes, permitindo que o pranto lhe lavasse a alma.

– Oh, querida! Como eu a amo! Imaginei que me odiavas...

– Ah, eu tentei, meu Kevin! Eu tentei odiar-te. Tudo seria mais fácil se eu o odiasse. Mas vendo-te agora, não sei fazer outra coisa se não amar-te! Também eu julguei que me desprezavas...

– Ah, não, minha Miriel! Mil vezes não! Jamais. E é por isso que venho aqui despedir-me, pois não consegui forças para deixar-te sem vê-la pela derradeira vez. E mais fraco agora me encontro, porque a tenho em meus braços!

Miriel afastou-o de olhos arregalados, procurando encará-lo:

– Deixar-me? O queres dizer?

– Estou indo embora. Não posso ficar e ver-te entregue a outro homem. Não tenho condições, querida. Se eu ficar, sou capaz de alguma loucura que poderia destruir a tua e a minha vida. Então vou embora, mas não sem antes dizer-te que meu amor é só teu. Vou, mas meu coração ficará aqui contigo para sempre...

Afastando-se mais, ela abriu o bilhete que tinha nas mãos.

"Minha Miriel,

Não me seria possível ver-te entregue a outros braços sem sucumbir de desespero e resvalar para o crime ou a desonra, por isso parto da Irlanda em breve. Mas não sem antes declarar-te que meu amor por ti jamais fenecerá. Levá-lo-ei comigo para sempre como o único tesouro de minha vida. Estarás para sempre venerada no altar de meu sentimento. É por ti que parto, pois prefiro o degredo ou a morte que fazer-te desventurada e aviltada da honra. Prometo-te que este amor há de me conduzir um dia ao céu, onde hei de encontrar-te para jamais perder-te novamente.

Do teu, para sempre,

Kevin"

Após ler a pequena missiva, Miriel encarou o rapaz com os olhos arregalados.

– Não podes deixar-me...

Kevin a abraçou novamente, sentindo tamanha aflição que sua voz travava na garganta e saía apenas em sussurros.

– Oh, querida! Eu morro aqui mesmo, despedindo-me de ti. Nesta viagem, vai um cadáver andante...

Miriel sentia-se enlouquecer, ante a possibilidade de aquela ser a última vez que via Kevin. Seu pensamento acorria rápido em uma solução para o caso. Não podia perdê-lo. Haveria que fazê-lo ficar.

– Tu não me podes deixar, Kevin! Eu morreria. Não posso suportar isso! Tu não podes ir... – disse súplice, agarrando-lhe as vestes e afundando a cabeça em seu peito.

Kevin sentia-se entontecer de tanta dor.

– Querida, não posso ficar. Eu enlouqueço, não percebes? Eu resvalaria para o crime e a ignomínia ou te arrastaria ao despenhadeiro moral. Não, Miriel. Eu te conservo impoluta, para que sejas feliz como puderes. Devemos nos conformar com o destino que nos separou...

A voz de Kevin travou ante a emoção. Ele abraçava e beijava os cabelos avermelhados da moça aprisionado de dores íntimas acerbas.

A cabeça de Miriel parecia um turbilhão. Percebeu que não funcionaria suplicar ao amado que ficasse. Ele parecia resoluto. Precisava uma estratégia diferente.

Ah, quanto sofremos por causa de nossa própria teimosia, ante certos fatos decisivos de nosso destino. Nossa inconformação nos tem arrastado há séculos para os mais escuros abismos morais. Com qual veemência usamos de nossos cabedais mentais para traçar estratégias e técnicas que nos lançam aos lamaçais da irresponsabilidade! Como nos tornamos ricos de raciocínios para criar estratagemas que somente servem para atrasar nossa marcha para Deus! E quanto gememos depois, arrependidos do imediatismo que não nos permitiu visualizar as inconveniências de nossas escolhas tomadas ao sabor da inconsequência.

Miriel buscava raciocinar em como dissuadir o alvo de seu amor da ideia de partir e deixá-la. Não lhe ocorria que seria o melhor a se fazer, já que ela era noiva e casar-se-ia em breve, não havendo possibilidade de seu pai retirar a palavra empenhada. Não pensou que fazer o rapaz desistir da ideia seria colocar os dois em perigo eminente. Não ponderou que estavam às margens de tragédias desnecessárias ou de crimes. Não! Para ela importava tão somente mantê-lo ali, ao alcance de seus olhos, pois não suportava a ideia de não o ver mais. Em momento algum lhe ocorreram as outras pessoas, como o próprio pai que tanto amava, o noivo que nada havia feito para merecer desconsideração, a ama que a criara como mãe, a mãe de Kevin e o irmão, e ainda outros que ela não desconfiava que sofriam, ante a possibilidade de situações dolorosas.

Nada disso parecia importar. Nada disso foi sequer cogitado. A Miriel somente interessava não perder Kevin, porque a rebeldia não cogita de seus efeitos colaterais. A rebeldia não deixa margem para a solidariedade ou a indulgência. E a rebeldia é o reflexo da descrença sistemática e do raciocínio fragmentado, pois que bastaria um pouco de discernimento e confiança em Deus para que melhores decisões fossem tomadas.

Após refletir sobre o que fazer, a moça empurrou o rapaz com o olhar tisnado de raiva. Ela, que ainda pouco se enternecia e fazia-se frágil em seus braços, agora, assumia a postura de fera coagida.

– Então vá, Kevin! Assim convém a um covarde: a fuga.

Confuso, o rapaz a fitou, tentando compreender a mudança de atitude.

– Não digas isso, Miriel. Não sou covarde. Ao contrário. Preciso de um cabedal de coragem muito grande para deixar-te.

– Imagino... Pois bem. Faça isso. Será melhor assim.

A moça afastou-se dele, dando-lhe as costas, olhando para o horizonte. Atônito, confuso, o rapaz permaneceu calado por algum tempo. Depois, tomado de insegurança e receio, falou em tom baixo:

— Miriel, será que tu podes compreender que partirei despedaçado?

— Posso compreender e será bom, afinal — disse em tom frio sem encará-lo.

— Bom? Não é bom... é apenas necessário. Mas bom não é...

Medindo-lhe a insegurança e a vacilação, a moça prosseguiu, controlando as próprias manifestações.

— Será bom, sim. Afinal, Kevin, não nos seria possível qualquer reação. Devemos mesmo nos conformar com este destino. Creio que já me conformei. É bom que partas e prossigas tua vida. Eu prosseguirei com a minha.

Kevin não compreendia a reação de Miriel. Ela estava fria, indiferente. Há poucos minutos estava em seus braços, agarrada em suas vestes, agora, a cada passo que ele dava em sua direção, ela distanciava-se ainda mais. Parecia não querer delongar a conversa e de repente agia como se já houvesse se conformado com a separação que para ele, Kevin, era um suplício.

Isso deixou o rapaz enciumado, inseguro. Já era demasiado doloroso ter que deixá-la, mas era insuportável ir sem a certeza de seu amor. Ele precisava da convicção de que ela o amava e iria prosseguir amando-o para conseguir levar a termo sua própria renúncia. Não poderia conviver com o despeito íntimo de não ser correspondido em suas ânsias mais íntimas. Por isso, não conseguia virar as costas e ir embora, como havia prometido ao instrutor que faria.

Em uma atitude de inquietação, avançou para Miriel e segurou fortemente suas mãos, levando-as aos lábios em um ósculo sofrido:

— Prosseguirei minha vida amando-te, Miriel... — disse súplice, aguardando a resposta da moça à sua declaração.

Mas ela retraiu-se e afastou-se novamente, fugindo-lhe ao olhar.

— Quando a situação não possui solução justa, Kevin, o melhor que fazemos é encontrar outros caminhos para uma alegria possível... Espero que encontre o seu em sua viagem.

— O que queres dizer?

Miriel reuniu forças para não se trair e dizer:

– Que somos jovens. Certamente que a vida reserva a nós dois alguma ventura. Tu és moço e bonito. Haverá de encontrar uma boa dama que te alegre a vida. E eu...

Silenciou sem terminar a frase.

Avançando para ela, encurralando-a de encontro a uma viga da pérgula, de olhos já chamejantes de ciúmes, Kevin disse em tom mais alto:

– E tu o que? Completa o que ias dizer.

– Eu vou casar-me em breve. Quem sabe não encontrarei felicidade ao lado de meu marido.

– Mas tu me disseste que não o amas. Como pode ser isso? Mudaste de ideia? Já te conformaste assim com tudo?

Sentindo-se mais segura ante a atitude de exasperação do rapaz, a moça esquivou-se dele, caminhando para o guarda-corpo.

– Nada mais me resta, afinal. Preciso conformar-me em algum momento. Melhor que seja agora, não achas? Afinal, meu futuro marido não é asqueroso. Parece-me um bom homem, além de um cavalheiro. E parece gostar muito de mim. Na verdade, parece ter por mim desvelos que talvez eu não encontre em mais ninguém...

Kevin sentia a cabeça rodopiar. Sentia a chama do ciúme arder-lhe no íntimo. Profundo despeito o agitava. Tomando uma atitude mais brusca, segurou Miriel pelos ombros, virando-a para ele, trêmulo.

– Como podes dizer isto? E o meu amor por ti? Acaso o estás malbaratando? – perguntou de voz súplice.

– Tu estás partindo, Kevin. Não intentaste qualquer medida para ficarmos juntos. Já Orish faz de tudo por mim. Eu desprezo o coitado e ele vive a se arrastar aos meus pés, com prendas e carinhos...

Os olhos de Kevin tisnaram de raiva incontida.

– Orish? Chamas pelo nome, sem os títulos? Falas que ele te vota prendas e carinhos... Que carinhos? Do que falas, afinal?

– Ele é meu noivo. É justo que tenhamos intimidade no trato. E os carinhos, nada de mais, apesar de ele já haver tentado me beijar uma ou outra vez...

– E tu permitiste? Deixaste-o tocar-te?

Empurrando-o, com brutalidade, Miriel afastou-se com um passo para trás.

– Isso em nada te interessa, Kevin McCann. Tu vieste aqui despedir-se de mim, certo? Pois bem! Adeus! Deves partir. Parte para tua nova vida, e eu prossigo com a minha. Também nova vida me aguarda, pois vou casar-me em breve. Devemos conformarmo-nos com o destino, não é o que disseste para mim ainda há pouco? Que eu fosse feliz como pudesse? Pois então! Farei o que me disseste. Começarei tentando valorizar um homem que vive tentando me agradar, tal é Orish. Tentarei ser uma esposa carinhosa e leal. Quem sabe? Em breve, filhinhos hão de abençoar meu lar. Sim, serei feliz! Agradeço-te o conselho e o seguirei. Agora podes partir tranquilo!

Aterrorizado ante a perspectiva de a mulher amada se entregar voluntariamente à felicidade conjugal ao lado de outro, Kevin viu ruir todas as suas fracas convicções de até então. Não! Não poderia deixá-la. Não deixaria que outro homem a tocasse. Filhos? Não, mil vezes não. Ela só os teria com ele, Kevin. Seria apenas dele.

Avançando e abraçando a moça em um aperto invencível, o rapaz deu vazão ao pranto copioso, em total desequilíbrio.

– Não, Miriel! Não digas tal coisa! Mil vezes não! Não partirei, não partirei! Faço o que quiseres. Mato o desgraçado, se ele te tocar, eu juro. Eu faço o que quiseres, mas nunca digas tal coisa novamente. Fugiremos juntos. Sim, nós fugiremos. Diz agora que fugirás comigo, diz! Diz de teu amor por mim! Repete o que me disseste antes de falares tais barbaridades. Diz que não te conformas com minha ausência como eu não me conformarei jamais com a tua! Só não repitas nunca mais o que disseste! Eu sou capaz de entrar agora no castelo de teu pai para requerer-te pelo fio da espada! Vê o que me disseste, Miriel! Não posso suportar tuas palavras!

Kevin falava alto. Estava visivelmente transtornado. Soltou Miriel e virou-se para caminhar para o castelo, com o rosto vermelho de cólera e os olhos inchados de pranto.

– Resolverei isto! Sim! Sou homem! Não tolerarei esta situação. Resolverei com teu pai e depois matarei o desgraçado que ousou aproximar-se de ti.

Agarrando-se a ele, percebendo o que suas palavras haviam ocasionado nos nervos do jovem, Miriel implorava:

– Não! Que fazes? Estás demente? Os guardas de meu pai!

– Trucidarei qualquer um que se colocar em meu caminho. Larga-me!

Jogando-se nos braços do rapaz, o corpo de Miriel foi sacudido por choro desesperado.

– Não, Kevin! Não podes fazer isso. Não irás! Prefiro a morte, a ver-te avançar para meu pai...

Kevin parou a marcha para acolhê-la. Não suportava vê-la chorar. Em um arroubo de emotividade, beijou-lhe as faces, os cabelos e a apertou contra si.

– Não serás dele, ouviste?

Agarrada ao rapaz, segurando-lhe as vestes, a moça compreendeu que conseguia o que queria.

– Não! Não serei, se não me deixares.

– Mas ele tocou-te?

– Não. Eu não permiti...

– Então fugiremos, Miriel! Iremos embora juntos. Não nos separaremos!

Ao ouvir a menção da fuga, a moça arrepiou-se de terror. Relembrou o episódio da voz perto do bosque e das sensações que sentira. Mas nada disse, pois recostada ali no homem que amava, os receios se dissiparam. Não haveria mesmo alternativa. Teriam que fugir.

Afastando-a de si para encará-la, Kevin perguntou melífluo:

– Tu me amas, Miriel?

– Sim, querido. Mais que a própria vida.

Kevin a beijou com sofreguidão. Pensou em tudo o que prometera ao instrutor querido. Pensou na mãe e no irmão. Mas agora nada importava mais. Não podia deixá-la. Jamais viveria longe dela. Sim, fugiria da Irlanda ao lado do velho professor, mas somente se pudesse levá-la consigo. Casar-se-iam em alguma aldeia distante e seriam felizes. Ela receberia o velho Thompson como a um pai, certamente. Seriam uma família venturosa. Ele trabalharia para tecer a felicidade dos dois entes adorados. Escreveria para a mãe e o irmão. Quem sabe não os mandaria buscar depois de estabelecer-se. Era jovem e operoso. Não temia o trabalho. Era talentoso e muito bem-educado. Poderia trabalhar de professor de música ou professor convencional, pois falava alguns outros idiomas que seu tutor lhe ensinara. Era forte e talentoso com as armas, portanto poderia servir como soldado onde se instalasse. Só não poderia deixar Miriel. Isso não poderia.

A moça o afastou, ofegante, assustadiça.

– Deves ir! Eu devo voltar ao castelo.

– Aguardo-te amanhã no riacho. Devemos tramar a nossa fuga, querida.

– Eu estarei lá. Deves ir agora, com cuidado, ouviste? Não te deixes ver pelos guardas.

Sorrindo ante a preocupação da moça, Kevin a beijou novamente, tomando depois suas mãozinhas entre as dele e nelas depositando vários beijos.

– Não te preocupes, querida. Nada acontecerá com teu cavalheiro. Estarei são e salvo amanhã, aguardando-te no riacho!

O rapaz saiu então, voltando-se de quando em quando para receber os beijos que Miriel enviava para o ar.

A moça deixou-se ficar mais um pouco na pérgula, ajeitando o próprio visual que estava desalinhado. Olhou ao redor, preocupada, e depois dirigiu-se ao castelo, com um sorriso que teimava em não se fechar.

7
As consequências das inconsequências

KEVIN VOLTOU PARA a aldeia com o coração acelerado. Estava feliz. Trazia no corpo ainda a sensação de tê-la nos braços. Estava impregnado de seu perfume. Ele não a deixaria jamais. Não poderia!

Tomou o caminho da academia de Thompson, pois iria expor-lhe os novos planos.

Apeou e adentrou o recinto, caminhando até o professor, que afinava um instrumento.

– Meu pai, meu pai, preciso falar-te!

Vendo-o com um sorriso largo no rosto e olhos brilhantes, o velho instrutor ficou apreensivo. Não esperava que ele voltasse com esse humor. Ao contrário, esperava vê-lo despedaçado de dor por causa da despedida. Por isso mesmo, pôde prever os insucessos nas intenções do aluno.

Caminhando até um assento, convidou o rapaz a sentar-se.

– Vejo que não fizeste como recomendei, meu filho.

— Não, meu pai. Não pude e peço-te perdão. Não posso deixá-la. Eu morreria!

— Perigo de morte existe agora. Ficar é morte eminente. Acreditar que esse amor seja possível é arriscar a vida de todos nós.

— Não, meu pai! Não posso conformar-me com tuas palavras. Mil vezes não! Foi o destino que nos uniu. Foi por acaso. Agora nos amamos e nosso amor é puro e belo. Não queremos maltratar ninguém. Antes, ao contrário, querem nos separar por causa do orgulho e do ouro. Nosso amor está acima disso, meu pai! O destino nos uniu e querem nos separar.

— Kevin, o amor verdadeiro não constrói ventura sobre os destroços das lágrimas alheias. Não percebes que isto é uma contradição?

— Mas, meu pai, como me explicas que o destino nos tenha unido para depois nos separar? Qual o propósito disso? Eu a amei desde o primeiro momento, como se já houvesse amado por toda vida. O propósito é fazer-nos sofrer? É isso que Deus quer para nós? Não! Penso que ele quer que lutemos por esse amor e não nos entreguemos à maldade do mundo. Nós somos as vítimas, não os vilões, não percebes?

— Vítimas e vilões, Kevin? Qual o teu conceito de vítima e de vilão? Éreis vítimas enquanto sofriam pelas atitudes alheias. Mas agora pretendeis ferir e aviltar. Programais, como posso depreender de tuas palavras a perfídia e a fuga. Isso vos tira do papel de vítimas, não vês?

— Mas estamos apenas reagindo aos que nos afligem...

— E achas que isso apagaria quaisquer responsabilidades que tenham nas dores que infligirem? Antes, isso não vos igualaria aos que vos fazem sofrer? Não vês que vós corrompeis um sentimento celestial com a vossa rebeldia aos desígnios de Deus?

— Mas Deus nos quer sofrendo, meu pai? Para sempre?

— Para sempre é o espaço curto de uma vida, Kevin?

— Mas o que mais temos?

Thompson refletiu por alguns instantes, vasculhando os próprios cabedais mentais. Depois disse, como que tomado por energias desconhecidas:

— Meu filho, tenho chorado e sofrido muito pela saudade do amor que eu não pude viver. Essa dor dilacera minhas forças há mais de 35 anos. Mas, mesmo diante de tanta dor, vejo que o melhor que fiz foi aceitar a contingência de superar-me e prosseguir. Não me arrependo, principalmente porque essa dor me fez mais sensível às dores ao meu redor, meu Kevin. Pude ver que eu não sou o único que geme e chora distanciado de qualquer possibilidade de ventura na Terra. E com isso pude gastar meu tempo com meditações profundas sobre a natureza do destino humano. Lembro-me de minha saudosa amada me falando de sua criada que acreditava na vida após a morte e nas vidas sucessivas. Não posso dizer que aceito essas ideias com convicção e sem reservas, mas sou obrigado a admitir que, diante de todo sofrimento que me foi possível testemunhar, ainda não encontrei explicação melhor que a que dita que a justiça de Deus é exercida com muito mais abrangência do que poderemos imaginar, na caminhada do tempo infinito. Se considerarmos que todos os momentos em nossa vida se encadeiam para formar o todo, podemos admitir que assim também procede no tempo infinito, na sucessão das vidas que teríamos na eternidade. Assim, muitos fatos que não parecem razoáveis e nem lógicos em nossa vida atual poderiam encontrar explicação em uma vivência anterior, já que uma vida seria reflexo ou consequência da outra. Pensa em como os grandes problemas humanos encontrariam aí a solução justa. Deus deixaria de ser este ser vingativo e caprichoso, que usa de seu poder para brincar com os destinos humanos. Passaria a ser, antes, um ser bondoso e justo, que renova a chance de vitória das suas criaturas a cada nova existência. Aí, meu filho, este mundo de hoje que se nos afigura tão cruel passa a parecer uma grande escola, onde os alunos possuem características muito semelhantes, embora em posições diferentes de aprendizagem. Pois quem de nós, Kevin, no lugar do lorde O'Hare, agiria diferente dele quanto ao destino da filha? Será que poderemos assegurar que se fôssemos ricos e poderosos nossas decisões não seriam análogas? Podemos pensar assim nos colocando em lugar de cada um dos envolvidos em nossos dramas particulares. Mas, acima de tudo, meu Kevin, podemos também ter plena esperança de compensação no futuro para nossas dores de agora. Sou professor e sei que o aluno obediente e cordato é o que se gradua mais rapidamente em qualquer aprendizagem. O que se submete aos exercícios propostos pelo seu professor com empenho e esforço, ainda que estes sejam exaustivos e desagradáveis, é sempre o que conseguirá melhor resultado, independentemente do talento natural que tenha. Pois se considerarmos que Deus é o instrutor e nós os alunos, poderemos viver confiantes e esperançosos quanto ao porvir.

Kevin ouvia tomado de impressões. Tais conceitos pareciam ao mesmo tempo lógicos e fantásticos. Sua cabeça fervilhava, mas naquele momento não estaria disposto a interiorizar qualquer conceito que o demovesse da ideia de ter consigo a mulher que amava.

Por isso mesmo, pegou das mãos do instrutor, beijou-as e lhe disse olhando nos olhos:

– Meu pai, tudo isso é surpreendente e novo. São conceitos muito elevados e diferentes, que necessitam ser analisados com muito critério e prometo fazê-lo ao longo de minha vida. Mas devo dizer-te que nada me fará desistir de ter comigo Miriel. Tudo posso se ela estiver comigo. Sendo assim, como adivinhas, ela vai fugir conosco. Amanhã, vamos nos encontrar e decidir sobre a fuga e preciso que não me abandones nessa hora grave de minha vida. Imploro que não modifiques a tua intenção de acompanhar-me no degredo em que nos meteremos, Miriel e eu, pelo mundo. Sem tuas palavras e sem o teu carinho eu me perderia, meu pai. Eu não saberia tomar as decisões que a tua ponderação e o teu amor me inspiram. Falarei com minha mãe e meu irmão sobre meus novos planos. Nós fugiremos e iniciaremos nova vida bem longe daqui, dando aos que nos cercam espaço para refazerem as próprias vidas.

Thompson o olhou de olhos nublados.

– Mas, meu filho, compreendes que estais condenando a ti e a esta moça a uma vida de fugas e dores morais por conta de vosso crime?

– Meu senhor, se estivermos juntos poderemos vencer todos os obstáculos que a vida nos reserva. Mas volto a rogar-te que não nos deixes. Iremos embora daqui e prometo amparar-te como somente um filho poderia fazer por um pai. Tu não conheces Miriel, que apesar de possuir uma alma agitada e demasiadamente irreverente para uma mulher, tem um coração terno e amoroso. Vai receber-te como a um pai, posso garantir. E nós dois juntos saberemos tecer ao teu redor a rede de nossos carinhos imensuráveis que hão de te proporcionar segurança e felicidade. E, ao mesmo tempo, teremos a ventura de ouvir-te e nos aconselharmos contigo em todos os passos. Assim prosseguiremos mais confiantes e serenos. Vem, meu pai, conosco, eu imploro, de maneira que possamos contar com teu amor nos sustentando. E prometo-te que, quando possível, te daremos muitos netos que hão de beijar-te as mãos operosas e aprender de ti tudo quanto me ensinaste. Seremos uma família onde o amor que nos une, por ser verdadeiro, há de nos dar a paz que precisamos para vencermos todas as contingências da vida.

Thompson abraçou-se ao aluno, emocionado. Ouviu-lhe as palavras de sonhos e esperanças, embevecido com tamanha determinação, mas no âmago sabia que a caminhada reservaria o fel resultado do plantio malconduzido. Por isso mesmo deliberou partir com ele, pois queria ampará-lo nas lutas que certamente chegariam.

– Iremos, então, meu filho!

Deixando-se chorar de ventura, o rapaz beijou os cabelos grisalhos do instrutor. Depois ergueu-se cheio de empolgação, caminhando pela sala enquanto falava:

– Amanhã, encontrarei minha Miriel e falarei sobre nossos planos. Mas já tenho tudo mais ou menos delineado, meu pai. Miriel e eu fugiremos primeiro. Pensei em fazermos isso nas comemorações de Saint Patrick, para que não deem falta de nós dois até que o festejo termine, dando-nos o ensejo de ganhar alguma distância. Podemos fazer isso no início da procissão, que se dá à tarde. Sei de uma casinha abandonada nos bosques em direção ao sul que fica a cerca de três horas de distância, a cavalo. O acesso é bem fechado. Passamos a noite lá e seguimos ao vilarejo de ..., que está há mais seis horas de distância. Lá, podemos nos abrigar, pois tenho alguns contatos de confiança que nos acolherão por alguns dias. Ficaremos escondidos e esperaremos pelo senhor, que deverá seguir-nos após uma semana, quando os ânimos se amainarem aqui e as buscas que o pai e o noivo devem empreender começarem a distanciarem-se de nossa vila. Faremos o percurso oposto ao mais óbvio, meu pai, pois certamente imaginarão que buscaremos uma fuga mais rápida para outros reinos pelo litoral mais próximo. Ao contrário, iremos pelo Sul, em uma viagem mais penosa, porém tenho bons contatos pelo caminho que nos oferecerão abrigo e proteção até um certo ponto. Vou expedir cartas ainda hoje para tais contatos, vendo a possibilidade de hospedagem em certas localidades. Contratarei um mensageiro especial, que trará as respostas em menos de trinta dias. Estaremos fora do alcance de uma busca quando se esgotarem meus contatos. Então buscaremos o litoral sul para demandarmos para a Gália, onde minha mãe tem parentes remotos que saberei encontrar.

Thompson ouvia em silêncio as estratégias do discípulo. Notava como tudo parecia fácil nas palavras empolgadas do jovem.

Após estas explicações, Kevin sentou-se novamente, falando-lhe de olhos brilhantes.

– Preciso pedir-te mais um favor. Que depois de amanhã vás comigo aos bosques para conhecer tua nora.

O professor respirou profundamente. Esboçou um sorriso amigável e passou a mão nos cabelos do aluno.

– Tudo bem. Podes marcar com ela que te acompanharei.

– Tu vais amá-la, eu sei. Vais ver que não exagero em nada os pendores que ela possui. Certamente que terás que admitir que jamais viste uma donzela tão linda e tão inteligente em toda Irlanda.

Meneando a cabeça em um aceno respeitoso, o rapaz pediu licença para retirar-se, sorrindo.

Saiu pela porta, deixando o instrutor mergulhado em cismares íntimos.

Encaminhou-se ao lar tomado de esperanças e alegrias. Explicou para a mãe e o irmão sua mudança de planos.

Julien foi tomada de pavor. Um íntimo sentimento advertia que o filho corria sério perigo em seus intentos:

– Kevin, enlouqueceste? Perdeste totalmente a consciência? Que diria teu pai se estivesse vivo? Certamente que morreria novamente de desgosto. Onde colocas a respeitabilidade de teu nome? Vais fugir com uma moça prometida a outro? Mas não estavas já decidido a deixá-la? Não escreveste uma missiva de despedida? O que o fez mudar de ideia? Foi ela que propôs tal absurdo? Então ela não pode ser uma pessoa de boa índole. Certamente não tem moralidade para fazer-te feliz. Se trai assim o noivo, o que não fará a ti, Kevin? Será uma questão de tempo para trocá-lo por outro. Raciocina, meu filho.

— Mamãe, não fales assim de Miriel. Eu propus, porque não poderei deixá-la. Nós nos amamos, mamãe! Não a deixarei. Prefiro a morte!

— Vê o que falas. Estás demente! Não estás raciocinando. Esta mulher te enfeitiçou e agora desejas cometer um crime e abandonar a família.

— É uma donzela, somente uma donzela. Não te refiras a ela assim. E com todo o meu respeito e carinho, devo dizer-te que não poderás adentrar os meus assuntos. A decisão somente a mim compete, que sou homem. Basta desta conversa, minha mãe, que se tornou absurda. Venho inteirar-te pelo respeito que devo como filho.

Kennedy, que estava calado, ao ver o irmão inflamar-se, disse em tom baixo:

— Meu irmão, que fazes? Nunca te vi agastado com nossa mãe. Pensa em tudo quanto nos dizes. Tu não estás raciocinando como se deve. Estás prestes a cometer um crime. Fugirás com uma moça que é filha de um homem poderoso e que está comprometida com outro, que também é nobre e poderoso. Estás condenando a vós ambos a fugirem por uma vida inteira, pois não faltarão recursos para que o pai dela e o noivo aviltado te cacem como fariam a uma raposa. E quando encontrá-los, certamente vão matá-los.

Kennedy aproximou-se do irmão, encarando-o furioso.

— Tu não te metas, Kennedy, pois não tens idade para afrontar-me! Não estou pedindo opinião ou aval de quem quer que seja. Estou apenas informando o que farei, para que saibais e não vos preocupeis.

— Não preciso ter idade para amar-te, meu irmão. Já o faço desde o berço. Não quero afrontar-te. Quero chamar-te aos raciocínios justos. Estás alterado, nervoso. Falas alto com nossa mãe. Gritas comigo e me ameaças, como nunca fizeste antes. E ainda acreditas que ages corretamente?

— Não te atrevas a dar-me lições de moral, Kennedy. Ainda não saíste dos cueiros.

Disse irritado, batendo de ombros com o irmão e saindo pela porta.

Procurou os amigos, pois estava agastado. Íntimo remorso o feria por discutir com a mãe e o irmão. Queria distrair-se. Foi aos alcoólicos. Dos alcoólicos, aos divertimentos menos recomendáveis de todos os tipos. Quando amanhecia, voltou ao lar, ainda com o odor das libações. Apenas banhou as faces e os braços e trocou a vestimenta para sair. Buscou a montaria e correu ao riacho para encontrar Miriel.

Apeou e aguardou. Só então percebeu que não trouxera nada para o desjejum e lamentou.

Logo ouvia o trotar do árabe pelos campos. Quando a viu, seu raciocínio ainda estava sofrendo a interferência do álcool.

Ajudou-a a apear e a abraçou. Miriel sentiu o odor dos álcoois, afastando-se para encará-lo.

– Bebeste?

Desconcertado, Kevin baixou a cabeça.

– Sim. Tive desgostos domésticos. Perdoa-me.

Condoída com o olhar triste do rapaz, Miriel pegou em sua mão e levou-o para a beira do riacho. Estendeu no chão um tecido que trazia, sentou-se e fê-lo deitar-se com a cabeça em seu colo, acariciando seus cabelos. Pegou de um lenço e molhou-o nas águas geladas e passou em seu rosto, fazendo-o reclamar do choque.

– Não reclames. Seja homem e tolere! – disse sorrindo.

Permaneceram ali por algum tempo. Ela havia trazido o desjejum.

Kevin a informou do plano de fuga e dos insucessos com sua família. Inteirou-a sobre Thompson, dizendo que ela o iria conhecer no dia seguinte.

Caminharam juntos e, na despedida, tomando as mãos da criatura amada, Kevin osculou-as, carinhoso. Despediram-se entre juras de amor e a promessa de se reencontrarem no dia seguinte. Kevin retornou ao lar mais calmo. Procurou por Kennedy, que estava nas lides junto aos cavalos.

– Bom dia, irmão! – disse com seu sorriso costumeiro.

Kennedy virou-se e o encarou com certa frieza. Respondeu sem muita ênfase:

– Bom dia.

Aproximando-se, Kevin apontou um dos cavalos.

– Queres hoje que eu te ensine a montar este? Fico dizendo que vou ensinar-te a domar cavalos bravos e nunca o faço. Pois bem. Acho que chegou a hora.

– Hoje não tenho tempo. Mas agradeço – disse retirando-se, sem encarar o irmão.

Kevin segurou-o pelo braço.

– Espera, Kennedy. Preciso falar-te. Quero que me desculpes pelo comportamento de ontem. Eu estava nervoso. Peço perdão.

Abrindo um sorriso, Kennedy abraçou o irmão.

– Que bom que te acalmaste. Espero também tenha refletido...

Puxando o braço de Kennedy, o jovem músico levou-o até um tronco para assentarem-se.

– Ouve, meu irmão. Sei que minha mãe e tu vos preocupais comigo e quereis o melhor para mim. Mas peço que entendas que não me é possível viver sem Miriel. Peço que respeites a minha decisão.

– Amas tanto assim essa moça?

– Ah, meu irmão! Muito mais do que imaginas. Tu não consegues entender por seres muito novo. Mas, em breve, terás também o coração arrebatado por alguma moça e compreenderás o que digo. Deves saber que o coração escolhe sozinho quem vai ocupá-lo, Kennedy. Não adiantam os raciocínios mais lógicos contra essa invencível realidade!

Kennedy baixou a cabeça de faces vermelhas. Encarou novamente o irmão com um sorriso nos lábios.

– Já me sinto inclinado a uma certa moça...

Kevin o abraçou e desarrumou seus cabelos, rindo-se.

– Oras! Mas és um sem-vergonha! Já te enamoraste tão novo? E quem será esta moça misteriosa que te faz corar o rosto?

– Não sou tão novo assim. Tenho 17 anos. Trata-se de Brenna, filha de Fingal...

– Tens bom gosto! Muito bela a jovem Brenna. Já falaste com ela?

– Não, claro que não.

– Pois vais falar, antes que outro te tome a moça! Não deves vacilar. Já devemos contratar este casamento, de maneira que possas casar-te quando maior de idade. Eu intercederei por ti como teu irmão mais velho e teu responsável em lugar de meu pai.

Kennedy riu-se tristemente, baixando a cabeça. Estranhando a reação do irmão, Kevin o enlaçou pelos ombros, procurando animá-lo.

– Mas tu te acabrunhas com a perspectiva de casar-te com a moça que escolheste? Não deves amá-la tanto assim, afinal. Ou estás temendo o compromisso? Pensei que fosse eu o que fugia de atar-se a uma mulher!

Kennedy levantou-se e caminhou um pouco, voltando-se para o irmão, falando tristemente:

– Vejo que tu continuas sem raciocinar, meu irmão. Tu vais fugir com uma donzela comprometida, filha de nobres. Em breve, isto será a notícia da vila. Que família vai consentir em entregar a filha para o irmão de um sedutor de moças? Definitivamente, não me será possível desposar quem quer que seja depois que fugires. Aliás, quem mais vai querer negócios com nossa família, depois desse teu feito? Temos ainda que considerar que os dois lordes podem criar perseguições de todos os matizes a mamãe e a mim, que ficaremos aqui suportando as consequências de teus atos. Tu pedes para que eu compreenda teus sentimentos e sinceramente, eu compreendo e respeito, afinal és o meu irmão mais velho. Mas peço também que reflitas no que deixarás para trás enquanto foges para viver um sonho de amor impossível. Já sei que precisarei deslocar-me com nossa mãe dessas terras, sabe-se lá Deus para onde, Kevin. Já sei que meus sonhos de amor estarão mortos. E sei também que os teus não passarão do que são agora: devaneios. Mas mesmo assim compreendo que és homem e podes fazer o que bem entenderes. Por isso mesmo peço a Deus proteger a todos nós.

Kennedy sorriu de olhos nublados e retirou-se.

Kevin sentia-se arrasado com o que ouvira. Não havia pensado em como seus atos poderiam repercutir na vida dos entes queridos. Amava profundamente o irmão e a mãe. Seu coração corroía de dores em imaginar como os faria sofrer.

Passou o dia confuso e alheio. Como poderia fugir e jogar sua família na lama desse jeito? Como poderia ser tão egoísta? Mas que outro jeito haveria? Não poderia simplesmente levar Miriel para sua casa e escondê-la.

Novamente sentia-se agitado e fremido de remorsos. Novamente buscou os amigos à noite para tentar esquecer de seus insucessos e novamente chegou pela madrugada em casa. Mas dessa vez banhou-se para retirar os vestígios dos odores alcoólicos de si.

Na hora combinada, foi buscar o professor para o encontro com Miriel. O velho mestre, vendo-o, falou-lhe de seu aspecto preocupante. O rapaz estava pálido e com olheiras.

Após ouvir os alvitres de Thompson, saíram ambos para o local de encontros do casal, carregando um farnel de desjejum.

Ao chegarem no riacho, Kevin forrou o chão e colocou em cima as guloseimas. Não demorou, Miriel chegou e ele a ajudou a apear do árabe.

Ela foi apresentada formalmente para Thompson que sentia sérias apreensões ao vê-la. Algum aviso interno lhe dizia para ficar em alerta quanto àquela moça. Ela, no entanto, para agradar a Kevin, era gentil e cordial com o instrutor, com uma ternura quase filial.

Repassaram os planos para a fuga, notando Miriel, no entanto, que Kevin parecia mais retraído ao falar do assunto. A moça quedou-se impressionada e, ao despedir-se, estava um tanto abatida pelas elucubrações mentais às quais entregara-se a todo momento.

Talvez Kevin já não quisesse mais fugir. Sua boa ama havia advertido sobre os desequilíbrios do rapaz. E se houvesse encontrado outra moça para lhe preencher o coração? E se todo aquele amor que ele lhe declarava tão grande e invencível fosse para ele apenas um devaneio ou uma aventura?

No dia anterior, ele estava sob efeitos dos alcoólicos. Talvez ele estivesse nos divertimentos noturnos, entregue em outros braços, descobrindo que não compensava entregar-se a uma fuga com ela. Talvez, quando veio despedir-se nos jardins, com um bilhete em mãos, não tenha sido verdadeiro com ela quanto ao motivo da fuga, que atribuía ao amor por ela.

Mil histórias lhe acorriam à mente excitada. Tramas e traições, abandono e desprezo era o material em comum de todas elas.

Tantas inseguranças só fizeram por deixar a moça confusa e triste. Seu íntimo não conseguia confiar em Kevin. Sem saber o porquê, já que não possuía motivos concretos para tecer inquietações, Miriel receava fosse

Kevin um rapaz volúvel e instável. Parecia-lhe que ele ia abandoná-la a qualquer momento pelos motivos mais banais.

Não é incomum ouvirmos de pessoas que passaram por grandes provações relatarem que, antes da situação se materializar, passaram algum período de tempo tomados pelo íntimo temor destas mesmas circunstâncias, e acreditam firmemente que este temor era na verdade percepção ou pressentimento, provenientes de alguma capacidade de devassar o futuro. Mas na grande maioria das vezes estes temores não passam de reflexos de situações dolorosas ou traumatizantes que ainda não lograram ser superadas e que se transformaram em fobias ou medos ocultos devido ao esquecimento do passado a que somos submetidos pela reencarnação. Também nos convém analisar que estes medos se tornam polos de atração destas mesmas situações, por causa da fixação mental causada pela persistência do pensamento, porque o pensamento é uma potência energética no universo. Podemos concluir que atraímos aquilo que tememos, pois a lei de atração define que criaremos sintonia e intercâmbio com tudo aquilo que nos ocupa a mente.

A fé e o medo são forças análogas, cuja única diferenciação é o direcionamento da energia. Ambos podem ser considerados fenômenos de alta magnitude, sejam os prodígios no bem ou os infortúnios do mal.

É uma pena que os homens na Terra, mesmo após as lições alvissareiras do evangelho de Jesus serem derramadas como cachoeira de bênção sobre a terra árida dos corações; mesmo ante as luzes aclaradoras da Terceira Revelação estarem definitivamente radicadas no orbe e à disposição para todos quanto procuram a verdade – é uma pena que caminhem inconscientes dos cabedais de força espirituais e materiais que possuem, pela mercê do Pai que governa todos os destinos com precisão amorosa e justa. Ao contrário, em grande maioria, os espíritos em evolução na Terra passam pela vida física e permanecem na vida verdadeira, confundidos e descrentes da própria condição de filhos de Deus. E por isso mesmo realiza-se pouco ou quase nada no planeta, com os fantásticos recursos que toda criatura possui, independentemente do degrau evolutivo onde estagia, muito embora a ciência mundana já esteja com os olhos nos inegáveis fenômenos do magnetismo humano, da indução mental, do poder do pensamento e da fala, dentre outros tantos.

No caso de Miriel e Kevin, estes eram companheiros de viagens reencarnatórias há vários séculos e possuíam um vínculo espiritual tecido em laços da mais vera afinidade. Contudo, os desregramentos de um e outro os haviam conduzido mais de uma vez à prevaricação e ao abandono dos compromissos, e embora se atraíssem e se amassem verdadeiramente, tinham fixado em seus sentimentos traumas que ainda não conseguiam vencer, e que, por isso mesmo, transformaram-se em medos inconscientes. Daí o ciúme excessivo e o sentimento de posse de Kevin e a constante insegurança e desconfiança de Miriel.

* * *

MIRIEL CHEGOU EM casa inquieta e de humor alterado.

Sua ama, que a observava atenta nos últimos dois dias, desconfiava que a moça havia tornado aos encontros com o Adônis Irlandês, já que retomara os passeios matinais e sorria por nenhum motivo a todo momento.

Vendo-a chegar destemperada e entristecida e buscar o recanto preferido no jardim, Alvy caminhou até ela e pôs-se a afagar seus cabelos avermelhados, enquanto cantarolava uma de suas canções.

Sentindo-se acolhida, a moça decidiu desabafar com sua ama. Ela era de total confiança. Contou sobre o encontro com Kevin nos jardins, do plano para a fuga fabulosa, de seu encontro hoje onde conheceu o professor Thompson e a impressão que guardava de que Kevin estava diferente, mais distante de seu amor.

– Ah, minha menina, não posso crer que ainda te arriscas assim a tecer esta aventura impossível com um homem tal o Adônis das tavernas. Se teu pai ou teu noivo descobrem...

Olhando nos olhos tristes da filha do coração, Alvy decidiu não mais pressioná-la com as expectativas de insucesso que vislumbrava no caso. Estava claro que não adiantaria.

Por isso mesmo, em atitude conciliatória e passional, mais procurando mimá-la que aconselhá-la ao bom proceder, conduziu a moça para um banco, de modo a se assentarem. Tomando suas mãos e olhando-a nos olhos, disse:

– Minha menina, não te perturbes assim com a atitude de seu escolhido. Se te acabrunhares, darás a ele o poder sobre tua vida. Me impressiono em ver-te assim, tão entregue, tu que a tudo dominas com tua coragem!

Prestando atenção nas falas da ama, Miriel deixou-se deitar em seu colo, enquanto ela lhe afagava os cabelos.

– Ao que me parece, este rapaz está muito seguro de teu amor por ele. É preciso deixá-lo inseguro.

– Mas, minha ama, temo que ele me deixe...

– Pelo que me contas, ele já tentou fazê-lo, mas recuou quando tu te mostraste indiferente.

– Sim. Mas quase invadiu a casa de meu pai de tão destemperado que ficou com minhas palavras.

– Bem, sejas mais cautelosa da próxima vez...

Miriel entregou-se aos pensamentos. Deveria angariar para si, novamente, a empolgação do rapaz. Não poderia deixar que ele se evadisse dos domínios de seus sentimentos e talvez a ama tivesse razão.

8
O flagra

NA MANHÃ SEGUINTE, Miriel estava decidida a observar Kevin. Ao encontrar-se com o rapaz, ainda o sentia disperso, evasivo, mais calado que o habitual.

Isso inquietava Miriel de tal maneira que ela sentia-se tremer cada vez que ele iniciava algum assunto, imaginando que ele romperia o compromisso assumido. Já não suportando mais a expectativa, a moça, sem encará-lo, chamou-o ao habitual passeio a pé.

Kevin andava ao seu lado em silêncio. Não fez a coroa de flores para lhe enfeitar os cabelos. Não comparou sua beleza com as belezas naturais, não fez seus costumeiros versinhos de amor. O coração de Miriel precipitava-se no peito. Em certo momento, observando-o atentamente, disse:

– Kevin, estive pensando sobre a fuga que estamos intentando, e precisamos conversar...

O moço irlandês, até então de cabeça baixa, ergueu o semblante para encarar Miriel nos olhos. O assunto inquietava-o, já que não conseguia atinar sobre uma solução justa para o caso.

Observando-a, notou que a moça permanecia em atitude austera e fria, falando em voz baixa. Obtendo sua atenção, continuou:

— Desde o dia em que me apresentaste teu professor que te noto indeciso quanto às tuas intenções ao meu respeito. Creio que estás hesitando...

Parando na frente de Miriel, o rapaz fez com que ela o olhasse nos olhos.

— Peço que não duvides de meus sentimentos por ti, Miriel, pois seria um suplício para meu coração. Mas...

O coração da moça batia tão forte que ela tinha a impressão de que Kevin poderia ouvi-lo. Por isso afastou-se dele um pouco e esboçou o semblante distante.

— Mas...

Kevin pegou nas mãos da moça e as apertou.

— Querida, fugir contigo é lançar minha família inteira no opróbrio. É atrair para eles a vingança de teu pai e teu noivo. Tenho um irmão que deseja casar-se um dia. Tenho uma mãe que precisa de proteção, pois meu pai faleceu há muitos anos, quando eu era ainda um menino.

Miriel retirou as mãos e virou-se para onde estava seu corcel árabe. Caminhou resoluta, tentando a custo não permitir que as lágrimas caíssem. Reunia forças para permanecer de semblante impassível, e conseguiu.

Kevin correu até ela e a segurou pelos braços, mas ela não o encarava.

— Miriel, por que me viras as costas?

Retirando o braço e com a voz baixa para evidenciar tranquilidade, a filha de O'Hare aditou:

— Kevin, foste tu quem me viraste as costas. Não és um homem de palavra. Tu tens a constância da poeira solta aos ventos das colinas. Deixa-me ir...

— Mas exponho-te os motivos justos de minha relutância...

Sem conseguir mais disfarçar a irritação, a moça falou colérica:

— Pois bem. Eu os ouvi. O que queres que eu diga? Que são realmente justos? Escuta-me, peço que vás para tua família e faças o que achares melhor fazer. Mas por favor não me procures mais. Deixa-me prosseguir com minha vida em paz, Kevin. Já que não te achas com suficiente disposição para tomas as decisões que te cabem como homem, faço-o por ti. O caso está resolvido. Volta ao teu lar, que voltarei ao meu e fingiremos que nunca nos conhecemos!

— Não! Não digas tal coisa. Eu não disse que não desejo fugir contigo para vivermos nosso amor. Somente disse que estou relutante, devido aos motivos que te expus. Não! Eu não poderia fingir que não a conheço, tu sabes. Também não poderia viver sem ti.

Miriel tentou desvencilhar-se do rapaz, mas ele a enlaçou vigorosamente, beijando-lhe os cabelos.

— Espera, querida. Não fujas de mim de novo!

— Mas tu não sabes o que quer! Não posso confiar em ti!

— Não digas tal coisa. Não sou volúvel ou sem palavra. Contudo, não posso deixar de cogitar o que te expus. E não sei de uma solução justa para o caso...

Miriel ficou em silêncio. Kevin a soltou e a encarou, sondando suas atitudes. Ainda parecia distante.

— No dia de Saint Patrick, minha Miriel, nós fugiremos. Não mudei de ideia. Apenas lamento que tenha que ser assim. Mas não é nossa culpa...

Olhando para o sol, a jovem informou que precisava ir embora.

Kevin despediu-se dela beijando-a ternamente, sem ser, contudo, devidamente correspondido.

Agora era ele quem estava com as impressões que dominavam Miriel horas antes, inseguro e agitado. Arrependeu-se de haver deixado transparecer suas inquietações quanto à família.

Ansioso, no dia seguinte foi ao encontro com Miriel levando a harpa. Compôs para ela uma pequena cantiga falando de seu amor. Mas a moça demorava-se. As horas passaram lentas e, a todo pequeno barulho, Kevin consultava o caminho para poder vê-la.

Em certo momento, tomou do cavalo e seguiu para a fronteira com as terras de O'Hare. Mas Miriel não vinha. Também não conseguia vê-la de onde estava.

Pensou em entrar nas terras do austero nobre, mas resolveu voltar para casa.

No outro dia, ela veio depois do horário combinado, com o sol já alto. Manteve-se indiferente durante um bom tempo, cedendo por fim às súplicas de Kevin.

— Não te agastes tanto assim comigo, Miriel. Tu sabes que não vivo sem ti e tripudias.

— Tu és quem tripudias sobre mim. Não manténs a própria decisão por dois dias. Se fosses tu meu noivo, eu temeria ser abandonada no altar...

Às custas de alguma pirraça e teimosia, Miriel conseguiu novamente que o rapaz não hesitasse mais quanto à fuga. Kevin fugia às ponderações quanto aos familiares, os amigos, ou qualquer ponderação justa quanto à temerária decisão que tomara.

Estavam acertados.

Na residência de Miriel, apenas Alvy sabia de seus planos. O pai, ocupado demais para prestar atenção aos passeios da filha, a mãe demasiadamente distanciada dela para ater-se aos seus horários, não desconfiavam do que a menina intentava fazer, condenando o valioso nome da família.

O humor de Miriel estava totalmente alterado, devido ao amor que nutria. Sorria mais. Era mais gentil e carinhosa. Mas seus pais também não notaram estas mudanças.

* * *

Os pais deveriam ser sempre os guardiões zelosos da vida dos filhos, enquanto estes ainda estão sob seu justo cuidado. A arte da observação deveria ser por eles melhor aplicada, de maneira que conhecessem verdadeiramente os espíritos entregues por Deus à sua proteção. É uma tarefa demasiadamente grave para ser conduzida sem critério, e pela qual responderemos gravemente às leis universais.

Se as relações amorosas no planeta são aquelas em que o homem se condena às paixões execráveis devido ao desgoverno do sentimento, as relações de pais e filhos ainda são as mais imaturas e as responsáveis por comprometimentos desnecessários quanto à lei de amor universal. Ainda temos um grande caminho a trilhar para estabilizar a família no mundo. Nossas relações ainda estão atreladas aos excessos do sentimentalismo ou ao destempero das técnicas mal administradas.

Mas hoje podemos observar os diversos profissionais do conhecimento humano unindo-se em prol do equilíbrio familiar, sejam psicólogos, sociólogos, antropólogos, profissionais da área de saúde, etc. Todos buscam juntos melhores estratégias para pacificar as relações na célula-máter da sociedade, muito embora devamos reconhecer que estas estratégias sofram os prejuízos do materialismo e do imediatismo.

Mas não se demora o tempo em que o homem não poderá mais fugir da veracidade da imortalidade da alma, da pluralidade das existências, do intercâmbio com o além da vida, que são conceitos já descortinados e estudados pela doutrina consoladora dos espíritos desde 1857.

Ah, quanto a Terceira Revelação tem a acrescentar aos homens de ciência e raciocínio, se estes se derem ao trabalho de atentar para seus princípios. Quanto estes códigos divinos poderiam auxiliar aos que buscam a verdade nos conhecimentos do mundo, se houvesse humildade, o suficiente para cogitar de seus princípios desapaixonadamente.

A cada profitente desta doutrina libertadora, que é o Evangelho redivivo de nosso Senhor, cabe a responsabilidade de ser um facilitador para a evolução do pensamento no mundo. Por isso, Jesus afirmou: "Vós sois a luz do mundo"![2]

* * *

Kevin enviara cartas a alguns contatos de sua confiança e recebera a resposta positiva em menos de trinta dias.

Faltavam menos de noventa dias para o Dia de Saint Patrick e já estavam todos mais ou menos preparados.

A ansiedade que antecedia a fuga e o desconforto em que o lar se convertera, acabaram por colaborar com a volta de Kevin aos divertimentos noturnos com os amigos.

Em seu raciocínio, precisava distrair-se e suportar suas inquietações e as ânsias de que se via tomado por Miriel, que desejava respeitar até efetivar com ela os esponsais. Sentia-se preso de impulsos desconcertantes estando com ela a sós no bosque e a custo sofreava seus arrebatamentos.

Como homem preconceituoso da época, imaginava serem estas provi-

---
[2] Mateus 5:14.

dências justas para os próprios instintos, e entregava-se aos desregramentos de toda espécie. Naquela época, não se cogitava de qualquer temperança ou equilíbrio íntimo. Dizia-se não ser possível controlar-se a natureza animal do homem, sendo, portanto, necessários meios de saturação íntima.

Com esta desculpa soez foram estimulados, muitos séculos antes, os desequilíbrios sexuais no mundo, que até hoje teimam em viver no íntimo das criaturas, perdendo-as em seus caminhos evolutivos. Por causa de argumentos pérfidos como este, inaugurou-se no planeta a úlcera da prostituição, talvez a mais difícil de ser extirpada no quadro das chagas humanas que precisam ser vencidas para uma condição evolutiva mais segura.

E nos espanta que ainda hoje, estando munido de conhecimentos científicos e filosóficos no mundo suficientes para reconhecer-se em nível mais avançado na evolução que nossos irmãos de reinos inferiores, o homem permita-se usar de tal argumento para precipitar-se em crimes de desrespeito ao próximo e à sociedade, ou em atitudes de completa desconsideração pelos sentimentos daqueles que com ele convivem.

Kevin entregava-se aos instintos com cada vez mais fremência. Deixou-se retornar ao convívio de uma ou outra amante que havia abandonado por seu amor por Miriel, prometendo-se deixá-las assim que constituísse o compromisso final com sua amada.

Porém Miriel observava seu comportamento diferente, sem contudo compreender o motivo. O rapaz tornou-se excessivamente mais ciumento do que já era. Passou a invadir, de quando em vez, a propriedade dos O'Hare para vigiar suas atitudes com o noivo nos jardins, desatento aos princípios da prudência.

Vez por outra, ficava descontrolado, acusando-a de ser muito atenciosa ou excessivamente gentil com O'Wenn. Nestas ocasiões, a jovem irritava-se e discutia, terminando essas refregas em muitos pedidos de desculpas por parte de Kevin e promessas não cumpridas de não retornar mais ao castelo.

Até que, faltando pouco mais de dois meses para a festa de Saint Patrick, Miriel foi informada por seu pai que seu casamento estava marcado para o dia anterior dos festejos, na parte da manhã.

– Mas, meu pai, como pode ser marcado um casamento para assim tão próximo?

– Seu noivo faz questão.
– Mas tu consentiste sem falar comigo?
– Na verdade, ainda não tratamos do assunto diretamente. Mas não vejo porque não ser assim. Qual diferença faz? Tu já sabias que a qualquer momento o esponsal seria marcado.
– Eu disse que só me casaria depois dos 17 anos e o senhor concordou.
– Fazes 17 anos poucos dias antes. Já terás então a idade combinada.
– Mas, meu pai, não pode ser antes do dia de Saint Patrick...
O'Hare estranhou a fala de Miriel e aguardou que ela se justificasse.
A jovem herdeira tentava raciocinar rápido.
– Que seja um dia depois, então...
– Mas por quê?
– Porque quero fazer uma promessa ao santo padroeiro, em prol de minha felicidade. E essa simpatia se faz ainda solteira...
– Nunca foste religiosa. Por que agora te afirmas crente em simpatias? E de onde tiraste tal ideia? De alguma cultura profana, minha filha? – Não, meu pai. Sabes que não faço isso. É que uma amiga me contou que a simpatia é eficiente para a felicidade conjugal e para uma prole numerosa... Mas só funciona se for feita quando solteira.
– Quanta bobagem, Miriel.
– É meu último capricho, meu pai. Por favor, atende. Depois dos eventos de Saint Patrick, na manhã seguinte, caso-me com o lorde O'Wenn, sob suas bênçãos. E nada mais te exijo.

Miriel falava súplice. O pai estranhava a repentina devoção da filha, mas não via por que não lhe fazer o último capricho. Apenas dois dias de diferença não seriam de mais.

– Está bem! Mas não me venhas com mais caprichos, Miriel. Sou um homem de palavra. Se já houvesse empenhado minha honra com o lorde, não voltaria atrás.

A moça abraçou o pai e o beijou, agradecendo-o.
Saiu de coração precípite. Por pouco não via desmantelados os planos.
Contou para Kevin de olhos úmidos, jogando-se em seus braços. O rapaz, roído de ciúmes e pela expectativa de ver seus intentos ameaçados, a abraçava comprimindo-a contra si. Despediram-se entre

entendimentos e juras, pois faltava pouco tempo para que se unissem para sempre.

Os dias se passaram céleres até o aniversário de Miriel. No encontro matinal, Kevin trazia uma boa notícia como presente de aniversário para ela. Havia encontrado no vilarejo para onde fugiriam, um sacerdote que os uniria no dia seguinte à fuga, pelos laços do matrimônio. Já estava tudo devidamente compromissado.

Neste dia, foi mais custoso para ambos se despedirem, pois encontravam-se enleados na esperança de se casarem. Em poucos dias, fugiriam juntos para sua aventura de amor.

Para Miriel, a tarde passou lenta e triste, pois seu rápido encontro de manhã com Kevin não a havia saciado de sua presença.

Inquietava-se a todo instante até ter uma ideia mirabolante e persistente. Daria a si mesma um presente de aniversário. Iria até a vila, à noite, disfarçada. Sua Alvy iria consigo, de maneira a fazer-lhe companhia e guiá-la até onde pudesse encontrar Kevin. Daria um jeito de vê-lo, para recolher dele mais uma carícia de amor ou os versos apaixonados ao som de sua voz.

Expôs para a ama, que ouvia atônita. Alvy tentou demovê-la a todo custo da ideia, mas Miriel estava irredutível.

– Será teu presente de aniversário para mim, Alvy!

A verdade é que a ama tinha notícias de que o Adônis Irlandês possuía amantes na aldeia e temia que Miriel o visse. A moça não possuía a conformação das mulheres da época. Não havia nela qualquer disposição para compreender a posição do homem daquele tempo. Seria, portanto, temerário.

Mas acabou por aceitar, pois pensava:

"Pode ser que, vendo este rapaz com outra moça, ela resolva-se a não fugir com ele e retorne ao raciocínio." Afinal, se Miriel fugisse, Alvy teria que deixar a fortaleza dos O'Hare. Seria repreendida por causa de sua posição de ama particular. Estaria ameaçada.

Foi assim que, depois da casa se recolher, dois vultos esgueiravam-se nas sombras deixando o castelo. Alvy havia conseguido despistar a guarda e Miriel saía encapuzada.

De coração acelerado, a moça entrou na aldeia. Sentia-se emocionada, pois caminhava onde seu Kevin caminhava todos os dias.

Pediu a Alvy que a conduzisse primeiro à academia de Wilson Thompson, pois pediria a este a fineza de encontrar para ela o homem amado.

Caminhavam pelas ruas que propositadamente Alvy escolhia, baseada nas notícias que tinha. Em certo momento, Miriel avistou um vulto que reconheceria em qualquer lugar do mundo, pela maneira de se portar e de andar.

Sim, era Kevin!

Mas adentrava uma residência, após ser sorrateiramente recebido na porta.

Miriel apontou na direção em que o vira:

– É Kevin, minha ama! Mas aquela é a casa dele?

– Deves estar enganada, minha filha – disse a ama com malícia. – Aquela casa é de uma jovem viúva aqui da aldeia.

A moça sentiu-se paralisando. O coração batia tão forte que ecoava em todo o seu ser.

– Que dizes?

– Assim é. Não pode ser teu pretendido. Estás enganada, certamente.

– Tenho certeza de ser Kevin, minha Alvy...

Miriel caminhou resolutamente para a casa, já de olhos arregalados de ira.

– Que fazes, minha filha?

– Vou lá pedir satisfações.

– Não, Miriel. Não faças isso. Correrias perigo, pois estás aqui às ocultas. E se estiveres enganada? Não... Vamos primeiro nos certificar, pois o teu Adônis tem um irmão jovem, um tanto parecido com ele, e que ainda não conheces...

Estacando, a moça respirou fundo.

– O que faço, então?

– Vem comigo. Vamos observar. Assim que tu te certificares não ser o teu Kevin, vamos prosseguir, pois não estamos longe da academia de Thompson. Sejamos discretas. Estas casas mais simples têm sempre maneiras de serem espreitadas.

E como quem já sabia o que estava fazendo, Alvy caminhou com a menina até a casa, encostando-se em suas paredes.

Buscou a parte dos fundos até uma janela de madeira.

– Aqui certamente é o quarto, filha. Vê que esta janela possui uma pequena fresta. Vamos aguardar.

Miriel estava trêmula. Inquieta e confusa, não atinou que estava óbvio que a ama já havia estado no local antes, para conhecer-lhe as minudências. Não questionou porque fora conduzida justamente à janela do aposento íntimo da casa. Não raciocinava, devido à avalanche de emoções que a tomava.

Espreitou pela fresta e visualizou o quarto escuro. Assim permaneceu durante vários minutos de expectação.

Em certo momento, viu uma luz aproximando-se da porta. De coração descompassado, viu entrar no quarto a jovem viúva e colocar sobre um móvel junto à cama o luzeiro que trazia. Pouco tempo depois – oh, que decepção! –, adentra o quarto o seu Kevin. Sim, era ele, não havia dúvidas. E podia ouvir-lhe os sussurros. Era ele.

Entrou e tomou nos braços a dona da casa, dando-lhe os carinhos que seriam só dela – Miriel.

A moça foi tomada de um delíquio.

A vista turvou-se, as pernas bambearam. Suas carnes tremiam e as lágrimas rolaram, ininterruptas. A ama a acudiu, assustada com sua reação. Miriel sempre fora tão voluntariosa. Aguardava dela a reação enfurecida, não o desfalecimento que testemunhava.

A custo a reanimou para levantar-se e ir embora. A moça entrou em completo mutismo. Não reclamava, não blasfemava, não se irava, como seria de se esperar. No caminho, de quando em quando, gemia o nome do eleito do coração, deixando as lágrimas rolarem.

Em casa, foi tomada de febres e pesadelos.

No outro dia, não foi ao encontro matinal, ficando prostrada no leito.

Seus pais perceberam o abatimento.

No final do dia, estava fria, distante. Já não chorava mais. Parecia estar maquinando alguma coisa que ninguém poderia sondar. Seus olhos traíam a fúria que estava dentro de si, muito embora se mantivesse quieta todo o dia.

Nada mais falou à ama, pois depois de passado o episódio refletiu sobre todas as circunstâncias e compreendeu que ela sabia o que fazia. Já estava inteirada da traição de Kevin. E no dia de seu aniversário dera-lhe este extremo desgosto, sem avisá-la antes.

Queria vingar-se de Kevin. Precisava fazê-lo sofrer a suprema humilhação que lhe fora infligida. Fora vítima de perfídia e perjura aos votos que trocaram. Confiara nele e ele se entregava aos braços de outra. Certamente que a estava traindo há muito tempo.

Logo ele, que havia tido tão tempestuosa reação diante da notícia do noivado dela. Pois o traidor era ele, pois que ela não estivera em outros braços, em outros amores. Ele fora o único que trocara com ela os beijos de amor.

E lá estava, mergulhado em outro abraço, sussurrando em outros ouvidos os versos que ela julgava serem somente dela.

Iria se vingar. Iria atraiçoá-lo também, para que sentisse na pele o que ela sentia.

A verdade é que Miriel dava azo à influência de ideias externas que, como as dela, ressentiam-se de Kevin. Duas mentes conjugaram-se em um propósito ultrajante, motivadas pelo desregramento do belo rapaz que não se animava em controlar os próprios excessos.

Estavam ligados Miriel e a mesma personalidade que a ela assustara no bosque, por entre as árvores dizendo: "Se fugirem, eu o mato". Tratava-se de um desafeto do passado de ambos.

Com essa informação, os menos avisados poderiam supor que se uniam duas mentes em diferentes posições: uma que amava Kevin, sendo Miriel, outra que o odiava, sendo a personalidade em questão. Ou talvez, com a perfídia de Kevin, as duas mentes coadunassem ódio pelo rapaz.

Não!

Tudo isso não passava de amor. Amor traído, amor machucado, amor magoado. E o amor magoado, o amor adoecido é esse sentimento que renomeamos como ódio. Sendo assim, ninguém odeia sem amar profundamente, embora o sentimento esteja nas dolorosas teias de enfermidade espiritual. O de Miriel, adoecido pela traição de Kevin e pelo orgulho da moça. O da entidade que citamos, reflexos de uma amizade vilipendiada, ultrajada em seus refolhos. Ambos amavam! E porque ainda não logramos compreender esse sentimento que sustenta toda a criação de

Deus, ou porque não temos maturidade espiritual para nos deixarmos envolver sem temores por esse sentimento sublime, odiamos, deixamos que nosso coração se encha de ressentimentos e mágoas, e adoecemos também o ergástulo fisiológico neste entrechoque de sensações incompatíveis com a destinação do amor.

Após outra noite tomada de pesadelos, Miriel não foi novamente ao encontro de Kevin. Faltavam três dias para a combinada fuga.

À tarde, como de seu costume, foi aos jardins apreciar o pôr do sol. Sua ama não a acompanhava, como era usual. Além do mais, desde o episódio infeliz, imensa distância se fez entre elas. Miriel não tocou mais no assunto e nem deixou margem para Alvy dizer alguma coisa. A partir daí, não mais buscou seus carinhos maternos nem suas cantigas antigas. Isolava-se, deixando claro que não queria dela a companhia. E foi respeitada.

Miriel foi até o guarda-corpo e nele recostou-se, olhando o pôr do sol. Seus olhos nublaram-se, teimosamente. Não queria chorar. Queria, antes, odiar Kevin com todas as suas forças, para poder vingar-se dele a contento. Fá-lo-ia sofrer muito mais do que ela agora sofria.

Deliberava que iria ao encontro dele no outro dia, deixando marcada a dita fuga. Sim! Iria iludi-lo e ultrajá-lo, como ele fez com ela. Não poderia de certo permanecer muito tempo com ele, pois poderia vacilar no seu intuito de vindita. Amava-o ainda. Sim – oh, maldição! –, amava-o sempre, apesar de ver seu amor espezinhado e desfeiteado.

Diria para ele que permaneceria em casa nos dias que faltavam para não levantar suspeitas. Que se encontrariam no festival, na procissão anual, em que todos os participantes vestiam uma capa verde com capuz, de tecido rústico, cobrindo totalmente o corpo e o rosto. Ela estaria lá. Combinariam o local exato onde se encontrariam. Seria fácil despistar os seguranças, a ama e toda a multidão e fugir para os bosques, buscando a montaria. Iriam em direção à cabana escondida na mata. Dali partiriam – assim o faria crer.

Mas não seria bem assim. O iludiria até o último instante, para que ele acordasse no outro dia desprezado e humilhado. Ela casaria com O'Wenn como desfeita máxima a ele, Kevin.

Assim deliberou, porque o coração magoado não cogita de fazer sofrer a si mesmo para ver sofrer aquele que o magoou. No intento da desforra, nos enveredamos por sofrimentos supremos infligidos a nós mesmos.

Em uma análise mais profunda, entre vítimas ou algozes – se bem seja quase impossível saber qual o papel de cada personagem, já que estes se confundem –, não saberemos dizer quais os mais sofredores ou de quem será o maior prejuízo. O que sabemos é que sofrerá menos o que perdoar mais, pois liberta-se, com a superação do ressentimento, das correntes das amarguras.

A moça estava absorta nos próprios pensamentos, tentando conter as lágrimas que desciam em seu rosto, quando sentiu que alguém tocava em seu ombro, delicadamente.

Arrancada das próprias elucubrações, seu corpo sinalizou que se tratava de Kevin, pois ela o podia sentir mesmo estando de costas. Seu coração descompassou-se, mas ela tentou se refazer do imprevisto.

Enxugou as lágrimas com o lenço que trazia à mão e virou-se, buscando sorrir.

Lá estava ele, o alvo de seu amor, com o olhar doce e apaixonado de sempre. Seu impulso era jogar-se em seus braços e deixar-se chorar agarrada em suas vestes. Queria pedir explicações e ouvir dele que tudo não passava de um mal-entendido, que ele ainda a amava. Miriel sentiu que se estivesse nos braços dele, tudo o mais perderia a importância. Poderia chamá-lo aos brios e perdoá-lo.

Mas, olhando em seus olhos claros, recordou-se do doloroso momento em que ele se entregava a outros braços. Lembrou-se que aqueles olhos também faiscavam de paixão e fulgor nos carinhos de outra mulher.

Não! Não iria ceder. Ia se vingar.

Kevin surpreendeu vestígios de lágrimas em seus olhos inchados. Estava pálida, abatida.

Sem dizer uma palavra, puxou-a para si, em um arroubo de carinho.

– Meu amor, estás doente? Por isso não foste me ver esses dois dias? E choras? O que aconteceu? Oh, quase morri por sentir tua falta e não pude mais conter-me.

Miriel, afastando-se um pouco, tentando vencer a imensa saudade que percebeu que sentia, disse em tom suave, baixando as vistas para não mais encará-lo:

– Sim, Kevin. Estive adoentada.

– Mas choras também. O que houve?

– Por causa de dores de cabeça. Mas já estou melhor. Não devias ter te arriscado em vir aqui. É perigoso.

Avançando para ela novamente, recolhendo-a em seu regaço, o rapaz beijou-a evidenciando extrema saudade:

– Estais preocupada com teu cavalheiro, minha princesa? Oh, não te preocupes. Eu enfrentaria qualquer perigo para recolher dos teus lábios o meu troféu!

Miriel esquivou-se novamente, delicadamente. Começou a falar como havia planejado.

– Ouça, não poderei ver-te nestes dias. Não quero levantar suspeitas. Sendo assim vamos combinar onde nos encontrarmos. Sairei na procissão da tarde e penso que será fácil despistarmos a todos...

Kevin a observava atento. Novamente pegou-a nos braços, sem deixar que ela se evadisse.

– Por que recusas meus carinhos? O que está acontecendo?

– Não é nada. Apenas mal-estar. Não queria que me visses assim, tão desalinhada e abatida. Temo que não me aches bonita. Tantas moças bonitas devem haver na tua vila... – disse encarando-o.

– Como podes pensar uma coisa dessas? Eu a amo! Tu és a mais bela mulher do mundo para mim. Nenhuma te poderia roubar minha atenção. Não enxergo nenhuma outra, querida! Somente a ti eu quero!

Miriel o olhou nos olhos. Sentiu a ira crescendo em seu íntimo. Talvez se ele confessasse e pedisse perdão, ela seria capaz de perdoá-lo. Mas não o perdoaria ao tentar fazê-la de tola.

– Ah, Kevin! Não mintas para mim – disse segurando em sua veste, com voz melíflua. – Tu és homem e dizem que os homens não conseguem se conter, que a natureza deles é a do animal. Não posso crer que tu não prestes atenção às outras tantas moças que vivem ao teu redor, como sei também que muitas devem suspirar por ti, pois és garboso. Diz-me a verdade: eu não estaria dividindo tua atenção com mais ninguém?

Kevin sentiu um arrepio na espinha. O que Miriel intentava? Ela não era calma nem temperada. Certamente que se desconfiasse de qualquer deslize dele, estaria furiosa, agredindo-o. Mesmo porque ela não poderia saber sobre sua vida na vila, pois não frequentava as suas ruas. Certamente aquilo era apenas insegurança de mulher.

Além do mais, ele somente amava a ela. As outras não passavam de distrações aos seus instintos, que viviam descontrolados desde que a conhecera. O que fazia, ao seu ver, era honrado e correto, pois a preservava de seus descontroles. Era na intenção de respeitá-la que ele se lançava em outros abraços. Mas somente a ela amava.

Conjecturando assim, beijou-lhe as faces e os cabelos, cheio de carinho e disse-lhe sorrindo:

– Estás enciumada, meu amor? Não devias, pois somente tenho olhos para ti. Abandona esses pensamentos, ouviste? Sou teu e de mais ninguém. Nos casaremos em poucos dias e nunca mais nos apartaremos. Serei o mais probo dos maridos, pois nenhum outro amará a esposa como eu te amo!

Íntima revolta se apossava de Miriel.

– Kevin, por favor, vamos nos concentrar no local do encontro. Precisamos deliberar sobre os detalhes.

– Não vou tolerar ficar três dias longe de ti. Não concordarei contigo. Se não puderes ir ao meu encontro, eu virei até aqui.

– Não. É temerário. E, além do mais, ficaremos juntos para sempre depois disso. Temos que ter paciência. Tu vais prometer-me não vir aqui.

– Querida, não tenho forças. Os dias serão lentos e monótonos...

– Certamente que acharás alguma ocupação que te distraia. Sei que tens muitas em tua aldeia.

Novamente Kevin a encarou, estranhando.

– O que queres dizer?

– Tens o teu professor, os teus instrumentos, os teus cavalos, os teus amigos...

Conversaram por mais alguns instantes e deliberaram os detalhes. Kevin, saudoso, intentava ficar mais e prolongava-se nos carinhos, notando Miriel sempre esquiva, mas atribuía ao mal-estar.

Despediu-se e saiu pelo local de seu conhecimento. Voltou-se para recolher os beijos arremessados no ar por sua idolatrada, mas surpreendeu-se com seu olhar vago e triste. Nenhum beijo lhe foi lançado.

O rapaz retornou ao lar com algumas inquietações íntimas. Mas estava tudo acertado. As atitudes de Miriel, esquivas e distantes, provavelmente deviam-se à fuga. Ela era uma moça de família. Fora criada com desvelos e excessivas concessões paternas. Certamente não seria fácil abandonar tudo para ir embora com ele para um destino incerto. Sim, era isso! Apenas ansiedade.

Miriel voltou-se ao guarda-corpo depois que Kevin sumiu entre os jardins. Deixou-se chorar longamente, observando os resquícios do sol.

"Quimeras! – raciocinava consigo mesma. – As palavras de Kevin não passam de quimeras! Me ilude, me engana. Não és capaz de dizer-me a verdade. Faz-me de idiota, ri-se de minha tolice."

Naquele mesmo dia, procurou uma das criadas da casa que conhecia muito de plantas e elixires.

– Geneviève, preciso de algum elixir que me permita dormir. Estou tendo muita insônia e vou ficar feia em meu casamento se não descansar o suficiente. Olhe minhas olheiras e meu abatimento. Creio que estou ansiosa. Podes me ajudar?

– Oh, sim, minha *lady*. Tenho aqui um preparado que te fará descansar. Precisas apenas de uma pequena poção para teres uma noite tranquila.

A serva pegou um frasco e entregou à moça.

– Geneviève, precisa ser uma poção forte. Não sou sensível a elixires. Se não for forte, não durmo.

Voltando o frasco para o lugar, a serva pegou outro e entregou.

– Este é bem forte, minha *lady*. Deve ser tomado com cuidado. Coloque apenas algumas gotas e terás um sono pesado. Só acordarás no meio da manhã, eu garanto.

– Se eu errar a quantia, o que acontece?

– Bem, vais dormir muito, posso certificar-lhe!

– Pergunto, porque tenho medo desses preparados.

– Não tenha. Não vai fazer mal, mas vai tirar-lhe as forças por algum tempo. Tome apenas algumas gotas e terás um sono bem pesado.

Com um sorriso meio alucinado, Miriel agradeceu a serva e levou o frasco consigo.

9

A festa de Saint Patrick

CHEGARA O DIA de Saint Patrick. Certamente que naquela época não tinha as pompas do festival que testemunhamos atualmente, já que este só foi instituído no século 20. As comemorações da época eram um ato eminentemente religioso, não guardando o cunho de diversão que presenciamos hoje em dia.

Havia na localidade a que nos reportamos uma procissão em homenagem à régia personalidade de Patrício, o missionário romano-bretão que levara à Irlanda o cristianismo, no século 4, tendo como instrumentos apostólicos a palavra inspirada e um trevo.

No dia marcado, Kevin estava cheio de ansiedade. Sentia tanta falta de Miriel que chegava a sentir dores físicas no peito. Queria vê-la e abraçá-la. Aqueles três dias haviam sido uma eternidade. Mas naquele dia, finalmente, a teria nos braços para sempre.

Despediu-se de sua família entre as lágrimas inconformadas da mãe e a preocupação do irmão. Despediu-se do instrutor, combinando o encontro depois de uma semana. Dos amigos, despediu-se sem palavras, pois não poderia desvendar-lhes suas pretensões.

Na hora exata, encapuzou-se e foi à procissão, tomado de emoções.

Encaminhou-se discretamente ao ponto de encontro, tentando avistar entre as muitas pessoas que o circundavam, os sinais de Miriel.

De repente, como havia sido combinado, viu um vulto encapuzado trazendo à mão uma rosa rubra.

Aproximou-se e sussurrou:

– És tu, minha princesa?

A moça ergueu os olhos, encarando-o.

– Sou eu.

Sem conter-se, Kevin segurou-lhe a mão e apertou, sentindo o corpo estremecer de saudade.

Caminharam juntos, despistando a ama e os guardas, embrenhando-se na multidão.

Em um momento oportuno, enveredaram-se em um bosque, escondendo-se entre arbustos e partindo em seguida por uma trilha quase desfeita, em correria.

Kevin tinha a mão de Miriel presa na sua.

Correram até alcançar o cavalo de Kevin, postado com alguma bagagem à espera deles.

Pararam de correr e Kevin abraçou Miriel tomado de emoção. Segurou-a fortemente contra si, com os olhos úmidos:

– Querida, nunca mais nos apartaremos! Seremos felizes!

Miriel deixou-se afundar em seu peito e chorou. Seus objetivos eram claros, mas a saudade imensa que sentia a confrangia.

Kevin montou e ajudou-a montar em sua garupa, agarrada a ele.

Antes de fazer o cavalo partir, recordou-se do corcel árabe.

– Temos que buscar teu corcel. Onde o deixaste?

– Não vou levar Negro.

– Como não? Tu amas aquele cavalo. Não vais deixá-lo para trás.

Agarrando-se a ele, sussurrou em seu ouvido.

– Eu amo mais a ti. Vamos embora.

Satisfeito, o rapaz fez o cavalo avançar em trote apressado. Tinham que alcançar a cabana na floresta.

Ali, agarrada a ele, Miriel sentia-se fraca para prosseguir com a vingança planejada. Então, recordava-se dele nos braços de outra e animava-se novamente, cheia de mágoa.

Cavalgaram por três horas, sem parar.

Chegaram a um recanto perdido na floresta. Havia um pequeno lago e flores silvestres por toda a parte, já que a Irlanda estava às portas da primavera.

Tudo era bucólico, pitoresco e belo. A pequena cabana e seus arredores pareciam incompatíveis com a mata densa que os circulavam. As flores exóticas e o marulhar de gansos no lago, o cheiro de terra umidificada pela chuva sempre tão constante na Irlanda, e o ar frio e reconfortante, davam um toque especial ao lugar. Ou seria a emoção dos dois jovens que fazia daquele pedaço de terra um lugar único no mundo?

Kevin a desceu do cavalo, cuidadoso e gentil. Fê-la entrar na cabana, sorridente e emotivo.

Lá dentro tudo estava limpo, evidenciando que ele havia preparado o lugar. A lareira tinha lenha. Em uma mesa rústica, havia alimentos, água e uma garrafa de vinho. Na cama, tecidos limpos cobriam as palhas.

Vendo que a moça olhava a única cama do ambiente, Kevin falou sorridente:

– Vou dormir ao chão, querida. Não te preocupes. Tu podes desfrutar da cama em paz. Amanhã estaremos casados!

Miriel caminhou pelo ambiente prestando atenção em todos os detalhes. Ah, poderia viver ali com ele! Sim, aquilo bastava ao seu amor. Poderia deixar-se ficar ali para sempre, satisfeita. Mas Kevin estragara tudo.

Ela virou-se para o rapaz, novamente. Ele havia tirado a capa e pendurado à porta. Retirava agora a espada embainhada e a recostava na parede.

Amava-o tanto, ainda e sempre. Como gostaria de odiá-lo, para que tudo fosse mais fácil.

– Estás com fome? – o rapaz perguntou apontando a mesa com alimentos.

– Não...

Kevin sentou-se ao leito para retirar as botas. Ele todo era sorriso e empolgação. Mas mantinha-se distante dela, por querer respeitá-la até o dia seguinte, quando se casariam.

A todo momento, testemunhava seu cuidado e seu carinho por ela. Mas a moça quedava-se pensativa.

Queria levar alguma coisa dele consigo. Consigo trazia o elixir que o faria dormir para ela evadir-se. Em vários instantes pensou em oferecer-lhe água e fazê-lo ingerir o preparado, mas recuava.

Via-se assaltada pela ideia de desistir da vingança. Fugiria com ele! Ficariam juntos para sempre. Ela perdoaria o deslize. Mas logo em seguida, vinha-lhe à mente novamente a lembrança do flagra. Podia ouvir os sussurros que ele deitara nos ouvidos de outra. Via o fulgor de seus olhos pegando nos braços outra mulher.

A ideia fixa era sobremaneira alimentada pela mente de outra personagem, que nem ela nem Kevin podiam perceber estar lhes sondando os passos. E era demasiadamente fácil manipular as imagens mentais de alguém tão aflita e fragilizada pelo ciúme.

Mas ela precisava levar consigo alguma coisa de Kevin, pois o amava. Necessitava despedir-se dele, recolhendo daquele amor a última dádiva. Não voltaria atrás. Vingar-se-ia sem remissão, mas ansiava por uma última ventura desse seu romance impossível que, por certo, carregaria consigo no infortúnio da saudade.

Aproximou-se de Kevin de olhos suplicantes e o abraçou fortemente. Enlaçou-o pelo pescoço, fazendo-o abaixar até ela para osculá-lo. E o fez sofregamente, surpreendendo o rapaz.

Kevin ergueu-se, aflito, tentando dominar o vulcão de sentimentos que o tomava, afastando-a carinhosamente.

– Querida, vamos nos casar amanhã! Quero que saibas como a respeito. Quero que acredites na veracidade de meu amor.

A moça não parecia escutar. Novamente enlaçou-o, puxando-o a si.

O Adônis Irlandês não era dado ao autocontrole. Não tinha o hábito de refrear-se ou conter-se. Antes, ao contrário, deixava-se dominar por todos os seus sentidos.

E, diante dele estava a mulher que amava com loucura.

Sendo assim, entregou-se, sôfrego, alucinado.

* * *

A NOITE IA alta. Provavelmente não faltavam muitas horas para amanhecer.

Miriel tinha em volta de si os braços vigorosos de Kevin. Tentou arredar-se deles, com cautela e o rapaz mexeu-se, murmurando seu nome e a enlaçando ainda mais.

Ela quietou-se um pouco.

Não seria possível ele estar acordado, pois havia colocado do preparado que trazia, mais que o dobro do recomendado no vinho que oferecera a ele na noite alta, ao aquietarem-se no leito.

E o elixir era mesmo eficaz, porque em menos de dez minutos após ingeri-lo, ele adormecia sorridente em seus braços, sussurrando, entre seus carinhos:

– Querida, desculpa-me. Queria não cerrar os olhos nesta noite, tamanho o júbilo que sinto de ter-te nos meus braços. Não desejo dormir. Porém sou tomado por sono invencível. Talvez o cansaço da cavalgada me exauriu mais que eu supunha...

Agora estava ali, alguns minutos depois, totalmente adormecido.

Miriel, após observá-lo mais um pouco, desvencilhou-se cuidadosamente dos braços de Kevin, sentando-se no leito.

Novamente ele mexeu-se e murmurou:

– Miriel!

Mas não acordou.

A moça ergueu-se, buscou as vestes e o grande manto com que havia se coberto na procissão. Deveria deixar um bilhete? Não! Não deixaria nada!

Voltou-se para Kevin, estirado ao leito, semicoberto por um dos tecidos da cama.

Nunca o viu tão lindo como naquela hora. Ele parecia sereno, feliz. Em nada ele a fazia lembrar do homem que se atirara nos braços de outra mulher, no ato de perfídia, dias antes.

Aquela seria a última vez que teria dele algum carinho. Certamente que ele a odiaria, depois do que estava prestes a fazer.

Estremeceu de emoção ao pensar nisso. As lágrimas caíam sem obstáculos.

Tentou reter na retina a imagem do homem adorado, ali sereno e belo, bem diante de si. Levaria esta imagem consigo. Talvez, quem sabe, não teria um filho dele a desenvolver-se no ventre depois desta noite?

Chorou mais.

Aproximou-se devagar do leito e abaixou-se próxima à sua cabeceira.

Tocou nos cabelos soltos e desalinhados de Kevin. Tocou seu rosto com extremo carinho. Pegou de sua mão e beijou-a, recostando depois nela seu rosto banhado de lágrimas.

Talvez ela fizesse isso na expectativa de ele acordar e impedi-la de sair. Mas ele não acordava. E a ideia de que deveria ir embora era tão forte, tão dominante, que ela tinha que ceder. Parecia impulsionada por forças estranhas e irresistíveis.

Osculou-o no rosto pela última vez e sussurrou-lhe aos ouvidos:

– Eu o amo, meu Kevin...

Ergueu-se e saiu pela porta, com cuidado.

Tomou do cavalo irlandês e partiu na direção do castelo de seu pai. Não se sentia satisfeita com sua vingança. Ao contrário, todo o seu ser curvava-se ao peso de sofrimento avassalador. Já sentia, com antecedência, a saudade de seu amado Kevin sufocando suas forças. A respiração era-lhe custosa, a cabeça doía, o corpo estava trêmulo.

Mas tinha seu orgulho. Necessitava prosseguir.

Venceu a distância sem atinar do tempo. Seu raciocínio estava turvo. Nem chegou a pensar em o que diria a seu pai por chegar à casa por aquela hora, quando a alvorada já se fazia anunciar no horizonte.

Na fronteira das terras da família, desceu do cavalo e bateu em seu lombo, gritando para ele ir para casa. Era o cavalo de Kevin. Não podia levantar suspeitas.

Pela longa cavalgada, suas pernas estavam enfraquecidas. Mas ela não se dava conta de nada. Apenas caminhava.

Ao adentrar o primeiro pátio, causou espanto nos guardas que estavam a postos. Houve burburinho.

Mas ela nada ouvia e com nada se importava. Subiu as escadas para a entrada da residência sem olhar para trás e sem raciocinar que a guarda estava disposta provavelmente por causa da busca por ela.

Quando entrou no enorme salão, de cabelos desalinhados, olhos inchados de chorar, Alvy veio em sua direção, de olhos arregalados e pálida, observando o pranto incessante de Miriel.

– Minha menina! Onde estiveste?

Chegando-se mais perto, a ama sussurrou em seu ouvido.

– Teu pai está louco de fúria. Sede prudente...

Mas ela não parou para ouvir. Queria buscar os aposentos.

Viu seu pai entrando no salão visivelmente transtornado. Vociferava alguma coisa que ela não ouviu, pois não se importava. Nada ali importava.

Importava que havia deixado Kevin. Importava que ela havia se vingado dele, selando o destino daquele amor que jamais olvidaria. Seus sonhos estavam mortos. Com Kevin ficara sua alegria, sua esperança de ventura.

Ao impulso de um golpe forte, rodopiou e caiu ao chão. Havia tomado um tapa ao rosto, dado por seu pai.

Retornou à realidade sob a brutalidade da agressão. Levou a mão ao rosto e encarou o pai, furiosa. Ergueu-se, altiva e orgulhosa.

O lorde gritou, colérico:

– Fala, desgraçada! Onde estiveste? O que significa isto?

Respirando fundo, Miriel limpou a vista onde as lágrimas abundantes impediam a visão clara. Falou sem qualquer afetação:

– Na procissão, tive a impressão que era seguida de perto por desconhecidos. Fugi aos bosques e tive que correr. Creio que alguém sabia que eu sou tua filha. Talvez malfeitores. Escondi-me e acabei por adormecer. Acordei e voltei para casa.

– Tu mentes, Miriel. Onde uma pessoa assustada, se escondendo para proteger a própria vida conseguiria adormecer?

Miriel o encarou sem expressão alguma no rosto.

– E o que imaginas que aconteceu, *milord*?

– Intentaste fugir de minhas ordens, do casamento...

A moça esboçou um sorriso irônico.

– E por que, meu senhor, eu voltaria para ser agredida pelo senhor e a tempo de me casar? Imaginas que eu seja assim tão tola?

O'Hare silenciou e refletiu. Não acreditava na história da fuga.

– Diz para onde foste, para eu mandar uma busca aos agressores de modo a comprovar tua história.

– Fui para o norte... – disse instantaneamente.

Pegando-a pelo braço, O'Hare a entregou para Alvy.

– Arruma esta desgraçada, Alvy, para o casamento. Faz com que ela fique linda, pois vai desposar um lorde daqui a poucas horas. Fá-la parecer novamente uma dama.

Olhou ao redor, para os criados e guardas que estavam no ambiente:

– Nunca mais quero ouvir um único sussurro sobre o ocorrido de hoje. Ouviram? Este assunto está sepultado!

Alvy acompanhou a moça até os aposentos. Caminhava acariciando seus cabelos. Também ela chorava ao ver sua menina naquele estado, agredida pelo pai.

Mas nada falava, pois Miriel estava absorta. Não havia qualquer abertura para uma conversa.

Chegando ao quarto, a moça sentou-se ao leito, enquanto Alvy providenciava um banho. Deixou-se despir em silêncio, olhando o vazio. Seu pranto estacou.

A serva banhou-a com carinho.

A boa ama colocou-lhe compressas aos olhos, preparados de ervas cheirosas nos cabelos e no rosto. Fez com que ela vestisse o vaporoso traje do casamento. Arrumou-lhe os cabelos com um arranjo de flores.

Ao passo de algumas horas, a moça estava tão linda quanto seriam as deusas das antigas histórias celtas.

Na hora programada, foi conduzida ao local da cerimônia, em silêncio total. Não prestava atenção aos convidados. Mal respondia aos cumprimentos que lhe eram dirigidos. Não percebeu os olhares emocionados do noivo. Nada a empolgava.

De quando em quando, olhava para a entrada do ambiente, como a procurar por alguém.

"O que esperas, Miriel? Que ele entre aqui e a roube?" – pensava consigo mesma, abaixando a fronte.

Recebeu os votos em silêncio e deixando escapar a última lágrima.

"Está consumado" – pensava consigo.

A família arrumou-se para a viagem. O casamento havia sido de manhã para poderem empreender a viagem de núpcias logo em seguida.

O novo casal, bem como O'Hare, a esposa e seu séquito, saíram em uma excursão que foi programada para ser longa.

Miriel entrou no veículo ainda absorta, alheia. Seu marido sussurrava em seus ouvidos um ou outro elogio ou cortesia. Mas ela não respondia.

Quando o veículo partiu, olhou mais uma vez para o caminho contrário, como procurando por alguém. No caminho, viu de longe seus bosques preferidos e chorou novamente. Ali, não longe, estava o riacho que testemunhara seu amor, seus sonhos; estavam os campos onde passeara ao lado de seu belo Adônis Irlandês.

"Por que, Kevin, destruíste nossas possibilidades de felicidade com a traição?" – pensava angustiada.

Enxugou as lágrimas e baixou a fronte, respirando profundamente. Urgia reagir. Seu destino estava selado.

* * *

– Miriel...

Kevin murmurou, mexendo-se no leito, aguardando o carinho da companheira. Sua cabeça pesava, ainda molestado pela prostração do dia anterior.

Como tardou os ósculos por que ansiava, procurou-a com as mãos, sem abrir os olhos, para enlaçá-la, mas ela não estava no leito.

Abriu os olhos e esperou a capacidade visual se firmar. Olhou ao redor, com um sorriso no rosto, buscando a imagem adorada.

Mas Miriel não estava.

Sentou-se ao leito devagar, sentindo o corpo pesado.

O que havia ocorrido? Certamente a emoção de estar com a mulher amada o abatera daquela maneira. Não se sentia daquele jeito nem sob os efeitos dos alcoólicos excessivos.

Ficou contrafeito de Miriel não estar no ambiente.

"Devo adverti-la de que não deve levantar-se enquanto eu não acordar. Miriel deve saber que quero acordar e ver minha esposa ao meu lado!" – pensou, sorrindo.

Sim, ela era sua esposa. Receberiam os votos em breve, mas ela já lhe pertencia, por causa dos seus direitos de homem, conforme as leis da época.

Kevin ergueu-se com certa dificuldade. Estaria doente?

Certamente Miriel estaria lá fora vendo os gansos no lago, pois sabia que ela gostava de aves.

Enrolou-se nos tecidos da cama e caminhou. Que horas seriam aquelas? Deviam viajar logo cedo.

Kevin abriu a porta e surpreendeu-se com a claridade do dia. A manhã ia alta.

Olhou ao redor e não viu Miriel.

Chamou-a, melífluo. Desejava muito vê-la e retê-la em seus braços. Podia ainda sentir o perfume suave que havia se impregnado nele e nos tecidos.

De repente, Kevin percebeu que o cavalo não estava no lugar. Miriel havia saído com ele? Mas como saía sem avisá-lo? E para onde iria? Havia lenha e alimentos na cabana. Não haveria o que buscar. Ademais, já deveriam ter partido.

Uma ideia fulminou seu cérebro. Seu coração precipitou-se, mas ele a repeliu com vigor.

Não. Sua Miriel estaria por ali. Talvez sentisse falta de cavalgar e exercitava-se com o cavalo enquanto ele dormia.

Kevin caminhou um pouco. Seu coração acelerava-se enquanto comprovava que a mulher amada não estava por perto.

Enrolado em tecidos, rondou os arredores, sentindo indômita angústia crescendo em seu ser. Todo ele agora vibrava em crescente desesperação. Embora rejeitasse a tórrida sugestão que avassalava seus pensamentos, seus sentidos confrangiam-no a encarar a angustiosa realidade de que fora abandonado, rejeitado, desfeiteado.

Ela, que tanto insistira na fuga, indiferente ao seu sofrimento mediante a situação delicada em que ele deixaria a família mergulhada. Ela, que o fizera recuar aos sábios alvitres de Thompson para que não deixasse o sentimento verdadeiro que nutria tornar-se vasilhame de crime.

Seria pelo temor superlativo da perseguição do noivo e do pai? Mas não era Miriel tão corajosa, chegando mesmo ao atrevimento? Não foi ela que se aninhou em seus braços no dia anterior, quando ele, Kevin, trazia o sincero intento de preservá-la até a cerimônia dos esponsais?

O que significava tudo aquilo? Como ele não a viu partir, se tinha o sono leve? Antes de adormecer, não bebera mais que um copo do vinho oferecido gentilmente por ela mesma. Seu organismo não era fraco aos alcoólicos.

Acabou por deixar-se vencer pelo desespero. Suores gélidos cobriam sua fronte, prenunciando o desgaste orgânico oriundo de seu desequilíbrio mental. Ia correr em direção à vila e recordou-se que deixara as vestes para trás.

Ademais, necessitava vasculhar o lugar, para compreender os motivos da situação.

Correu para a cabana, ainda sentindo o corpo pesado. Tropeçou mais de uma vez, sentindo-se traído pelo próprio equilíbrio.

Entrando, vestiu-se com pressa, desajeitado. Pegou da espada à beira da cama, pois em sua mente estaria disposto a qualquer coisa. Seu corpo todo tremia e seu coração batia desordenadamente no peito.

Sussurrava, de quando em quando, alucinado:

– Miriel! Miriel! Não fizeste isso!

Vasculhou o pequeno lugar, buscando um indício, um bilhete, talvez. De quando em quando, jogava o que tinha à mão ruidosamente para longe, soltando gritos de fúria.

Vasculhou a mesa, onde repousava o copo da bebida que havia ingerido. Encontrou um pequeno frasco desconhecido entre as coisas, contendo algum líquido. Levou-o ao nariz, tentando identificar o conteúdo. Cheirou também a caneca de vinho, buscando averiguar se havia sido intoxicado. Mas não havia dúvidas. Ainda podia sentir no corpo o efeito do estranho líquido que, certamente, batizara seu vinho.

Havia sido enganado e traído. Miriel foi embora, levando o único cavalo.

Kevin já não conseguia mais conter as lágrimas de angústia que o sufocavam.

Saiu em correria desenfreada, auxiliado pelo vigor físico que possuía, vencendo o abatimento do elixir pela vontade férrea direcionada em um só objetivo: encontrar Miriel.

Corria, corria, sem atinar da distância, sem atinar do cansaço, sem atinar mais nada. Precisava chegar até Miriel. De quando em vez, o corpo exausto reclamava que ele parasse para respirar e ele agarrava-se a uma árvore, abraçando-a como pedindo alento para sua angústia.

– Miriel! Por quê?

Retomava o fôlego e continuava.

Quando alcançou a estrada que levava à vila, olhou para o sol. A tarde ia alta. Em breve, o crepúsculo cobriria todas as coisas. Havia corrido por várias horas seguidas.

Avançou para a própria casa, para buscar montaria. Seu aspecto era o pior possível. Seus cabelos desalinhados e empapados de suores abundantes, as vestes mais leves pregadas ao corpo, o rosto em um ricto de desespero incontido, a palidez de quem não se alimentara durante todo o dia e se extenuara no esforço supremo de correr uma distância muito longa. Arrepios periódicos prenunciavam a estafa orgânica, fazendo-o bater os dentes. Sua expressão traduzia terror e loucura.

Entrou na propriedade, chamando a atenção do irmão, que recolhia algumas ferramentas, e da mãe, que estava no quintal.

Não ouvia os questionamentos. Não respondia. Apenas dirigia-se ao estábulo como se apartado de qualquer outra realidade.

Lá encontrou o cavalo da fuga que havia voltado ao lar.

Não havia mais dúvidas, então.

Tomou de algum animal, sem ao menos preocupar-se em selá-lo. Montou-o a pelo e fez que ele trotasse desenfreado, em direção ao castelo dos O'Hare.

Kennedy, tomando um outro cavalo, o seguia, preocupado.

Mas Kevin nada mais via, senão o caminho para o castelo. Não ouvia nem mesmo o bradar colérico do próprio corpo físico em colapso devido ao jejum e aos efeitos do elixir, reclamando alimentação e algum refazimento.

– Miriel! Miriel! – gritava colérico.

Apeou em frente à fortaleza e desceu como um dementado, seguindo em direção às escadas.

Kennedy o alcançou, virando-o para si, sacudindo-o como chamando-o à realidade e gritando:

– Kevin! Kevin! Escuta! O que fazes? O que houve?

O Adônis Irlandês, parecendo sair um pouco da alucinação em que se afundara, levou as duas mãos no rosto do irmão e gritou, deixando as lágrimas rolarem:

– Ela me deixou, Kennedy! Fugiu de mim. Mas vim buscá-la. Vou levá-la, pois agora tenho sobre ela direitos de homem. Ela é minha. Vou requerer meu direito junto de quem quer que seja. É a lei!

Não havia muitos guardas no castelo. Mas, quando se aperceberam, os dois irmãos estavam cercados por eles.

Kennedy segurava vigorosamente o irmão, para impedir-lhe reações, tomado de terror ante a situação.

O responsável pela segurança aproximou-se, segurando a empunhadura da espada, retirando parte dela da bainha, advertindo aos dois intrusos que ficassem em guarda e expusessem os motivos da invasão.

– Senhores, esta é a propriedade de lorde O'Hare e sua família. Ordeno que me digam o que fazem aqui.

Kevin encarou-o sem atinar para qualquer perigo, também levando a mão na empunhadura de sua espada:

– Exijo uma entrevista com o lorde em caráter de urgência. Diga ao seu amo que Kevin McCann o aguarda em nome da honra, para requerer direitos.

O responsável pela segurança, apesar de austero e disciplinado, era um homem maduro e de índole ilibada. Possuía um bom coração. Assumira o comando da guarda de O'Hare por ser de confiança irrestrita do lorde, como um dia fora também dos soberanos do Ulster.

Ao ver Kevin, talvez impulsionado pelos próprios pendores do coração benevolente, talvez impulsionado por alguma outra vontade que zelava anonimamente pelo desgraçado rapaz, compadeceu-se. Ele possuía um filho daquela idade.

Observou também Kennedy, praticamente uma criança, ali tentando conter o rapaz, que estava visivelmente preso a insuperáveis desgostos.

Recordou-se dos episódios da noite anterior, onde supostamente a irreverente filha do patrão havia fugido. A volta dela já pelo alvorecer e como havia chegado, banhada em lágrimas, visivelmente abatida.

Compreendeu que, certamente, os fatos tinham alguma ligação.

Como pai, enterneceu-se.

Embainhou novamente a espada e aproximou-se mais, olhando o rapaz nos olhos.

Dispensou a guarda para ficar a sós com os estranhos visitantes e falou em voz amigável.

– Senhor Kevin McCann, sinto informá-lo que lorde O'Hare não poderá conceder-te uma entrevista, pois ele não se encontra na propriedade.

Kevin empalideceu.

– E onde posso encontrá-lo, então?

– Ele empreendeu viagem, senhor, acompanhado de toda a família, após o casamento de senhorita Miriel e lorde O'Wenn.

As pernas do rapaz irlandês pareciam falhar. Estava ali a confirmação de sua decepção.

– Houve, então, o casamento... – sussurrou como para si mesmo.

– Sim, senhor. Casaram-se esta manhã. E saíram em viagem logo em seguida.

Passando as mãos pelos cabelos, Kevin respirou profundamente.

– Diz-me, soldado: para onde foram?

– Sinto muito, senhor. Não houve comunicação quanto ao destino.

Kevin deixou a cabeça pender, confuso e abatido.

Em contrário à disposição de ânimo com que havia chegado ao local, agradeceu educadamente e encaminhou-se à montaria.

O encarregado, então, chamando-o, disse com vera disposição de ajudar:

– Permite-me, meu jovem, dizer-te uma coisa, independentemente de minha posição de comandante da guarda?

Kevin virou-se para ele de olhar iluminado. Pensava que recolheria alguma notícia relevante de Miriel.

– Peço que fale!

Colocando a mão no ombro do rapaz, falou com brandura:

– Imagino que estás sendo vítima de algum desgosto muito sério para te arrojares na imprecação de invadir armado a casa de um lorde e desafiar sua guarda, clamando palestra particular. Mas vou falar-te como um pai, não como um soldado, pois tenho um filho de tua idade: seja o que for que te aborrece, certamente que está irremediável nas atuais circunstâncias, como julgo pela tua expressão de decepção. Mas és jovem e tens pessoas que te amam verdadeiramente, como esse jovenzinho que te segue e zela por ti, que a semelhança contigo denuncia ele ser, talvez, teu irmão. Conforma-te com os infortúnios que te visitam o coração, trabalha e luta para seres homem probo e útil a Deus e teus desgostos hão de arrefecer. Tens a compleição de um soldado, apesar do abatimento que vejo em tuas expressões. Nada melhor que os serviços das armas para aplacar as angústias do sentimento. Caso desejes, procura-me fora dos meus serviços no castelo e eu o indicarei aos serviços de guarda dos soberanos. De lá somente saí devido à minha idade já incompatível com as exigências do trabalho. Terás honra e serventia à sociedade e hás de superar tuas agruras. Quanto à tua temerária vinda a estes sítios, silenciarei sobre ela e assim também ordenarei aos meus soldados, de maneira que não tenhas alguma retaliação por parte do lorde. Vais encontrar minha residência em...

O cavalheiro explicou seu endereço para Kevin, que ouvia em completo silêncio.

Ora, toda criatura que traz em si suficiente boa vontade e desinteresse pessoal torna-se, muitas vezes sem o saber, um instrumento nas mãos de Deus para o auxílio dos irmãos em humanidade. Porque todo aquele que mantém os próprios sentimentos libertos dos preconceitos de época e pré-disposto à simpatia e à piedade, torna-se instrumento sensível, fácil de ser influenciado pelos espíritos bons que estão em toda parte tentando auxiliar os homens a vencerem suas dores e suas dificuldades íntimas. O perdão espontâneo, a piedade fraterna e o esforço em não julgar são luzes que ascendemos em nossos próprios caminhos, atraindo a simpatia das boas almas que velam pela felicidade dos homens.

Kevin tinha diante de si um soldado transmutado em benfeitor, embora ele não pudesse isso aquilatar verdadeiramente no momento. Um homem que, mesmo desconhecido, interessava-se por seu destino.

O rapaz agradeceu sem muitas expansões, absorto em si mesmo e seguiu adiante.

Estava tudo acabado. Miriel o havia enganado deliberadamente. Nada mais restava. Não adiantaria segui-los, pois nem ao menos sabia para qual lado foram e certamente o guarda não falaria. Já estariam longe àquela hora, quando o crepúsculo já alcançava o horizonte.

Retomou a montaria derrotado por sua extrema confusão mental. Perguntava-se o porquê a todo instante. Não compreendia.

Seu amor por ela chegava as raias da loucura, e ela o havia desfeiteado.

Pensava agora em suas atitudes evasivas três dias antes da fuga. Certamente que já estava decidida ao sinistro plano desde aquela hora. Ela não havia levado o cavalo árabe. Não, ela não pretendia fugir. Não foi simplesmente um arrependimento repentino ou o temor acerbo das consequências que a fez voltar ao lar e se casar com outro. Havia sido tudo premeditado. Um plano arquitetado para humilhá-lo.

Recordou-se da bebida gentilmente servida por ela, adulterada com algum tóxico que o fez dormir pesadamente. Somente naquela hora recordou-se que ela não levara qualquer bagagem ou muda de roupa. Somente naquela hora ele desvendava toda a teia de circunstâncias que precederam a atitude ignominiosa de sua eleita.

– Miriel! Por quê?

No entanto, ele surpreendera um amor tão grande quanto o dele naqueles olhos verdes que o encantavam. Recordava-se dela, entregue aos seus carinhos, jogada em seus braços.

Por quê?

Não havia resposta além desta: brincara com ele. Fizera dele uma distração, um divertimento que cultivara pelo capricho de se sentir tão ardentemente amada por um homem.

Kevin sentia-se usado e ultrajado em seus brios. Supremo despeito lhe oprimia o peito. Pensou por um instante se aquilo não seria um castigo pelos tantos corações que certamente ele fizera sentir daquela maneira.

Tudo era mentira. Todo aquele amor, os planos, os sonhos... Tudo não passava de poeira jogada ao vento. Seu mundo despedaçara-se irremediavelmente.

– Miriel!

Não rumou para casa. Encaminhou-se para a academia de Thompson, seguido por Kennedy, que o acompanhava, compungido.

Desceu da montaria fraco, trôpego. Não havia se alimentado. O corpo tiritava em estranhos calafrios, que o faziam ranger os dentes. Sentia ondas de choque enfraquecendo suas pernas, que vacilavam. Em seu peito os estertores se seguiam, descontrolados. O suor gelado lhe empapava os cabelos e a veste. O peso do próprio corpo o incomodava.

A saúde vigorosa e a robustez característica não suportaram o embate cruel de emoções tão fortes e desequilibradas. O corpo curvava-se ao mal-estar, para obrigá-lo a algum retempero.

O velho instrutor surpreendeu-se amargamente ao vê-lo entrando. Seu aspecto era assustador e preocupante.

Kevin andou até ele, sem conter as lágrimas que aljofravam livremente, jogando-se em seus braços protetores qual um menino desamparado.

O mestre de música recebeu-o, afagando-lhe os cabelos, compungido até a alma.

– Meu filho! Oh, meu Kevin...

Com a ajuda de Kennedy, conduziu-o a um leito, pois seu corpo ardia em febres.

10
Expectativas

KEVIN PERMANECEU ABATIDO por alguns dias. Silencioso e triste, voltou ao lar, preocupando enormemente a mãe, que receava por sua saúde física e mental.

Quando recuperou o vigor, saía pelas manhãs com Kennedy em seu encalço. Ia até o riacho adorado, apeava do cavalo e sentava-se em sua margem, observando as águas. Fazia isso por horas seguidas, sem nenhuma palavra.

Depois voltava ao lar e confinava-se nos aposentos íntimos.

Os amigos acorriam para animá-lo, sem êxito. Os instrumentos não mais o atraíam. Já não se entregava mais aos estudos que tanto apreciava. Nem mesmo participava dos torneios e disputas tão comuns naquele tempo, onde seu talento era apreciado. As noites não tinham mais o brilho festivo de outrora.

Durante quase um mês permaneceu neste estado de alma, apático.

Kevin gastou bastante tempo tentando odiar Miriel, por sua injustificável perfídia. Mas não conseguia. O único sentimento que o tomava era um amor imenso, agora cheio de mágoas e despeito, ciúmes e solidão.

Muitas vezes ficava irado, descontrolado de ciúmes ao imaginar Miriel nos braços de O'Wenn. Entregava-se às libações e começava a lançar longe o que estivesse ao alcance de suas mãos, gritava imprecações, prometia agressões, assustando a mãe e o irmão. Thompson, pressuroso, acudia-os, acalmando-o e admoestando-o.

Aguardava o retorno do casal e ensaiava como iria requerer seu direito sobre Miriel, conforme as leis permitiam nas peculiaridades das circunstâncias. Imaginava o duelo onde trucidaria o oponente facilmente.

Mas relembrava a traição da mulher amada, que o abandonara sem ao menos um bilhete que aplacasse sua desesperação. Palavras que não o deixariam no vácuo de nada compreender.

Pensava, então, em lavar sua honra com o sangue de ambos, imaginando um enfrentamento trágico e digno das encenações dos grandes dramas gregos. Mas a ideia de Miriel morrer o fazia ajoelhar-se ao chão, rogando a Deus o perdoasse por sequer imaginar alguma coisa como aquela.

A saudade que o confrangia parecia querer enlouquecê-lo. Miriel nada deixara, além do vazio de sua ausência e das lembranças dos momentos vividos. Havia também o lencinho bordado, que invariavelmente estava com ele, já encardido pelas lágrimas que recolhia de seu rosto.

Passaram-se seis meses dos acontecimentos e ninguém voltava da longa viagem. Para Kevin, tudo parecia ter sido irreal, como um sonho que se desfazia ao amanhecer. Tal perspectiva o atormentava.

Nessas horas, ele corria até o riacho e caminhava pelos campos onde com ela estivera, para reviver os momentos que ali passaram juntos. Ia também à cabana na floresta, às vezes entrando por sua porta apressado, como se para encontrar dentro dela a mulher que adorava. Muitas vezes, lançava-se ao leito onde haviam estado, cheirando os tecidos já empoeirados, buscando os vestígios dela, entre blasfêmias e indignação.

Kennedy e sua mãe temiam que ele tomasse alguma atitude contra a própria vida e o vigiavam de perto. Os amigos acudiam tentando furtá-lo para os divertimentos, para as distrações.

Aos poucos, Kevin controlou-se, mas a alegria e o bom humor que o caracterizavam, deram lugar a um silêncio sempre constante. Silêncio este que não existia em sua mente agitada.

Depois de algum tempo, um dia sentiu-se verdadeiramente exausto de tentar odiar Miriel e esperar que ela retornasse. Raciocinou que o lorde O'Wenn, que era um homem vivido, descobrira que a moça se entregara a outro antes do casamento. Se não havia voltado para investigar quem seria o culpado para lavar a honra em um duelo, e repudiar a recente esposa, pedindo a indenização justa ao pai descuidado, como seria de seu direito, seria porque resolvera permanecer distante das terras onde havia sido ultrajado como pretendente.

De certo não arriscaria manter a atual esposa no ambiente onde ela havia tido um amante antes do casamento.

Muito provável que não retornariam jamais, nenhum deles.

Por isso, resolveu procurar o encarregado pela guarda dos O'Hare, conforme as informações dadas por ele mesmo no dia fatídico. Estava exausto de sofrer. Ansiava por recomeçar os próprios caminhos e esquecer.

Pela benevolência desse desinteressado amigo, adentrou os serviços de segurança dos soberanos do Ulster, iniciando-se pela mais baixa posição.

Mas Kevin era talentoso como cavalheiro. Tinha porte e competência nas armas, além dos dotes de inteligência e perspicácia. Por isso, logo conquistou a confiança e a admiração de superiores. Ao longo de um ano de trabalhos, estava em posição de destaque no comando de todo um regimento de cavaleiros, devido à sua aptidão e ao seu conhecimento dos equinos.

Retomou o interesse pela música e voltou a frequentar a academia de Thompson, para regozijo deste. Retomou os estudos filosóficos de sua preferência e estudou também a linguística e a literatura clássica, como apreciador da latinidade.

Retomou também o gosto pelos divertimentos, junto aos amigos. Seu característico bom humor iluminava novamente seu semblante, embora seus olhos claros e distantes evidenciassem que alguma contrariedade vivida houvesse apagado o brilho das esperanças mais ternas.

Egan já se encontrava casado com Sile, Melvino também consorciara-se com uma bela donzela da vila, e Kevin tinha nos lares destes as credenciais e a intimidade de irmão dos jovens esposos, embora não fosse uma companhia adequada a maridos probos, pois muitas vezes os arrastava aos divertimentos, deixando desalentadas as esposas dos amigos.

Ao passar de três longos anos, o Adônis Irlandês era visto pelas ruas e estradas, pelas vilas e aldeias, montado em um de seus magníficos cavalos puro-sangue irlandeses, trajando o imponente e pesado uniforme de armas, carregando na cota de aço as insígnias de honra de sua posição de comando. Na espada forjada especialmente para ele, mandara imprimir os antigos símbolos de seus antepassados, homenageando o seu falecido pai. Raramente trazia o elmo escondendo seus cabelos sempre soltos aos ombros. Sua compleição tornara-se ainda mais vigorosa que dantes, devido ao hábito dos exercícios constantes, tornando-o alvo de arrebatamentos de moças e inveja de outros rapazes.

Tirando as esposas ou noivas de seus amigos, para quem votava amor fraternal, raramente respeitava qualquer mulher, em sua condição de casada ou solteira, donzela ou viúva. Entregava-se às conquistas, magoado com todas por causa de Miriel.

Nunca mais seu coração foi arrebatado por nenhuma outra. Nunca mais outra moça ocupou seus pensamentos e seu interesse daquela maneira.

Miriel não voltara mais ao Ulster. Kevin obtivera, por acaso, notícias de que a família havia ido, talvez, na direção da Bretanha, mas não procurou aprofundar suas pesquisas.

Queria esquecê-la. A distância fizera arrefecer o desespero, a ira e até mesmo o intento de procurar por ela. Depois de três anos, o rapaz irlandês concluía que aquele amor avassalador, imenso, havia se transfigurado em uma lembrança dolorosa e distante, que ele levaria consigo para sempre. Ela seria para ele, por toda a vida, o símbolo de que o amor verdadeiro não passa de espessa teia de amarguras para quem se deixa envolver por ele. Ela era a prova de que um dia seu coração viu-se verdadeiramente enleado de sonhos de ventura ao lado de uma mulher, apenas. Porém, tudo fora ilusão e quimeras.

Agora posicionava-se como um homem no mundo que jamais tornaria a tal desajuste de caráter, como seria este de entregar-se daquela maneira a um sentimento que só fazia por enfraquecer e humilhar a dignidade masculina. Tal sentimento seria próprio aos frágeis e débeis de personalidade.

Em um dia de primavera daquele ano, Kevin cavalgava em direção a uma das casas da vila, com um encargo muito especial e grato ao seu coração. Por isso mesmo, seu traje de cavalheiro estava irrepreensível. Na cota de malha, além do usual, trazia também as insígnias de honra e as condecorações.

Encaminhava-se embaixo de chuva fina para a casa de Brenna, a eleita de seu irmão pelo coração. Ia como chefe de família, já que possuía os direitos da primogenitura.

Não tinha pressa. Seu cavalo trotava, garboso e imponente, como pedia a ocasião.

Ao chegar, foi recebido gentilmente pelo chefe da casa, o pai de Brenna, senhor Simon, que exercia a profissão de carpinteiro.

Apeou, cumprimentou-o cordialmente e foi introduzido no lar para os ajustes. Estes se deram sem muitas dificuldades, pois Simon era amigo de Cann e apreciava bastante Kennedy. Embora não admirasse a postura irreverente e irresponsável de Kevin, sempre visto nas tavernas e nas noites, compreendia a diferença de postura entre os irmãos.

Mesmo assim, recebia Kevin com estima e intimidade, baseado na memória de seu saudoso amigo.

Por isso mesmo, o jovem McCann foi introduzido ao jantar de maneira informal e amistosa, para que participasse do regozijo geral. Todos sorriam. Depois de um certo tempo, os assuntos pertinentes ao noivado deram espaço também para outros assuntos, que eram tratados na alacridade dos presentes, com mais intimidade e descontração.

A um certo momento, porque conversavam sobre os acontecimentos de ao redor, a esposa de Simon, parecendo recordar-se de alguma coisa, volta-se para o marido:

— Tu te informaste quanto aos nobres que te contrataram?

— Ah, sim! Esqueci-me de comentar. Voltam amanhã. Deves apresentar-te com a equipe de moças para o serviço para a contratação.

Simon, olhando para a esposa, sorriu parecendo lembrar-se de alguma coisa muito grata. Limpou a boca com um guardanapo de tecido e falou vivamente:

— Bom teres tocado no assunto, mulher. Muito bom... — voltou-se para o convidado, com viva empolgação. — Escuta, Kevin McCann, bom que estejas aqui. Isso interessa a ti e ao teu irmão. Fui contatado há algumas semanas para fazer algumas reformas em um castelo de nobres que retornarão amanhã de longa viagem pela Bretanha. Passaram mais de três anos fora e agora voltam contratando novos servos e querem renovar os seus cavalos. Kennedy e tu possuem os melhores cavalos da região e eu pensei em indicar ao contratador deles o nome de vocês para que abram negociações. O que pensas sobre isso?

Kevin parou a refeição e encarou o futuro sogro do irmão em silêncio por alguns instantes, com a expressão grave. Lembrou-se então de esboçar um sorriso amigável e perguntou em tom baixo, evidenciando inquietação:

— Quem seriam, meu senhor, os nobres a quem te referes?

— Lorde O'Hare e o casal Orish O'Wenn.

— Retornam para a fortaleza de O'Hare?

— Sim. Ao que sei, todos residirão juntos por lá, por pedido do velho lorde.

Kevin sentiu-se petrificar. O coração disparou no peito e suores começaram a se acumular em sua testa.

Seu sorriso desapareceu.

— Kevin McCann, estás bem? Pareces pálido... — falou Simon em voz baixa.

O rapaz pareceu voltar a si da abstração em que mergulhara. Desconcertou-se, respondendo com um sorriso:

— Perdão, senhor. É o excesso de trabalho. Preciso realmente descansar. Se me permite, preciso retirar-me.

Kevin ergueu-se e os anfitriões também. Recordou-se da pergunta de Simon e disse em tom amistoso:

– Quanto aos cavalos, vou dizer a Kennedy para vir conversar com o senhor. Por causa de meus serviços nas armas, é ele quem está cuidando do assunto. Mas agradeço imensamente a tua lembrança. Agora se me permites, devo retirar-me.

Simon estranhou o repentino abatimento do rapaz, que até então estava alegre e descontraído. Acompanhou-o até a porta e o viu sair em trote apressado sob a chuva que descia mais pesada.

Kevin sentia-se atordoado. Estava incomodado, sem lugar. Voltou para casa e Kennedy o aguardava, ansioso. Ao vê-lo com a expressão transtornada e desgostosa, o caçula de Cann impressionou-se vivamente. Temia o insucesso do pedido. Por isso mesmo, aproximou-se de coração precipitado, falando em voz muito baixa, enquanto retirava do irmão a capa e o ajudava com as luvas:

– Diz-me, meu irmão, o que houve? O senhor Simon não apreciou o pedido que foste fazer? Rejeitou a oferta?

Então Kevin deu-se conta de seu estado de alma. Esforçou-se para aliviar as expressões e sorriu:

– Ora, Kennedy, minha expressão é de cansaço, só isso. Foi um dia duro. O teu futuro sogro aceitou a tua proposta e já combinamos o dote e os detalhes da corte. Não te preocupes. Brenna é tua!

Kennedy abraçou o irmão em um salto, sorrindo largamente. Recebeu um ósculo de parabéns e depois foi até a mãe, que adentrava o ambiente, contar-lhe as novas.

Aproveitando-se do momento, Kevin subiu aos aposentos. Com a ajuda de seu criado de quarto, retirou o uniforme e banhou-se, vestindo-se com novo traje, pois desejava sair novamente.

Desceu as escadas, ajeitando as luvas para sair, quando foi visto por sua mãe.

– Vais sair novamente, meu filho?

– Vou, minha mãe.

– Não estaria um pouco tarde? E ainda com essa chuva...

– Mamãe, se eu for esperar parar de chover no Ulster para sair, ficarei preso em casa por quase todo o ano – respondeu, sorrindo e osculando a fronte da mãe, pedindo a bênção.

Ao vê-lo atravessar a porta, Julien voltou-se para Kennedy.

– O que tem teu irmão, meu filho? Não me parece bem...

– Não sei, mamãe. Ele chegou em casa assim, mas não fez qualquer comentário.

A viúva de Cann esfregou as mãos, preocupada. Caminhou até a janela que dava para a saída e abriu-a, buscando ver o filho, que já se afastava a trote rápido.

Fechou a janela de olhar aflito.

– Mamãe, o que há? Por que tanta apreensão?

– Kennedy, soube hoje que a tal filha de O'Hare está voltando para a fortaleza na colina. Ela, o marido e o pai...

Kennedy arregalou os olhos.

– Achas que Kevin sabe?

– Tu viste a expressão dele?

– Mas, depois de três anos, minha mãe, será que ele já não se esqueceu dessa moça? Ainda mais depois do que ela fez com ele. Acreditas que ele ainda tenha algum sentimento por ela?

Julien caminhou até uma cadeira e sentou-se, fitando o filho:

– Não sei, meu filho. Quando olho nos olhos de Kevin vejo a grande mágoa que ficou de tudo isso. Há algumas coisas que o tempo não cura.

– Mas agora essa moça é casada. Acredito que tudo aquilo não passou de desvario de juventude, do qual ela acordou a tempo, por isso fugiu dele. Está claro que ela repensou e preferiu casar-se com o tal nobre. Não creio que ela procure Kevin nunca mais, minha mãe.

– Meu medo é que ele a procure e não o contrário. Kevin é voluntarioso e descontrolado, quando se fala em assuntos do coração. Conheço-o bem e não sinto segurança quando ele diz já tê-la esquecido. Está magoado ainda e pode querer a desforra por causa de seus sentimentos feridos. Ah, Kennedy, de onde surgiu essa mulher que enfeitiçou teu irmão dessa maneira, a ponto de torná-lo um tolo e um inconsequente? Quais sortilégios teria usado para enredá-lo de tal modo que ele não ouça a mais ninguém, não raciocine e se enverede pelo crime e pela loucura, como faz quando envolvido com ela? Desde que dela ouvi o nome pela primeira vez que trago graves pressentimentos. Ela o vai desgraçar, meu filho! Eu posso sentir.

Colocando as duas mãos no rosto, Julien deixou-se chorar. Kennedy aproximou-se e a abraçou, consolando-a.

Enquanto isso, Kevin cavalgava nas ruas. Foi em direção à casa de Egan. Precisava estar com um amigo.

Foi recebido carinhosamente pelo companheiro de academia e introduzido ao lar. O jovem casal ceava. Kevin declinou do convite para acompanhar, explicando que já havia se alimentado na casa da agora noiva de Kennedy. A notícia foi recebida com alegria pelo casal de amigos.

– No final de contas, teu irmão mais novo vai casar-se antes de ti, Kevin? – perguntou Egan com um sorriso zombeteiro.

– Sim. E assim é melhor. Kennedy tem mais inclinação para o matrimônio que eu – respondeu sorrindo.

Virou-se para a esposa do amigo, que amava como irmã, e disse em tom jocoso:

– Não estou dizendo, bela Sile, que o matrimônio tenha muitos defeitos. Apenas não detenho ainda cabedal suficiente de estudos e conhecimento que me permitam compreender a cabeça de uma mulher!

– Mas, meu amigo – atalhou Egan –, se fores esperar tal compreensão, vais morrer solteiro. Eu ainda não consegui nem na prática do dia a dia!

Sile jogou uma fruta da mesa em Kevin, ante a provocação. Egan riu-se gostosamente.

– Oras, mas isso é muito fácil de resolver, senhor cavalheiro das tavernas! Casa-te com um homem. Devias ter te casado com Egan, pois creio que vos compreendeis demasiadamente bem, principalmente no que diz respeito ao que pensam sobre as mulheres!

Egan puxou para si a esposa, para reconciliarem-se, beijando-lhe os cabelos.

– Não te agastes, querida! Sabes que não podes!

Virou-se para Kevin, sorridente:

– Não provoques minha Sile, Kevin. Ela não pode agastar-se.

– Existe algum outro motivo além da minha própria saúde, Egan? – perguntou Kevin desconfiado e já adivinhando a alegre notícia.

— Sim, meu caro Adônis Irlandês! Tu serás titio, pois trago no ventre um filho de teu irmão de coração! – disse Sile de olhos úmidos e com largo sorriso.

Kevin ergueu-se e abraçou o amigo, batendo-lhe nas costas.

— Até que enfim! Que notícia alvissareira! Estou muito feliz, meu amigo!

Abraçou também Sile, beijando sua testa.

— Vou rogar a Deus que ele se pareça contigo, Sile, e não com o desajeitado do teu marido.

— Não digas isso. Meu Egan é belo e talentoso! – respondeu, dando-lhe um tapa no braço.

Os três trocaram ainda as festivas impressões sobre o assunto, até que Egan e Kevin saíram para uma volta nas ruas. A chuva havia parado por alguns instantes e os amigos caminhavam lado a lado.

— Não posso demorar-me, tu sabes, não? Não vou contigo à taverna. Sile está mais nervosa que nunca. Ontem, quando voltei para casa noite alta, ela recebeu-me com um porrete. Não tens ideia de como foi difícil desarmá-la. Hoje, quando ela preparava o jantar me dizia que se eu continuar escapando para as tavernas contigo, vai ajeitar para que eu não sinta mais atração pelos divertimentos de solteiro. Ela dizia isso enquanto cortava legumes, com um olhar sinistro que me fez arrepiar. Às vezes tenho receio de dormir perto dela. Mulheres grávidas, meu amigo, guardam no ventre um anjo e na cabeça um demônio. Sile está como louca. Não vou provocá-la, porque não sei do que ela é capaz.

— Quem manda teres te casado com uma mulher nervosa? – disse Kevin sorrindo do relato.

— Não sei por que estás rindo. Também tu não escolheste nenhuma candura, pelo que me contaste de teu romance. Quase te casaste com a tempestade!

Kevin parou de sorrir e baixou o olhar. Ele sempre se evadira de revelar aos amigos os fatos que o deixaram tão desgostoso e abatido há três anos, embora todos adivinhassem ser assunto de amor. Unicamente para Egan, na época, confessou ser um problema do coração, mas não revelou o nome da escolhida e nem as minudências do fato. Somente depois de dois anos foi que abriu seu coração e contou ao amigo dileto todo o drama de seu amor frustrado, não escondendo mais nem os nomes dos envolvidos.

Mas, depois disso, não mais tocaram no assunto.

Por isso, Kevin estremeceu ao ouvir a referência ao seu caso, sem compreender o porquê da alusão.

Procurando explicar-se, Egan abraçou o amigo pelos ombros e falou com gravidade.

– Desculpa-me, meu amigo, mas toquei no assunto por uma razão. Soube hoje que as personagens de teu drama pessoal estão retornando ao nosso meio. Eu soube porque Sile, que é costureira como sabes, foi indicada pela esposa do senhor Simon para atender às encomendas da jovem esposa do tal lorde O'Wenn...

Kevin ergueu a fronte e encarou o amigo, em silêncio por algum tempo.

– Eu já o soube, Egan. Não te preocupes.

– Sim, imaginei que sabias, pois notei-te o olhar quando chegaste em minha casa. Não chegaste bem.

Kevin sorriu, passando a mão nos cabelos do amigo dileto.

– Não te preocupes. A notícia pegou-me desprevenido, só isso. Mas nada mudou, Egan. Miriel está morta para mim. Toda essa história está morta para mim.

Egan olhou o amigo sem se convencer de suas palavras. Conhecia Kevin desde a infância e sempre foram muito ligados.

– Quero que saibas que, caso precises, estarei aqui. Não faças nada sem antes conversarmos, está bem?

– Não te preocupes. E já que Sile vai trabalhar no castelo, gostaria de ser poupado de qualquer notícia vinda de lá. Assim me ajudarás...

– Claro. Vou vigiar a língua de Sile, se é que é possível vigiar a língua de uma mulher. Mas vou fazer meu melhor!

– Agora deves ir, Egan. Volta a Sile, antes que ela resolva usar a faca de legumes e este seja o primeiro e o último filho que poderás ter. Colhe flores no caminho, para amansá-la. E até que meu sobrinho nasça, eu mesmo vou garantir que ficarás em casa como se fosses um marido bom e leal.

Egan estacou no caminho, empurrando o amigo.

– Como se eu fosse? Que dizes? Eu sou um marido bom e leal! Acompanho-te nas tuas aventuras apenas para garantir que voltes bem para casa, como um amigo dedicado que sou de um doidivanas como tu, seu ingrato.

– Tu és um cínico, Egan. Eu devia dar-te uma boa lição, para ver se recuperas os brios!

– És bem atrevido para falar-me assim à cara, estando desarmado.

– Não preciso de armas para derrotar-te. Faço isso apenas com os punhos!

Rindo-se, iniciaram uma luta que terminou em correria dos dois para dentro da casa de Egan.

Kevin despediu-se do casal amigo e tomou novamente da montaria, retornando ao lar.

Subiu aos aposentos para preparar-se para dormir. Sentou-se no leito e retirou das dobras da veste o lencinho que trazia sempre consigo. Cheirou-o e guardou-o novamente, sentindo no peito a saudade oprimindo-o. Caminhou até a janela do quarto e a abriu, na esperança de ser possível ver as estrelas. Porém o céu estava totalmente tomado por nuvens.

O rapaz respirou o ar frio da noite a longos haustos. Sem conter-se, olhou na direção em que ficava o castelo da colina. Não era possível, de onde estava, ver nenhum de seus contornos, mesmo de dia, por causa das árvores nos bosques próximos.

Fechou a janela novamente e deitou-se, procurando repousar. Mas sua inquietação íntima era grande.

Quando, finalmente, foi vencido pelos braços de Morpheus, sussurrou antes de adormecer:

– Miriel!

11
A história de Orish e o regresso ao Ulster

MIRIEL VOLTAVA AO Ulster após três longos anos de ausência. Descendo do veículo, vagou o olhar para o jardim do castelo com ar melancólico. Após falar qualquer coisa baixa ao ouvido do marido, beijou-lhe a face e caminhou para a pérgola, desacompanhada.

O'Hare acabara de descer de seu veículo e aproximou-se do genro, retirando as luvas empoeiradas, olhando a filha caminhando sozinha.

– Onde vai tua esposa, meu O'Wenn?
– Ela quer ver o pôr do sol, meu senhor.
– Está indo sozinha, O'Wenn...
– Com a minha permissão, meu sogro. Não vejo problemas. Certamente está com saudades do lar onde passou a infância.

O'Hare olhou para o marido da filha com severidade por alguns momentos, batendo, depois, a mão em suas costas, retirando-se.

– Passei toda a infância dessa menina fazendo os gostos dela, meu caro genro. Não cometa a mesma imprudência...

Orish retirou as luvas e olhou para a esposa no jardim. Depois, expediu algumas ordens para os servos e ouvia os informes de outros, quanto aos serviços e providências.

Miriel chegou à pérgula e olhou o pôr do sol, em silêncio. A chuva constante havia dado alguma trégua e o céu estava temporariamente limpo.

Encostando-se em uma das vigas na lateral, a moça fez balançar a robusta trepadeira que a cobria, caindo, por isso, gotas que estavam acumuladas nas folhas, em uma pequena chuva. Ela ergueu a cabeça para recolher algumas ao rosto, fechando os olhos e sorrindo. Depois, recostou-se ao guarda-corpo e olhou ao longe, com olhos úmidos.

Ali tivera um de seus últimos encontros com Kevin.

Que maldição seria esse amor que não recuava mesmo instado pelo ciúme, pela mágoa, pela distância e pelo tempo? Ali, agora, naquele jardim, seu coração deixava claro que nada mudara em seus sentimentos. Ele estava vivo dentro dela e materializado de tal modo que, fechando os olhos, ela podia sentir seu cheiro e ouvir o tom de sua voz.

Assim estava quando, de repente, foi tirada de seus devaneios por uma emoção repentina. Sentiu seu coração descompassando-se, a respiração tornando-se opressa, suas extremidades ficando frias. Pressentia alguém atrás de si, mas não se virou para olhar, paralisada pelos sentimentos desencontrados que a tomavam.

Em dado momento, sentiu uma mão masculina tocando-a delicadamente aos ombros.

Sentindo as próprias pernas amolecerem, a moça levou as mãos ao peito, apertando a si mesma, e virou-se devagar, para fitar quem a chamava.

Mas era apenas Orish.

– Está se sentindo bem, Miriel? – perguntou o marido, estranhando-lhe a repentina palidez e o tremor de suas mãos.

– Sim. Apenas extenuada pela viagem... Se me der licença, meu marido, vou ver Bragnae e me recolher para algum descanso...

Miriel caminhou, então, para o castelo, deixando Orish para trás. Subiu apressadamente as escadas até o salão. Andou até a escadaria que dava aos aposentos e subiu com passos rápidos.

Entrou nos aposentos íntimos e encontrou Alvy.

– Onde está Bragnae?

– Já dormiu, senhora. Estava exausta...

Miriel sentou-se no leito em silêncio por alguns minutos. Depois ergueu-se, ordenando:

– Alvy, ajude-me com um banho. Depois vou descansar e não desejo ser importunada por quem quer que seja.

– A senhora não vai alimentar-se?

– Não tenho fome. Estou indisposta. Avise ao meu marido na ceia.

Alvy a auxiliou e desceu, em seguida, para o salão onde eram servidas as refeições. Ao vê-la chegar sozinha, para os serviços, Orish a contemplou, interrogativo.

Aproximando-se do amo, Alvy disse-lhe em tom baixo:

– A senhora está indisposta, *milord*. Está descansando nos próprios aposentos e ordenou-me transmitir ao senhor suas desculpas.

Orish respirou profundamente, contrafeito.

Pedimos licença ao amigo que nos honra com sua atenção para que nos ocupemos um pouco da singular personalidade de Orish O'Wenn e dos acontecimentos que precederam o momento em que ele ceava em seu novo lar, o castelo O'Hare, e até de sua vida antes do casamento com Miriel, para que compreendamos algumas particularidades da narrativa.

Após a cerimônia das bodas, a nova família, juntamente com os sogros, debandou à Bretanha, onde O'Hare tinha parentes.

Na viagem de núpcias, Orish não tardou a descobrir que Miriel havia tido um amante antes do casamento e se enfureceu. Mas, por força do sentimento que nutria e de possuir os pendores reais de um cavalheiro, resolveu não repudiar a esposa, aceitando-a com o passar dos dias.

Orish era um homem probo e gentil. Aquele não seria seu primeiro matrimônio. Havia se casado pela primeira vez antes das vinte primaveras de existência com uma prima de nome Lisien, que ele amava com toda sua alma desde a infância. Casaram-se, obedecendo às afinidades do coração, mas também agradando sobremaneira as duas famílias. Porém, apesar do imenso amor que unia o casal, depois de cinco anos de casamento, nenhum herdeiro viera iluminar o luxuoso lar de O'Wenn.

A esposa, sensível e impressionável, procurava todos os meios possíveis para dar um herdeiro ao marido, convencida de que a dificuldade residia em seu organismo, como era comum pensar-se na época. Procurou facultativos, herbanários, sacerdotes, pitonisas, feiticeiros sem lograr êxito, pois, ao contrário do que acreditava, quem possuía limitações para a reprodução era o marido.

Com muito desgosto por causa da aversão que cultivava por assuntos místicos, O'Wenn a viu bebendo drogas e preparados de origem desconhecida, ou fazendo simpatias e magias de origem celta, na tentativa malograda de engravidar. Pessoas de reputação duvidosa, interesseiras e mesquinhas acorriam de todos os lugares, à cata de recompensas volumosas por suas inusitadas receitas inócuas.

Não adiantavam as reprimendas do marido preocupado ou as admoestações da família. Lisien a ninguém ouvia.

Por fim, conheceu uma determinada feiticeira vinda das Gálias, que dizia ter a solução para o problema. Hábil prestidigitadora, não tardou a comprovar por meios escusos seu suposto talento em deflagrar os mistérios de um e outro mundo para Lisien, que passou a confiar nela como sua conselheira e acompanhante pessoal.

O'Wenn tentou intervir, mas foi radicalmente obstruído por sua esposa. Acabou cedendo por uma questão de preservar a harmonia do lar, imaginando que não haveriam perigos na relação da esposa com a feiticeira, além do inconveniente de suas crenças extravagantes. Além do mais, a esposa achava-se com os nervos seriamente impressionados por conta da frustração constante de não conseguir ser mãe. A ideia fixa fragilizava seu humor e Orish cedeu aos seus desejos, por não querer aborrecê-la ainda mais.

Porém, com o passar dos dias, a jovem e bela esposa de Orish quedava-se à neurastenia. Aderia a crenças ilógicas e desgastantes, bebia preparados estranhos e cultuava entidades menos felizes. Não demorou para cair nas redes de uma subjugação pertinaz, que foi-lhe enfraquecendo aos poucos.

Em vão tentaram arredar da casa a estranha mulher que a conduzia com mão férrea. Em vão Orish inventava mil distrações e divertimentos para arrancar a esposa da ideia fixa em que se permitira torturar. Chegou a falar-lhe de buscarem, nas portas das cidades, algum dos orfãozinhos que eram jogados nas rodas todos os dias, carentes de proteção e afeto. Tomariam algum deles para si e o criariam com todo o amor que haviam acumulado dentro de seus corações.

Contudo, nada demovia a ideia obcecada de Lisien.

Um dia, crendo que participaria do ritual definitivo para alcançar seus desejos, a bela esposa de O'Wenn aquiesceu que este fosse feito em total sigilo dos membros de sua família, em local secreto. A mando da feiticeira, a moça ajuntou ingredientes mirabolantes e uma soma muito grande em ouro e joias para oferecer a uma determinada deusa da fertilidade.

Assim que, em uma noite combinada, dois vultos deixaram sorrateiramente a fortaleza dos O'Wenn para debandarem a lugar remoto, para o tal ritual. Infelizmente, como se pode supor, era engodo. Lisien foi drogada e roubada pela desonesta prestidigitadora, e abandonada em local desconhecido por seus entes queridos.

A muito custo e somente após quase uma semana foi encontrada e reconduzida ao lar por um dos grupos de busca que o marido, convertido em estátua de dor e desespero, contratara ao preço de muito ouro, desde o sumiço da amada criatura.

Vendo a esposa retornar carregada, em estado de franca alucinação e desvario, Orish sentiu-se morrer. Chamou os melhores facultativos e tomou todas as providências que poderia através de sua fortuna para recuperar a consciência de sua frágil Lisien, pois esta, pela constante intervenção farmacológica de sua infeliz companheira, havia dementado.

Apesar da fortuna roubada pela feiticeira gaulesa, ele não se preocupou em empreender qualquer busca que intentasse puni-la por seu pérfido crime. Ao contrário, culpava a si mesmo por haver deixado as coisas chegarem ao ponto em que haviam chegado.

Nada importava mais que restabelecer a saúde de sua pobre esposa.

Mas todos os recursos foram em vão. Lisien não mais readquiriu a capacidade de raciocínio e, ao longo de dois anos de profundo martírio moral, Orish testemunhou seu aniquilamento lento e doloroso. Sua beleza, sua inteligência e todos os dotes que tanto o encantavam desapareciam aos poucos daquela que, agora, não passava de espectro sinistro a vagar pelo luxuoso e infortunado lar. Mas Orish jamais deixou de amá-la e ao lado da esposa permaneceu até seu último suspiro em seus braços. Por ela velava dia e noite, com carinho e abnegação.

Lisien andava pelos longos corredores, às vezes em correrias e gritos alucinados, assustando quem quer que a visse. Qualquer indumentária que fosse colocada na moça, era imediatamente rasgada. Não adiantava suas amas arrumarem seus outrora belos cabelos loiros, pois ela os desarrumava e andava sempre desgrenhada. Como se alimentava mal e quase não dormia, nas suas crises intermináveis, o belo rosto estava magro e tomado por profundas olheiras. Nos olhos antes doces e ternos, um rito de loucura vagava.

Nas suas crises, ora avançava furiosa e alucinada sobre o marido fiel e carinhoso, parecendo estar vendo outra pessoa, obrigando-o a segurá-la para que não o ferisse e não ferisse a si mesma. Ora aninhava-se em seus braços como uma criança, chorando muito, alegando estar sendo perseguida por monstros horripilantes que intentavam arrancar uma suposta criança que lhe crescia ao ventre. De outras vezes acusava-o de coisas absurdas, como de a estar medicando com drogas fantásticas para que ela não engravidasse para ele não ter que dividir a fortuna com um herdeiro. Dizia que ele havia mandado matar sua leal amiga feiticeira, pois sabia que ela a estava ajudando.

Em vão o marido tentava auxiliá-la. Em vão as drogas e remédios da época eram administrados por sua dedicação.

A família abandonara-o sozinho nos cuidados. Servos demandavam, apesar de bem remunerados.

Por fim, enfraquecida pela recusa em alimentar-se adequadamente e em trajar-se de maneira a proteger-se dos invernos rigorosos, acabou por perecer vitimada por doença grave nos pulmões.

Junto com ela, baixaram ao sepulcro as esperanças de felicidade de Orish, que contava apenas 25 anos de vida.

Tornou-se, então, um homem solitário e triste, causando comoção de seus servos e de seus amigos.

A muito custo decidiu debandar-se da Irlanda em uma viagem longa por outros reinos, outras culturas, de maneira a diminuir no peito a dor que o alucinava. Nesta viagem, aumentou seus cabedais intelectuais e seu cofre, à custa de sua inteligência e seu tirocínio para os negócios.

Voltara há pouco ao país de origem, decidido a refazer a existência.

Nunca mais outra moça ocupou seu coração, até conhecer a caprichosa Miriel, quando já tinha mais de quarenta anos de existência. Por ela sentia-se novamente um rapazote, tímido e ansioso, diante da namorada bem-amada.

Com imensa decepção foi que constatou em suas núpcias que a moça não havia se resguardado como se conviria a uma dama prometida em casamento.

Mas seu coração não era dado a reter mágoas e planejar desforras. Nada reivindicou de seu novo sogro e a ninguém confidenciou a mágoa de haver sido traído, procurando, ao contrário, ponderar com calma sobre o que fazer.

Mas experimentado como se achava nas dores do mundo, vergastado por desgostos muito maiores que este no passado, Orish decidiu aceitar a moça que, segundo ele observava, estava também vitimada por decepções e amarguras desconhecidas por todos.

Não demorou muito para que percebesse nela os sinais inequívocos de uma gravidez que ele sabia não haver provocado, por seu histórico anterior. Mas, ao invés de ficar ressentido, sentiu-se aliviado, pois rememorava a frustração de sua falecida esposa.

Por força de tudo isso, acolheu-a sem jamais tornar ao assunto e com verdadeiro espírito de renúncia, que muito enterneceu Miriel. Ela passou a admirar e bem querer como a um pai aquele homem reto e nobre que não a repudiara e nem a expusera, diante de toda a família e da sociedade. Orish sabia da natureza dos sentimentos da jovem esposa por ele, mas conformava-se, ansioso pela experiência de ser pai.

Com o avançar da gravidez, Miriel mudara radicalmente o proceder. Apesar de ainda dada aos desgastes emotivos fáceis e desnecessários, retraiu-se, passando a suspirar pelo fruto de seu amor imenso e inesquecível que lhe crescia no ventre.

Com muita emoção, pegou nos braços a pequena Bragnae, cujos traços, aos seus olhos, eram inequivocamente os de Kevin.

Orish também a recebeu como uma dádiva divina, agradecido e comovido.

Mas, após o parto, Miriel passou a apresentar sintomática muito diferente, que o preocupava demasiadamente. Desenvolveu-se na moça algumas peculiaridades da mediunidade provatória com a qual já havia nascido, como a vidência e a audição. O nobre O'Wenn enxergava no fato uma espécie de maldição que o perseguia, temendo que a moça fosse acometida pela mesma demência que havia levado sua saudosa Lisien.

Mas, para seu alívio, a situação não se agravava como em sua primeira consorte. Miriel era demasiadamente teimosa para deixar-se abater. Embora um tanto incomodada com suas percepções, que não compreendia, vencia o abatimento com a impetuosidade de seu caráter incrédulo e decidido.

Quando Orish manifestou o interesse de retornar ao Ulster, a filha de O'Hare tentou demovê-lo da ideia, sem lograr êxito, já que ele era apoiado por seu pai. Decidiram, os dois lordes, a compartilharem a residência, que o pai de Miriel decidiu ceder integralmente a O'Wenn por ocasião do nascimento da menina que ele julgava ser fruto do casamento. A verdade é que o velho lorde aprendera a amar o genro como a um filho e sabia que os irmãos de Miriel não tinham interesse e nem necessidade do castelo que tanto amava. Os dois apenas acordaram que O'Hare ali residiria até a morte, pelo muito amor que tinha pela propriedade.

A jovem irlandesa, desde a irrevogável decisão de retornar ao Ulster, foi acometida por insólito mal-estar. Acordava no meio da noite com terríveis pesadelos, onde via-se perseguida em terras de sombras. Constantemente sonhava com Kevin, sendo torturado e morto por um homem transfigurado em fera, que podia ver, de vez em quando, também na vigília. Por isso mesmo, prostrara-se, impressionada e irritadiça.

Desde que se casara, recebera do marido a permissão para ter aposentos íntimos em separado, mas desde que se vira abatida por seus pesadelos e suas visões, ele intentava que compartilhassem o mesmo aposento, de maneira que ele pudesse velar por ela nas horas de crise. Mas ela não queria.

Preferia a solidão de seu quarto, de maneira a cultuar a eterna e dolorida saudade que trazia de seu único amor, a quem talvez tornaria a ver no regresso à Irlanda.

Todas as noites entregava-se às lágrimas em cogitações dolorosas e inquietantes, postada à janela, observando os astros noturnos:

Teria Kevin se casado? Certamente! Era tão belo e educado. Talvez tenha se casado com a tal viúva em cujos braços o surpreendeu prevaricando. Talvez tivesse outros filhos além da linda Bragnae, que certamente ele jamais saberia ser sua. Certamente a odiava com todas as forças, pela traição de havê-lo deixado sem ao menos um único bilhete ou uma correspondência tardia. Ou talvez ele se viu livre do fardo daquele relacionamento impossível, pois que jamais chegaram notícias da propriedade da Irlanda de que ele houvesse procurado por seus direitos de homem, após terem de lá partido. Nos entendimentos por carta do responsável pela segurança da fortaleza, que Miriel sempre espreitava à cata de notícias, jamais houve qualquer informe sobre sua presença na propriedade dos O'Hare. Ele não procurou por ela. Ele não buscou informações sobre para onde ela havia partido e não lutou por seu amor. Não a amava, era certo. E por causa dele, tão grande em seu coração, não conseguia amar verdadeiramente o marido, sempre tão bom e prestativo para com ela, mesmo sabendo que a pequena que nascera sob a proteção de seu nome, não era sua filha.

Ah, como desejaria amar O'Wenn como amava Kevin. Sim, este merecia seu enternecimento. Antes, gostaria de odiar aquele que jamais lhe fora fiel. Kevin não merecia dela um cabedal tão grande e indestrutível desse sentimento que trazia por ele.

Miriel acreditava firmemente que ele, poucos dias depois do ocorrido, havia voltado aos braços de sua amante, esquecendo-a por completo.

As imagens de sua perfídia traçavam-se novamente ao seu olhar magoado, em seus minuciosos detalhes, arrancando dela lágrimas de despeito e revolta.

Dias antes do regresso, Miriel se deixava ficar a maior parte do dia em silêncio e em pensamento, apenas sorrindo quando na presença de sua pequena e idolatrada filha.

Retornaram para a Irlanda com Miriel nesse estado de ânimo.

Após este pequeno relato, encontramo-nos, novamente, no dia em que a pequena família retornava ao Ulster, e temos, então, Orish e os sogros ceando no salão principal da propriedade e Miriel, recostada à janela de seu dormitório, observando as estrelas.

O que ninguém sabia é que, nos jardins, oculto entre as exuberantes trepadeiras da pérgula, estava postado um homem que tinha sua atenção totalmente voltada a um certo aposento da propriedade, onde uma dama formosa, iluminada pela luz que vinha do interior, parecia totalmente absorta em si mesma, olhando o velabro.

Era Kevin. A ele não foi possível furtar-se à arriscada empresa de invadir as terras agora de O'Wenn, para que pudesse ver, nem que por um único minuto, a antiga amante que jamais esquecera.

Estivera ele próximo a ela, nos sucessos que narramos anteriormente, quando Miriel encaminhou-se ao local onde contemplava o pôr do sol, deixando escapar suas lágrimas de saudade. A verdade é que ele, vencido pela atração imensa que o obrigava a aproximar-se dela, maldizendo a si mesmo por não conseguir odiar a pérfida mulher que o traiu sem qualquer motivo e por julgar-se o mais fraco dos homens de estar ali tomado de emoções por vê-la de costas, tão próxima a ele, caminhou para ela intentando abordá-la. Não sabia o que iria dizer. Mas precisava olhar novamente naqueles lindos olhos.

Mas, quando estendeu a mão para tocar seu ombro, trêmulo e de coração precipitado, ouviu que seu atual marido se aproximava pelos caminhos do jardim, e ocultou-se novamente.

Ouviu o diálogo rápido entre eles e a observou entrar na propriedade.

Kevin não conseguiu ir embora. Ficou a espreitar a residência, até que a viu achegar-se a uma janela, que ele adivinhava ser sua alcova. Permitiu-se, então, ficar contemplando-a, entregue em algum cismar que ele não poderia sondar. Para ele, ela parecia estar triste. Talvez chorasse.

Ocorreu-lhe a perigosa ideia de invadir seus aposentos, para vê-la mais de perto. Aquela seria a hora da refeição, portanto, haveria a possibilidade de ela estar sozinha.

Em um certo momento, viu que ela baixava o olhar até o jardim, como que atraída por ele. O coração do rapaz descompassou-se ao perceber que os olhos dela pousavam na direção dele. Sabia que não seria possível ela o estar vendo nas vagas da escuridão da noite, então permaneceu quieto.

Após algum tempo, talvez porque os astros noturnos começassem a ser encobertos rapidamente pela constante camada de nuvens, Miriel voltou para dentro, fechando a janela.

Mas Kevin não foi embora de pronto. Ainda permaneceu um tempo de olhar fixo na janela em que a vira, até que a chuva recomeçasse, molhando seus cabelos escuros.

Só então ele foi embora, atravessando as fronteiras da propriedade e correndo até seu cavalo, que o esperava a certa distância.

Odiava-se por não resistir a esse sentimento que ele não conseguia compreender. Rejeitava a ideia de haver ficado tão emocionado quando próximo a ela. Enfurecia-se consigo mesmo por ter se colocado em perigo apenas para vê-la novamente. Fora quase descoberto pelo tal lorde O'Wenn. Não pôde se esconder adequadamente e teve que contar com a sorte de o adversário não ser um homem perspicaz e desconfiado.

Kevin trotava em alta velocidade até o seu lar. Entrou sem fazer qualquer alarde e encaminhou-se aos aposentos para buscar algum repouso.

Sentindo-se impossibilitado de qualquer calma interior, saiu novamente à cata de algum divertimento que o distraísse.

No caminho, prometeu-se a si mesmo que jamais faria tal idiotice novamente e que esqueceria Miriel, mesmo que para isso necessitasse procurar para si alguma esposa fiel e dedicada, em cujos braços pudesse encontrar alguma paz de espírito.

Ele sempre gostou de crianças. Poderia ter filhos, vários deles, que preencheriam seu coração e sua mente.

Com esses pensamentos acorrendo rapidamente, Kevin atravessou os umbrais da taverna de sua preferência, à procura dos amigos de diversões.

12

Conhecendo o adversário

Passaram-se dois meses desde que Miriel retornara ao lar.

Seus nervos estavam gravemente melindrados. Alimentava-se mal e dormia pouco, preocupando seu prestimoso marido, que notava que algum aborrecimento imenso minava suas forças.

Kevin retornava quase que diariamente, tentando vê-la entre as flores do jardim. Desistiu de abordá-la quando, no segundo dia de seu retorno, viu-a entregue aos cuidados de uma pequena petiz, que ele adivinhou ser o fruto de seu matrimônio com O'Wenn. Mordiscado de ciúmes e indignação, decidiu-se em não se aproximar mais do que o necessário para vê-la, pois não resistia à saudade que o torturava.

Tomado de fúria que quase o levava ao descontrole, surpreendeu algumas vezes as atitudes carinhosas de Orish para com a esposa, que sua imaginação excitada de ciúmes fazia parecer escandalosas. Desgostoso, via que Miriel correspondia aos carinhos do novo marido com um sorriso no rosto, julgando, por isso, que ela o amava.

Conjecturava se ela já não o amava desde antes, tecendo aquele romance proibido apenas para divertir-se com um aldeão.

E foi assim que, irritado, desgostoso, despeitado, resolveu buscar o matrimônio entre as moças da aldeia, para encontrar algum refrigério ao seu mal de amor.

Após avisar a família e a Thompson, procurou pela família de Maire e iniciou as negociações de dote e outros detalhes da corte.

A esta altura, como já informamos, Kevin era um oficial de alto posto na guarda dos soberanos do Ulster. Sua situação financeira e social havia se tornado mais cômoda e havia angariado algum respeito, inclusive para os negócios dos sítios da família, na criação de cavalos.

Apesar de sua vida desregrada, foi aceito alegremente pela família de Maire, e mais ainda por ela mesma, que suspirava pelo Adônis Irlandês desde anos antes, sem jamais ser notada por ele.

Thompson acompanhava tudo sem conseguir regozijar-se inteiramente com o acontecido. Conhecia o discípulo e sabia que não eram os sentimentos de amor ou a tentativa vera de reconstruir os próprios caminhos que o moviam. Suspeitava, pelas notícias que recolhia, que Kevin era movido tão somente pela precipitação e pelo despeito.

Chamou-o para uma conversa franca quando foi informado por ele de suas intenções. Questionou-o e aconselhou-o. Mas o rapaz não arrefeceu os intentos.

Thompson temia por Maire, que poderia sofrer inocentemente as consequências dos desvarios do filho do coração. Temia também por Kevin, que, ao seu ver, comprometia-se com o destino por não raciocinar convenientemente cada passo do caminho.

As coisas iam a este ponto quando, em uma bela tarde, Kevin foi procurado por um dos servos da fortaleza O'Hare que questionava-o sobre seus cavalos. Ele representava seu amo, lorde Orish O'Wenn, que intentava adquirir alguns equinos.

No primeiro momento, o rapaz irlandês pensou em passar o encargo para seu irmão, mas de repente a ideia o agradou. Iria tecer relações com aquele que imaginava seu adversário. Queria conhecê-lo, para saber por qual espécie de homem Miriel o havia trocado.

Foi assim que foi introduzido no dia seguinte, após alguns ajustes com o serviçal, ao gabinete particular de Orish O'Wenn, aguardando ser atendido.

Viu-o entrar no ambiente, curioso.

O'Wenn trajava-se impecavelmente. Estava muito bem alinhado. Diferentemente de si, ele possuía o talhe magro. Seus cabelos eram curtos, um tanto ondulados, mas muito bem penteados. Era um pouco mais alto que Kevin e possuía olhos muito negros e penetrantes. Tinha a fisionomia agradável, mas era atraente, não tanto por seus pendores físicos, mas por transparecer simpatia e bondade nos olhos.

Ao ver Kevin, ao contrário do que se esperava de um lorde de sua posição, estendeu a mão cordialmente, sorridente e afável, cumprimentando-o.

Tal atitude surpreendeu enormemente o rapaz, desarmando-o.

Entretiveram as negociações preliminares e, em breve tempo, ao contrário do que intentava Kevin, estavam conversando informalmente, como colegas de mesma posição social.

Orish simpatizara à primeira vista com o rapaz e, em breve, descobriam que tinham vários gostos em comum no ramo da arte, apesar de o lorde não ser dado à execução de suas preferências, sendo apenas um admirador apaixonado.

Kevin disponibilizou seus cavalos para que Orish mandasse escolher aqueles que melhor lhe aprouvessem e, com muita surpresa, foi informado de que ele o faria pessoalmente, com seu auxílio e o favor de suas recomendações de profissional.

Após os primeiros dias de entendimentos, Kevin foi convidado a cear com a família O'Wenn, para que estabelecessem uma conversa de negócios enquanto desfrutavam de uma bela ceia e de algum entretenimento saudável.

Orish informou ao jovem que seu sogro, sua sogra e seu séquito empreenderam uma pequena viagem ao norte, em visita a parentes e em recreação.

A verdade é que o lorde ansiava por cultivar amizades fora das conveniências dos homens de sua posição social, que buscavam sempre interesses próprios. E como simpatizara grandemente por aquele oficial negociante de cavalos, não regateava oportunidades de estreitarem os laços.

Kevin pensava no convite sentindo insólita emoção. Um jantar significaria rever Miriel, sem a menor dúvida. Desde que retornaram, Kevin não pousara seus olhos nos dela. Sentia imensa necessidade de chegar o mais próximo possível e estava ali a oportunidade.

Mas sua consciência o advertia, pois não encontrara em O'Wenn um adversário a ser eliminado, mas um homem bom e gentil. Sentia também por ele imensa simpatia e uma crescente consideração. Mas acima de tudo, precisava pousar os olhos em Miriel.

— Encontro-me, meu senhor, sem palavras para manifestar minha admiração por tua boa vontade para comigo — respondeu ao lorde, após o convite.

— Oras, meu caro oficial, creio que as melhores palavras sejam: aceito o teu convite! — dizia Orish segurando no ombro de Kevin.

— Pois bem. Está aceito.

— Se tiveres uma esposa, ela será muito bem-vinda nesta casa!

— Não sou casado, meu senhor.

— Mas és jovem. Deves ter uma mãezinha que eu estimaria conhecer.

— Tenho mãe e irmão.

— Pois faço questão de que venham.

Sorrindo, Kevin prometeu atender o convite, mas não poderia comprometer-se com a mãe e o irmão. Alegou que tinham compromissos assumidos e prometeu que haveria outra ocasião de apresentá-los ao gentil lorde.

Na verdade, ele não queria envolvê-los na perigosa malha daquela situação. A mãe certamente não concordaria. O irmão encher-se-ia de temores.

Por isso Kevin demandou ao lar, sem nada comentar com a família, além de suas negociações comerciais, que todos imaginavam estarem sendo levadas a termo com os servos do castelo.

Neste mesmo dia, Orish procurou pela esposa para informá-la do jantar no dia seguinte.

Miriel não sabia que o marido negociava com McCann. Não era costume das mulheres imiscuírem-se em assuntos masculinos. Portanto, a moça não suspeitava que Kevin havia estado ali, tão perto dela, por alguns dias.

Orish a encontrou nos aposentos íntimos, sendo auxiliada na toalete por Alvy, pois preparava-se para dormir.

Ele adentrou o aposento após fazer-se anunciar.

– Pois não, meu senhor?

– Minha Miriel, vim pedir-te providências junto aos servos deste castelo para recebermos um convidado amanhã para o jantar. Trata-se de um negociante com quem estabeleci alguns contratos e gostaria que ele fosse bem recebido em nosso lar.

– Perfeitamente, meu senhor. Ele estará acompanhado da família?

– Não. Virá sozinho.

– Não te preocupes. Amanhã cedo tomarei as providências para que teu convidado se sinta no próprio lar. Intentas algum entretenimento após o jantar?

– Sim. Já avisei os músicos.

Meneando a cabeça respeitosamente, Miriel aquiesceu, cordial.

Orish levantou-se para sair, mas estacou no caminho, retornando e sentando-se em uma poltrona de frente à esposa. Com um olhar, indicou a Alvy que ela deveria deixar o aposento e aguardou ficar a sós com a consorte, dizendo por fim:

– Tenho notado que estás muito abatida, minha cara. Tenho me preocupado bastante...

– Não precisas. Estou bem.

Subitamente, o lorde pegou a mão de Miriel e a osculou, olhando-a com olhos intensos:

– Poderias dizer-me as razões de teu desgosto de maneira que eu as possa extirpar de tua vida. Eu teria enorme satisfação em vê-la feliz.

Retirando a mão, de olhos baixos, a moça respondeu:

– Nada me falta, meu marido. Estás preocupado sem motivos. Sou mulher e tenho indisposições, somente isso.

– Mas tens visões e pesadelos.

Encarando-o, Miriel interrogou:

– Achei que não apreciavas estes assuntos.

– Realmente não aprecio. Mas quero ajudar-te. Desde que chegamos que noto teus sintomas intensificando-se. Talvez necessitemos outros facultativos.

Levantando-se, tomada de alguma ira contida, Miriel aditou extravasando sua insatisfação nos olhos:

– Não estou doente, *milord*. Já o disse. Mas ficarei se tu me pressionares desse modo. Peço a gentileza de deixar-me concluir minha toalete, de maneira que eu possa descansar.

Orish a viu virando-se de costas, encerrando o assunto. Sem ânimo para insistir, foi até ela e beijou sua testa, saindo em seguida.

Na porta, porque recordou-se de alguma coisa, estacou e voltou-se novamente para ela, dizendo em tom educado:

– Esqueci-me de informar-te, minha esposa, que o convidado que receberemos amanhã chama-se Kevin McCann. Negociarei com ele alguns cavalos para os serviços e para a guarda, e como sei que ama estes animais, quero também presentear-te com algum exemplar de boa estirpe.

Miriel sentiu o impacto da informação arrebentando-lhe o ânimo. A muito custo não fez qualquer demonstração diante do marido, que a observava, atento.

– És muito gentil, meu senhor – disse esboçando um sorriso e meneando a cabeça.

Sem mais o que dizer e decepcionado por não a empolgar com o presente que oferecia, Orish respirou profundamente e despediu-se, cordial.

Mas tão logo ele deixou o quarto, a jovem dama caiu sentada em sua poltrona. Extrema palidez envolveu suas faces. Suas forças decaíram de tal maneira que ela pensava que iria desmaiar.

Quando Alvy tornou ao trabalho, assustou-se com a aparência de sua protegida e correu para buscar sais para cheiro.

– O que houve, *milady*? Oh, céus, vou chamar o lorde!

– Não! Não ouses, Alvy. Já vou melhorar.

A boa ama a auxiliou chegar até o leito e deitar-se, cobrindo-a gentilmente. Já refeita, a moça permitiu que duas lágrimas rolassem por seu rosto, sob o olhar atento e compungido de Alvy.

Talvez porque a emoção que sentia a fragilizasse, ela segurou nas mãos de sua ama e soltou quase como em um sussurro:

– Kevin virá aqui amanhã para jantar conosco. Será alguma brincadeira do destino, Alvy?

A serva não pode responder. Ficara totalmente atônita com a informação. Apenas beijou as mãos de Miriel e a aconchegou nos braços. Buscou dar-lhe algum elixir que induzisse o sono, pois sabia que a moça sentiria dificuldades de repousar.

Depois de uma noite agitada, ao contrário do que supunha a serva, Miriel acordou com nova disposição. A estranha moça, por força do próprio orgulho, ergueu-se do leito disposta a sufocar dentro de si o sentimento que a esmagava.

Sim, receberia Kevin para jantar. Mas não se trairia um só momento. Certamente que ele sabia que a iria encontrar e intentava submetê-la a essa humilhação. Pois ele iria surpreender-se com ela, caso supusesse que encontraria uma mulher destruída pelos sentimentos por ele. Ao contrário. Daria a ele o gosto de vê-la feliz ao lado do marido.

Tomou as providências de maneira a fazerem desfilar aos olhos do antigo amante o luxo de que se via cercada. Queria humilhá-lo. De quando em vez, vencida por si mesma, entregava-se a elucubrações doloridas, mas vencia seu próprio ânimo com sua vontade.

Na hora aprazada, foi arrumar-se com esmero. Normalmente não se preocupava tanto com a própria aparência, mas naquele dia queria estar bela. Recordou-se de como se esmerava em ajeitar-se para encontrar com Kevin à beira do riacho, para que ele pudesse sussurrar aos seus ouvidos seus doces elogios. Ela sabia que ele apreciava que ela estivesse com os cabelos soltos e o tipo de vestido que, de certo, chamaria sua atenção para ela.

Miriel inquietava-se a cada minuto. Em breve, estaria diante dele. Não o via há mais de três anos e a saudade oprimia seu coração. Mas ela conteve-se e apresentou-se ao salão para o marido, de maneira natural e agradável.

Vendo-a, Orish admirou-se:

– Estás tão bela, minha querida! E vejo que estás mais disposta que ontem.

– Sim. Acordei melhor. Eu disse que o senhor não precisava se preocupar.

Na hora exata, o servo anunciou McCann, que acabara de chegar à propriedade. Foi introduzido com as deferências merecidas por um lorde e cumprimentou O'Wenn com simpatia.

Mas Kevin não olhava para o lado. Seu coração acelerava-se cada vez mais, pois sabia que Miriel estava ali, bem ao lado, aguardando ser apresentada.

Miriel quando o viu, teve que reter todas as próprias forças para não ter um delíquio ou abandonar a sala em pranto.

Ele estava trajado com sua indumentária de cavalheiro do rei, com as insígnias e honrarias. Era o mesmo, porém ainda mais vigoroso do que antes.

Era o seu Kevin. Os olhos cinza e os cabelos que ela tanto apreciava serem agitados pelo vento da colina. O mesmo belo sorriso de sempre e os trejeitos educados. Como sentira saudades dele.

Vendo-o, certificava-se de que Bragnae, fora os cabelos avermelhados que herdara da mãe, em tudo era ele. Por um momento sentiu um arrepio. Será que o marido desconfiava, por causa da grande semelhança, principalmente dos olhos?

Mas Orish estava tão espontâneo como sempre fora.

Não! Certamente ele jamais suporia que ela, como filha de um lorde, travaria relações com um soldado ou um aldeão. De certo ele imaginava que o pai de Bragnae estava entre os filhos dos amigos do pai, que de tempos em tempos frequentavam aquele castelo.

Orish apresentou então a esposa ao novo conviva. Miriel pousou nele os olhos e sentiu um frêmito a sacudindo. Seu coração descompassava-se, traindo-a.

Também Kevin sofreou a repentina emoção, cumprimentando-a respeitosamente e elogiando-a para o marido.

Iniciou-se a ceia em tom amistoso. Miriel comportava-se como se jamais houvesse visto Kevin em sua vida. Tamanha desenvoltura e naturalidade o desconcertava um pouco.

O rapaz procurava, discretamente, medir-lhe as atitudes e admirou-se de sua capacidade de fingir. Em atitudes delicadas, viu-a dirigindo ao marido carinhos e gentilezas que o faziam queimar de ciúmes.

Orish empolgava-se com tamanha solicitude e meiguice vinda da esposa e sorria, satisfeito.

A certa altura, conversavam animadamente os dois varões, quando Orish, tentando ser gentil, disse para Kevin:

— Meu caro, és jovem e inteligente, além de talentoso. Percebo em ti as excelentes qualidades de um homem promissor. Apenas uma coisa te falta.

Sorrindo, Kevin meneou a cabeça, em agradecimento ao elogio, e questionou:

— Mas o que seria, *milord*? Talvez as moedas abarrotando meus cofres?

— Não, meu amigo. Falta-te um tesouro muito mais valioso, que o ouro não poderia te comprar.

— Mas o que seria?

— Ora, mas é muito óbvio. Falta-te uma esposa para alegrar teus dias. Todo homem necessita de uma mulher ao seu lado para que a vida se torne mais amena. Sem elas, meu jovem, transitamos desgovernados e inquietos, sem que nada nos satisfaça plenamente. No mar da vida, se somos, os homens, o leme do intrépido navio nos destinos do mundo, a mulher será o vento que toca as velas, permitindo o movimento.

— Bela comparação, *milord*, mas hás de convir que existem mulheres que são a tempestade que pode naufragar o navio — falou olhando significativamente para Miriel, que baixou o olhar.

Orish riu-se gostosamente, sem notar a insinuação de Kevin.

— É bem verdade. Mas também é verdade que o bom marinheiro não teme as tempestades do mar. Antes, regozija-se em vencê-las. Mas, vento ou tempestade, são elas que imprimem movimento em nossa vida.

O'Wenn sorveu um pouco do vinho que regava a refeição e olhou novamente para Kevin, com um sorriso amável:

— Não pensas em te casares?

Miriel empalideceu e disfarçou tornando à refeição. Fingiu não se interessar pelo assunto, chamando uma serva e pedindo-lhe alguma coisa.

Kevin notou-lhe a palidez e decidiu alongar as considerações:

– O que o senhor, *milord*, poderia me falar da experiência do matrimônio, para que eu me sinta convencido a buscá-lo? – perguntou sorrindo.

Miriel ergueu os olhos fitando Kevin e depois olhando fixamente para Orish, deixando claro que estava interessada em sua resposta.

O lorde olhou também para a esposa, pegando a sua mão que estava pousada na mesa, em uma atitude pouco discreta. Mas ele se sentia à vontade perto de Kevin, e não sentiu a necessidade de conter suas atitudes.

Disse por fim, com o olhar suave pousado nos olhos da esposa, sem desviar-se:

– O que posso dizer, meu caro Kevin, é que o amor é uma concessão do céu para a vida das criaturas. Não existe felicidade maior que amar e ser amado. O matrimônio com minha linda esposa, para mim, foi um oásis no deserto de minha vida. Miriel representa minha alegria e minha esperança e nossa filhinha é a dádiva suprema que Deus nos concedeu. Creio que não haverá riqueza ou poder na vida de um homem que possa trazer mais regozijo do que compartilhar a vida com a pessoa que amamos...

Orish beijou a mão da esposa, em um arrombo de emotividade, e ela corou ante o ato imprevisto.

Kevin também corou, sentindo-se tremer de ciúmes e indignação. Levou a taça à boca para disfarçar suas inquietações e já estava sorrindo novamente quando Orish voltou a olhar para ele.

– Vejo, *milord*, que és um privilegiado nas questões do sentimento. Encontraste uma esposa digna e bela para alegrar teus dias. Mas devo dizer que tiveste sorte, pois em minha vida já me defrontei com mulheres que não mereceriam qualquer consideração ou respeito de um homem... Antes, ao contrário, mereceriam serem desmascaradas perante a sociedade, de maneira que não mais pudessem sujar com sua perfídia e vileza a honra dos homens desavisados que se deixam envolver por elas.

Orish encarou Kevin, interrogativo.

Miriel ficara pálida. Temia que seu marido a fitasse e notasse seu constrangimento, por isso voltou o olhar para a refeição, tentando conter a própria indignação.

O rapaz arrependeu-se de haver dito o que disse, expondo-se daquela maneira. Recompôs-se, sorrindo amigavelmente.

Com a feição piedosa, o lorde dirigiu-se a ele, afável:

– Oh, meu jovem, vejo que trazes o coração partido. Já experimentaste o desgosto nos campos do amor...

O rapaz irlandês, para amenizar o clima, imprimiu tranquilidade ao semblante e falou em tom agradável:

– Oh, não, *milord*. Apenas conheci muitas pessoas em minha vida e já presenciei situações de todos os tipos. Bem, na verdade, sou também um homem de sorte. Não sou casado ainda, mas estou noivo de uma donzela cujos dotes e virtudes são comparáveis aos de uma rainha. Em breve, estarei contraindo núpcias e tecendo em minha vida a felicidade que acabas de me narrar.

As mãos de Miriel esfriaram e ela sentiu-se tremer. Sem controlar-se, olhou para Kevin significativamente e surpreendeu-se por notar que ele também a olhava firmemente, como a medir-lhe as atitudes ante sua revelação.

A moça irritou-se profundamente por haver se entregado daquela maneira. Tentou controlar suas reações, enquanto via o marido sorridente, cumprimentando e parabenizando seu ex-amante.

A muito custo, ergueu a taça para o marido, dizendo com um sorriso enigmático.

– Meu marido, não seria ocasião de um brinde? Notícias tão alvissareiras pedem comemoração!

Orish ergueu um brinde:

– Saúde à nova família que se há de formar. Desejo-te, meu caro, a felicidade que encontrei nos olhos de minha Miriel!

Kevin inquietou-se ante a significação daquele cumprimento inusitado. Mas sorriu, recebendo o brinde.

Miriel ergueu a taça, embora não fosse usual a uma mulher. Disse sorridente:

— Também eu o saúdo, senhor, e desejo-te a felicidade que eu mesma encontrei no matrimônio.

Kevin meneou a cabeça, disfarçando a contrariedade.

Terminada a refeição, Miriel pediu licença ao marido para retirar-se e recolher-se. Alegou estar cansada e queria ainda ver sua Bragnae antes de dormir.

Orish já ia aquiescer, quando pareceu recordar-se de alguma coisa importante, e disse:

— Querida, antes de te recolheres, quero deixar acertado com nosso convidado para que traga aqui alguns cavalos de maneira que escolhas um somente para ti.

— Quanta gentileza, meu marido. Mas não necessita te preocupares comigo.

Caminhando até a esposa e acariciando seu rosto, disse olhando para Kevin:

— Ela ama cavalos, meu amigo. E faço questão de que os tenha. Peço trazeres alguns para que ela escolha. Amanhã ficarei fora uma parte da manhã por conta de negócios, mas confio em tua experiência para ajudares minha esposa a escolher um bom animal, que atenda aos seus gostos, até eu voltar e concluirmos o negócio.

— Mas claro, meu senhor. Trarei os melhores cavalos da Irlanda para que tua esposa escolha. Talvez eu possa conseguir algum árabe de bom porte.

Orish novamente o encarou com olhar interrogativo.

— Engraçado falares, pois ela possui, deveras, um cavalo árabe, que ama. Como sabias a preferência de minha esposa?

Kevin desconcertou-se, mas sorriu e disse:

— Não sabia. Mas negocio cavalos desde criança. Com a prática, sempre adquirimos algum tato psicológico para o gosto dos clientes.

O semblante de Orish se desanuviou e ele permitiu que a esposa se retirasse, marcando para a parte da manhã a escolha do animal.

Miriel subiu as escadas elegantemente, sendo observada pelos dois homens.

Chegou ao quarto e sentou-se ao leito. As lágrimas não mais encontraram obstáculos, e ela chorou. Alvy, que estava a postos, foi até ela e acariciou seus cabelos.

– Ah, minha menina. Em meio a tantos negociantes de cavalos nessas paragens, e o amo negocia justamente com este...

Miriel ficou em silêncio. Arrumou-se para dormir com os pensamentos em confusão.

Kevin iria se casar. Mas o que esperava? Não passou todo o tempo em que estivera fora preparando-se para sabê-lo já casado e feliz? Porém, não se preparara para vê-lo dar a notícia com tamanha alegria.

Ouvira de sua boca a alusão clara quanto às mulheres que não merecem a consideração de um homem. Era assim que ele a via. Ora, mas fora ele quem a traíra vergonhosamente. Não estava, poucos dias antes do dia planejado para se unirem em matrimônio, jogado nos carinhos de outra, que não ela? No entanto, ele se comportava como se fosse a vítima, magoado e rancoroso.

Mas o que importava, afinal? Tudo o que viveram não passou de uma grande ilusão. Ele jamais a amara, pois, se a amasse, não a teria traído como fez. Contudo, ela não conseguia esquecê-lo. Seu coração fremia por ele, tal como no primeiro dia em que se viram. Também ele deixara escapar a mágoa que, certamente, residia em seu peito. Mas seria mágoa de amor, ou vestígios de algum ódio implacável?

Não importava! Ela estava casada com um homem bom e gentil, que a acolheu mesmo estando ela grávida de outro. Acolheu também sua linda Bragnae, protegendo-a com o poderoso nome e direcionando para ela os desvelos que somente um pai teria.

Ah, sua Bragnae... Era filha de Kevin, o seu inesquecível amor. Ela era a flor nascida da saudade e da solidão. Era o símbolo que jamais a deixaria esquecer que amou um homem com toda sua alma e com todo o seu ser.

Miriel recostou-se no leito, tampando a boca com as mãos, para conter os soluços que escapavam. Aquietou-se e acalmou-se, aos poucos, na penumbra do aposento. Dispensou Alvy e adormeceu, exausta.

* * *

Kevin, após o compromisso, deixou a propriedade de coração opresso. Não tinha a menor dúvida de que ainda amava Miriel com toda a força. Desconfiava também da reciprocidade desse amor, pois surpreendera algumas reações em seus olhos e a palidez que a invadiu ante a notícia de seu noivado. Ou talvez não passasse de orgulho ferido.

O rapaz dirigiu-se ao lar, sufocado pela angústia e pela saudade.

Recordava cada gesto de carinho entre o casal e sentia-se estremecer de despeito.

Miriel tinha uma filhinha de seu casamento. Ele tanto desejara os rebentos daquele amor que sonhou viver. E ela construíra com outro a família que ele sonhara para si.

"Desejo-te a felicidade que encontrei nos olhos de Miriel!" – dissera o lorde para ele. Também ele somente encontrara nos olhos de Miriel aquele sentimento.

Enquanto cavalgava, o rapaz tinha ímpetos de trucidar o adversário que ousava tocar na mulher que adorava. Mas eram apenas ideias insensatas. O lorde era um bom homem, gentil e educado, cordial e amistoso. Não conseguia ver nele o destruidor de seus sonhos. Foi Miriel que os destruiu. Ele era apenas mais uma vítima.

Kevin pensou em procurar as libações, para esquecer. Mas não tinha ânimo. Foi para casa e subiu aos aposentos depois de algum entendimento com o irmão e a mãe, sem dizer de onde voltava.

Em seu quarto, sentou-se ao leito e pegou nas dobras da veste o lencinho bordado, cheirando-o. Lançou-o longe depois, tomado de fúria. Passou as duas mãos nos cabelos e respirou profundamente, erguendo-se para buscar o lenço no chão.

Guardou-o novamente e chamou seu criado de quarto para auxiliá-lo. Tinha que dormir, pois logo cedo teria que atender ao pedido de seu ilustre cliente.

Por que, entre tantos negociantes, o lorde o havia escolhido? Que tipo de maldição era esta que o aproximava novamente de Miriel, logo através do marido? Estaria o destino rindo-se dele, ou testando-o?

Não, ele não deveria atender ao pedido do lorde. Enviaria Kennedy para a negociação e manter-se-ia longe daquela pequena família, para não desgraçar a si mesmo e a eles. Sim, essa seria a melhor solução para o caso, em respeito à confiança e cordialidade com que fora tratado por um lorde.

Devia também respeito à Maire, a pobre moça que o amava e que confiava em sua honra de cavalheiro.

Havia também seu irmão e sua mãe, além do bom e velho professor, que o amava como filho.

De todos eles deveria lembrar-se. A todos deveria respeitar e preservar.

Sua rebeldia ante a impossibilidade daquele amor já havia trazido suficientes desgostos e lágrimas a si mesmo e a todos os que o amavam. Aquela seria uma boa hora para conformar-se e seguir em seus deveres, com retidão e perseverança.

Por conta própria buscara o noivado com uma moça inocente, que merecia dele a consideração de não brincar com seus sentimentos de donzela.

E no meio de tudo isso havia uma criancinha inocente e indefesa. Que tipo de ser humano ele seria se ameaçasse um serzinho frágil com seus desvarios de homem? Também ele fora criança e tivera os pais a lhe proteger os primeiros passos na vida. Seria justo permitir-se qualquer atitude temerária que prejudicasse a segurança do lar da pequenina? Até onde se permitiria ser tão egoísta e orgulhoso?

Não, mil vezes não! Casar-se-ia com Maire e com ela deixaria o Ulster. Se era forçoso admitir não ser possível deixar de amar Miriel, era também conveniente amar Maire da maneira como podia, mesmo que como a amiga da existência. Era seu dever dedicar-se em dar-lhe paz e segurança. Em breve, teriam filhinhos iluminando o lar e esse sentimento arrebatador se acalmaria, com o passar do tempo.

As circunstâncias impediram-lhe de concretizar seus sonhos de amor desde o princípio. Para alcançar seus objetivos, planejou um crime, sem cogitar das consequências dele. Hoje, conhecia o adversário que elegeu apenas por amar Miriel e era forçado a reconhecer que ele não merecia ser daquela maneira engodado e ultrajado. Também a própria família e amigos não foram sequer cogitados. Não conhecia profundamente os pais de Miriel, mas jamais soubera de algum fato desabonador sobre O'Hare que justificasse atraiçoá-lo em seus desvelos paternos. Desde o início, só pensara em si mesmo e na sua íntima satisfação.

Não planejara amar Miriel. Bem na verdade, quando a viu pela primeira vez teve a impressão de que esse sentimento incompreensível habitava seu coração desde antes de ele se compreender um homem. Era um sentimento maior que ele mesmo. Talvez, como dizia Thompson, existissem mesmo sentimentos originados em lugares para além da existência humana. E, se proviam de lá, somente lá poderiam ser vividos, em sua plenitude. Sim, talvez existiria um lugar, que não nesse mundo, onde ele e sua Miriel poderiam se amar e jamais se apartarem, sem necessitarem ofender quem quer que fosse.

Embora apreciasse os raciocínios complexos, Kevin jamais havia se deixado questionar seriamente sobre o destino humano com essa abrangência. Mas, agora, o amor que sentia o desafiava a cogitar teorias mais complexas sobre o porquê da vida. A vida humana era tão curta e efêmera, diante de um sentimento que lhe parecia imensurável. Haveria mais, talvez, que aquilo que lhe impressionava os sentidos.

Talvez necessitasse respeitar as indevassáveis leis da vida que deliberavam seu destino, malgrado sua vontade. Talvez fossem reflexas desse Ser superior que governava todas as coisas, que a religião chamava de Deus, e que ele jamais se dera ao trabalho de compreender. Com tanto poder sobre todos os destinos, seria esse Ser alguém dotado de caprichos e dificuldades eminentemente humanas, como orgulho e egoísmo? Não seria possível. A própria vida se encarregava de desabonar essa tese. A harmonia da natureza, as estrelas no céu, a perfeição com que a vida sustentava a vida diziam de uma inteligência maior e perfeita, isenta dos prejuízos humanos, que colocariam toda essa estrutura a perder.

Esses pensamentos acudiam rapidamente, oferecendo algum refrigério de lógica à sua mente excitada. A facilidade com que as ideias se sucediam encantavam o rapaz, que se sentia mais tranquilo e sereno.

O fato é que tais ideias, embasadas na lógica e na moral, lhe eram inspiradas por anônimo benfeitor que por ele zelava e se compadecia de sua luta. Inspirava-lhe melhores procederes e melhores resoluções, de maneira que ele pudesse se reequilibrar e vencer as provas que ele mesmo se impusera naquela existência.

Tal entidade, lucilante e bela, descera de sua condição bem-aventurada para atenuar a angústia de seu discípulo, que gemia no mundo entregue aos desatinos. Viera e com ele estabelecera sutil ligação, dando-lhe recursos para fortalecer-se e seguir dignamente sua trajetória.

Kevin não era um privilegiado. Na verdade, esses doces anjos guardiães acorrem todos os dias à Terra, em socorro aos homens no mundo. Vêm enxugar suas lágrimas e consolar seus tormentos, sem cogitarem a origem do mal que os acomete, sem julgarem as atitudes tresloucadas que os conduziram aos vexames que experimentam, sem os envergonhar com a luz de que são portadores. Descem aos catres, às prisões, aos refúgios do crime e da desgraça, aos cantos obscuros e vis onde a ignomínia governa, sejam estes pobres ou luxuosos. Suportam sorridentes tudo quanto lhes magoa a sensibilidade adquirida nos séculos de esforço evolutivo, obrigam-se a sacrifícios dos mais acerbos, a maioria desnecessária à condição evolutiva que envergam, tão somente para acariciar anonimamente a face de um ser amado que, teimando no caminho ascensional, ficou à retaguarda. Tudo isso fazem para soprarem aos ouvidos destes seres alguma noção superior, alguma ideia de Deus e do Universo, para que, de alguma maneira, possam-lhe insuflar refrigério, esperança e ânimo para as lutas na Terra. E o fazem anonimamente. A maioria dos homens sequer lhes sentem a presença gloriosa, a não ser pelo súbito bem-estar que provocam. Jamais recebem qualquer testemunho de gratidão e quase nunca sua existência é lembrada, a não ser quando os seus discípulos se encontrem em situações onde a força das circunstâncias os obriguem a crer no auxílio divino e rogar pela presença dos emissários divinos. Dos homens, a mais das vezes, recolhem somente a indiferença e o olvido de seus alvitres carinhosos.

Mas nunca esmorecem e nem com isso se desanimam ou recuam de seus deveres, assumidos por força da própria vontade e do amor que envergam.

E, a cada pequena brecha de sanidade ou de equilíbrio, se postam novamente ao lado de seus amores.

Esse tipo de amor superior é incompreensível aos homens ligados à crosta, pois é isento de qualquer paixão ou materialidade inerentes à condição terrena. Provém das virtudes em seu mais alto grau. Temos alguma ideia dele somente quando nos damos a ler a primeira epístola aos coríntios, capítulo 13, que o apóstolo da gentilidade legou ao mundo: "O amor é sofredor, é benigno; o amor não é invejoso; o amor não trata com leviandade, não se ensoberbece. Não se porta com indecência, não busca os seus interesses, não se irrita, não suspeita mal; não folga com a injustiça, mas folga com a verdade; tudo sofre, tudo crê, tudo espera, tudo suporta. O amor nunca falha...".

13
Entendimentos e desentendimentos

DESPERTANDO NO DIA seguinte, Kevin ergueu-se do leito prestes para avançar nas suas obrigações de todo dia.

No dia anterior, havia cogitado deixar o irmão cuidar dos negócios dos cavalos com O'Wenn, mas agora, naquela manhã, queria ir até Miriel. Estaria sozinho com ela por algumas horas, até que o marido retornasse. Poderia falar-lhe livremente. Poderia pedir satisfações que aguardava desde o maldito dia em que se achou abandonado por ela.

Seria a despedida desse amor. Ouviria dela o que precisava e daria por encerrado esse episódio em sua vida. Seguiria adiante, casando-se e deixando o Ulster.

Mas precisava ouvi-la.

Recordou-se dos insucessos da primeira vez que intentou deixar a Irlanda, despedindo-se dela. Mas agora era diferente. Ela o abandonou, o traiu. Não recuaria de seu intento.

Aprontou-se com esmero, recordando-se de seus encontros matinais na beira do riacho. Quantas saudades sentia daquele tempo em que agiam como dois namorados inocentes, caminhando lado a lado pelas belas colinas, ou trocando olhares apaixonados.

Com a ajuda de um servo, escolheu alguns animais e os emparelhou para levar ao castelo O'Hare.

Foi recebido pelos serviçais e aguardou a esposa do lorde no pátio externo, apeando e pondo-se a contemplar o jardim, onde muitas vezes se escondera para vê-la nos últimos meses. Uma grande comoção o tomava.

Ouviu passos se aproximando e respirou profundamente. Virou-se para cumprimentá-la, cordialmente.

Achou que ela estava mais linda que o costume naquela manhã, talvez por afigurar-se o último encontro entre eles.

Encararam-se, sem constrangimentos. Pareciam magnetizados, embora a inconveniência. Deles extravasava o sentimento que nutriam, sem barreiras.

Miriel passou em revista os animais, em completo silêncio, durante vários minutos. Seus olhos estavam úmidos. Pediu alguns informes rápidos, que Kevin respondeu com poucas palavras.

O Adônis Irlandês estava ansioso, pois não encontrava ensejo para a conversa que pretendia, diante das emoções que o tomavam. O tempo passava e em breve o lorde voltaria ao lar.

Depois de vários minutos, Miriel dispensou os servos com um meneio de cabeça. Virou-se para Kevin, tentando imprimir o máximo de frieza que podia no olhar:

— Poderias me explicar, senhor, como foi que estabeleceste negociações com meu marido?

O rapaz surpreendeu-se com as palavras diretas. Respondeu sem titubear.

— O futuro sogro de meu irmão, que é carpinteiro, foi contratado por teu pai para reparar a residência. Acabou por indicar-me, sem que eu pudesse interferir.

— E por que aceitaste a oferta? Por que simplesmente não declinaste?

Com o olhar interrogativo, o rapaz esboçou um sorriso de indignação. Perguntou por fim, desafiando:

— E por que eu deveria, se é um bom negócio? O que me impediria?

— A sensatez, talvez. Mas creio não ser exatamente um pendor teu...

Kevin irritou-se. Caminhou até ela e a encarou:

— Não compreendo. Para mim, falas através de enigmas.

— Sofreste algum acidente que o tenha desmemoriado? Talvez alguma pancada na cabeça. Mas não poderei crer, mediante tuas insinuações de ontem.

— Faça-te clara, *milady*!

Miriel ergueu o nariz, atrevida e irritada. Seus olhos fumegavam.

— Oh, sim! Queres clareza. Pois bem! Serei clara: Não convém que sequer convivamos no mesmo país. Convém menos ainda que tu me adentres o lar. Estou sendo suficientemente clara? Ou o senhor ainda não me compreendeu?

— Senhora, sou totalmente indiferente à tua pessoa. Tua presença não suscita em mim quaisquer sentimentos ou reações. Para mim, és a esposa de um cliente, somente isso. Portanto, sinto muito se minha presença a desconcerta a este ponto.

— Sim, és indiferente! Já o eras, senhor Kevin McCann! Eu somente não havia notado.

A moça passou por ele, caminhando rapidamente, mas ele segurou seu braço, tomado de irritação:

— Como ousas falar de meus sentimentos por ti? Tu, que simplesmente me abandonaste, sem qualquer explicação, me falas de indiferença? Querias ver-me arrebatado por esse amor até hoje, após tua pérfida atitude? Não, mil vezes não! Tu bem mereces de mim a indiferença que hoje te ofereço. E tenho pena de teu marido, que me parece um bom homem e teve a má sorte de consorciar-se a ti. Eu agradeço o bom Deus, senhora, que me salvou a tempo, pois também eu iria cometer esse erro!

— Mas é muito engraçado que fales de perfídia, senhor Kevin McCann! Tu, o rei dos traidores! Sim, falas de minha perfídia e olvidas a tua, que ocasionou toda a nossa tragédia. Fala, pois podereis falar com propriedade do assunto tão comum em tua vida! Falas de minha fuga, senhor, e esqueces que dias antes estavas repetindo no ouvido de outra as mesmas palavras e juras que deitava em meus ouvidos. Assim convém a um covarde: acusar e esquecer os próprios delitos!

Kevin calou-se, de olhos arregalados. Pensou por alguns instantes e perguntou, em voz baixa, enquanto Miriel arfava de indignação:

– Do que falas? Desconheço do que me acusas.

– Ah, desconheces? Não estavas, poucos dias antes de nossa fuga, na casa de uma certa viúva de tua vila, dando a ela o teu amor?

O rapaz empalideceu. Embora Miriel se debatesse, ele não a soltava. Continuou, com voz suplicante:

– De onde tiraste tal ideia? De certo de conversas esparsas de tuas servas. Deixaste-me por causa de um boato?

– Não foi boato. É a verdade e bem poderias admitir, para que eu não te considere tão indigno.

– É um boato. Por que não me perguntaste sobre o ocorrido, em vez de simplesmente me deixar sem qualquer explicação? Como podes ter sido tão fácil abandonar-me, quando dizias que me amava?

– Eu não precisava perguntar-te, pois eu presenciei tua traição.

– Como assim?

– Eu estava lá. Procurei-te naquela noite. Disfarcei-me para encontrar-te, pois estava louca de saudade. Arrisquei-me e saí na calada da noite. Cheguei à vila e te vi entrando na casa da tal senhora.

Kevin engoliu seco. Estava atônito. Pensando um pouco, perguntou:

– Mas o que a faz pensar que o fato de eu entrar na casa de alguém me faz amante dessa pessoa?

– Eu te espreitei da janela do aposento. E vi quando a tal mulher chegou ao quarto com um candeeiro e também te vi chegando em seguida, tomando-a como somente o fazem os velhos amantes. Eu vi! Ninguém me contou, senhor! Eu mesma tive a infelicidade de testemunhar que qualidade de homem tu és!

Miriel chorava.

Kevin estava completamente transtornado. Não podia negar os fatos.

A moça continuou:

– Querias que eu fugisse ainda contigo?

— Mas tu vieste ao meu encontro. E comigo passaste a noite, dando-me teu amor. Por quê?

— Porque sou uma idiota! Quis vingar-me de ti, abandonando-te. Quis que tu sofresses como eu estava sofrendo. Mas tu nem sequer te incomodaste. Não vieste atrás de mim. Nada tentaste para compreender o que houve. Eu somente fiz sofrer a mim mesma, arriscando tudo por tua causa.

Kevin a olhou, sôfrego:

— Como afirmas que não te procurei? Eu acordei na cabana e procurei-te como um louco. Saí correndo para a vila, sem cogitar da distância, pois não me deixaste o cavalo. Peguei um cavalo em minha casa e invadi esta propriedade como um demente, desafiando teu pai para requerer o meu direito sobre ti. Fui cercado pela guarda do castelo, empunhando minha espada. E fui informado de que havias casado e seguido em viagem para local desconhecido, junto com toda a família. Pela mercê de Deus e do bom homem que é o responsável pela segurança daqui, não fui aniquilado, sabe-se lá por quê. Talvez ele tenha se compungido do homem desgraçado que estava à sua frente, desgrenhado e humilhado. Preferiu me dar conselhos e mandar-me ao lar, para onde voltei adoentado. Quase enlouqueci de ciúmes e saudades. Visitei cada lugar onde em algum momento estive contigo, para poder sentir teu cheiro e tua presença, aliviando o meu desespero.

Kevin chorava. Retirou das dobras da roupa o lencinho bordado e o mostrou a Miriel:

— Não tive nem a suprema esmola de uma carta tua, explicando o que aconteceu. De ti guardei apenas o pequeno presente que me ofereceste quando éramos inocentes namorados.

— A tua invasão aqui nunca foi notificada a meu pai. Eu procurei em suas correspondências.

— Porque achei aqui um benfeitor que se compadeceu de minha miséria moral. Foi por ele que entrei nos serviços da guarda dos soberanos.

Miriel sentiu-se confusa, vendo o homem que amava em lágrimas.

— Mas tu me traíste. Alegas agora um amor enorme, mas me traíste.

Como pudeste? Se me amasses, não te terias dado ao desfrute com outras mulheres.

– Miriel, sou homem! Achei estar fazendo a coisa certa, para preservar-te. Mas jamais outra mulher ocupou meu coração. Se é por isso, eu te peço perdão, pois nunca imaginei que tu testemunharias tal coisa. Mas, uma vez casado contigo, eu jamais me deixaria com qualquer outra mulher, porque somente teu é o meu amor.

A moça encarou-o, afastando-se e recompondo-se. Enxugou as lágrimas com um lenço.

Ficaram em silêncio por vários minutos, sem que nenhum deles encontrasse ânimo para quebrá-lo.

Miriel virou-se para Kevin em um certo momento, de olhar resoluto:

– Deves deixar estas terras e não mais voltar. Escolherei o cavalo e tu negociarás com meu marido, findando este capítulo de nossas vidas. Pede ao teu irmão para terminar as negociações.

O rapaz ficou atordoado, encarando-a, e dispunha-se a dizer alguma coisa, quando ouviu que Alvy vinha pelo caminho que dava para o castelo, trazendo uma pequena menina pela mão.

A petiz, ao ver a mãe, soltou-se da mão da serva e correu para ela, sorridente.

Miriel a recebeu nos braços e a levou ao colo, tentando afastá-la de Kevin, que a olhava, curioso.

Mas o rapaz se aproximou dela, virando-a para observar a criança.

Seus olhos arregalaram-se desmesuradamente ao fitar os olhos cinzas da pequena, que sorriu prazerosa ao encará-lo.

Virando-se para Miriel, um tanto pálido e grave, perguntou:

– Quantos anos tem essa menina?

E, antes que a mãe respondesse, a pequena apontou para ele a mãozinha, deixando esticados os dedos que correspondiam à sua idade.

Kevin encarou Miriel significativamente. Suores se aglomeraram em sua testa.

– Essa criança não se parece com o pai dela, Miriel.

A moça afastou-se, trêmula. Pretendia correr ao castelo, mas viu que seu marido caminhava até eles, chegando ao lar.

Aproximou-se novamente de Kevin, sussurrando:
– Imploro-te que, pelo bem de Bragnae, não faças nenhum comentário. Aguarda e conversaremos em outro momento.
Orish chegou sorridente, cumprimentando a todos.
Miriel disfarçava. Kevin dissimulava.
Sem saber o que respondia, Miriel disse haver gostado de certo cavalo dentre todos.
– Mas esse me parece um exemplar selvagem. Estarei errado, meu caro Kevin? – perguntou o lorde, afavelmente, observando o irrequieto animal.
– O senhor está certo, *milord*. Trouxe-o por causa de seu porte. É um exemplar raro e valioso, mas será necessário adestramento para que *milady* o monte. Posso ensiná-la, caso queira. Será excelente que o animal seja treinado acompanhado pelo novo dono – disse olhando de maneira peculiar para Miriel, que respirou profundamente.
– Não! Escolho algum mais manso.
– Não é preciso, minha esposa. Terás um bom professor. Podes ficar com o cavalo que gostaste.
Kevin tornou a lançar um olhar penetrante para Miriel, intimidando-a a aceitar. Sem muita alternativa, a moça aquiesceu:
– Pois bem. Prefiro que seja na parte da manhã. Será que nosso amigo oficial teria este horário disponível?
– Perfeitamente. Para mim está bem. Podemos começar quando bem aprouver ao senhor, *milord*.
– Pode ser a partir da semana próxima, se não te importas, minha esposa – afirmou, olhando para Miriel.
– Não.
Pedindo licença, Miriel retirou-se, caminhando para o castelo.
Por que arranjos do destino seu marido confiava tanto em Kevin e simpatizava daquela maneira com aquele que havia sido o escolhido de seu coração?
Passando por Alvy, a repreendeu em voz baixa por haver trazido Bragnae ao pátio. A serva explicou que a criança chorava inconsolável, pedindo pela mãe. Estava inquieta.

Miriel osculou a face delicada da filha e continuou caminhando, sem olhar para trás. Sua cabeça estava em turbilhão. Não sabia o que fazer.

Enquanto isso, Kevin apressou-se nas negociações e deixou a propriedade, alegando ter que retornar ao seu trabalho. Porém, retornou à vila com a cabeça fervilhante. Dirigiu-se à academia de Thompson e entrou trêmulo. Como havia outros alunos, pegou de um instrumento para distrair-se até que as aulas acabassem.

O instrutor percebeu a inquietação do discípulo e o procurou tão logo dispensou seus alunos do período, levando-o a um gabinete para conversarem.

– O que houve, meu filho? Estás pálido e suarento.

Sentando-se e dando vazão às lágrimas, o rapaz iniciou o relato de maneira direta:

– Meu pai, acabo de voltar da fortaleza dos O'Hare, onde passei algumas horas com Miriel.

Thompson empalideceu.

– O que dizes?

– Digo a verdade. Pretendo não esconder absolutamente nada de ti, meu pai. Portanto peço me ouvir até o fim. Fui chamado pelo lorde, há alguns dias, para negociarmos cavalos. Fui indicado pelo futuro sogro de Kennedy. Pois bem, aceitei e trocamos pareceres. Acontece que o tal lorde é um homem bom e honesto, possuidor de pendores raros para um homem de poder, pois tratou-me com deferências dignas de um lorde. E, por alguma engrenagem sinistra do destino, simpatizou comigo de uma maneira peculiar. Chamou-me para cear na casa dele e eu aceitei, vendo Miriel de perto pela primeira vez nesses anos. Como podes supor, não deixei de amá-la. Jamais poderei deixar de amá-la. Hoje eu tinha o encargo de levar até lá alguns cavalos de porte para que ela escolhesse um, como presente de seu marido. Eu deveria ter deixado esse encargo com Kennedy, mas não fui capaz. Precisava vê-la, pois eu sabia que o lorde não estaria presente por algumas horas, como ele mesmo me informou.

– Oh, meu Deus! Enlouqueceste!

– Não tardou que começássemos a discutir os problemas do passado, e ela acusou-me de a ter traído, justificando sua fuga. Ela presenciou, não sei porque trama diabólica, um encontro meu com uma de minhas amantes. Sim! Ela me viu afogando meus anseios em outros braços e não compreendeu que estes mesmos anseios eram por ela. Chorou, magoada, ali diante de meus olhos. Só então compreendi que ela fugiu por ciúmes. Ela ainda me ama, como eu também a ela.

– Oh, céus! Kevin!

– Mas ela pediu que eu fosse embora do Ulster e não mais tornasse a procurá-la.

– Oh, Graças a Deus! Alguma sanidade. E cá estás magoado por causa disso...

– Não. Eu estava disposto a demovê-la dessa ideia quando se aproximou de nós a pequena que, até então, acreditava ser filha do casal.

Thompson prendeu a respiração, olhando para Kevin.

– Então eu vi a criança de perto. Eu sempre a tinha visto de longe. Sim, porque várias vezes invadi a propriedade somente para ver Miriel. Porque, meu senhor, eu sou um desgraçado que não consegue fugir do amor que sente. Eu sou feito réprobo por este amor!

– O amor não amaldiçoa, meu filho. Nossas atitudes é que amaldiçoam o amor!

– Pois então este amor é maldito! Porque não tenho forças para deixá-la. Não temo batalhas e lutas com adversários potentes e adestrados. Não temo enfrentar o perigo. Não temo nem mesmo a morte. Mas a ideia de estar longe dela me paralisa.

Pausando para enxugar as lágrimas, o rapaz ajeitou-se no assento, respirando profundamente. Após alguns minutos, continuou:

– Pois esse amor amaldiçoado pelo destino deu frutos, meu pai. A menina que acabei de ver nos braços de Miriel, tem da mãe os lindos cabelos avermelhados, mas são meus todos os seus traços, os olhos, e até o sorriso. Ela não se parece com o suposto pai. Tem as características de minha hereditariedade. Também sua idade atesta que é minha filha. É minha filha! Minha filha! Oh, meu pai! Não vi nascer minha filha! Eu que tanto quis filhos com Miriel, tenho uma linda menina que carrega o meu sangue e o nome de outro homem! Que tipo de venda foi colocada aos olhos desse infeliz que não percebe a semelhança da pequena Bragnae comigo? O pobre miserável está diante do homem que o desonrou no noivado prolongado e não se apercebe. E, acima de tudo, trata-me bem. De que me adianta, meu senhor, ansiar por ser bom e correto se o destino me situa em uma posição de abjeto e indigno? Como posso ir embora deixando para trás não mais um amor, mas dois? Essa menina é filha de meu amor! É fruto de minha carne e de meu sentimento. Não a quero deixar. Antes, quero tê-la comigo, sob a minha tutela, pois sou eu o seu verdadeiro pai. Quero-a, como quero também sua mãe. As duas constituirão, para mim, a minha razão de viver! Quero retê-las em meus braços protetores. Quero educá-la e vê-la crescer sob meus carinhos. Miriel não é mais apenas o alvo de meu amor. Ela agora é a mãe de minha filha! Não posso viver sem elas.

Kevin abraçou-se ao professor, em soluços.

– Meu filho, escuta! Prevejo catástrofes nas tuas palavras. Oh, Deus, eu tanto implorei que fôssemos embora, antes que se consumasse toda essa situação! Por que não me procuraste quando essa trama sinistra se iniciou novamente? Agora, falas de uma criança inocente, fruto de desvarios. Pensa bem, meu Kevin! Reflete em tudo com critério. Acabas de confessar que o lorde é um bom homem. Também assim todos os que o conheceram falam a seu respeito. Pelo que pude me informar, ele possui um passado de dores, pois é viúvo. Conheço pessoalmente um homem que foi servo em sua casa, quando de seu primeiro casamento e contou-me de seus sofrimentos. Certamente que ele não merece de ti dores maiores do que as que o destino já lhe deu. Não sejas tu o veículo de mais desgostos para alguém que te oferece simpatia e amizade, apesar da imensa distância social que os separa. Não, meu filho! Tu não és um execrável deste nível. És um bom menino, eu posso afirmar, pois te conheço desde a infância. Apenas encontra-te desesperado e sem perspectivas. O raciocínio não te está acudindo, por isso cogitas de tais demências. Pensai com cuidado, pois existe também tua filha, frágil e indefesa, que este gentil homem cria sabendo, certamente, não ser o pai, pois pelo que sei, seus dramas anteriores se iniciaram com a frustração de sua falecida esposa por não engravidar. E ao que me consta, Miriel também não teve outros filhos, sendo factível, então, que a incapacidade de gerar seja dele. Para com ele devias ter apenas sentimentos de uma gratidão sem precedentes. Ele te é um benfeitor, pois cuida dos dois maiores pendores que tens no mundo, com bondade e ternura. Protege teus maiores tesouros.

Não podes cogitar de atraiçoá-lo ou desgraçá-lo, quando ele apenas te oferece o bem, mesmo sem saber.

– Mas, meu pai, e o que faço, então? Tenho uma filha! Sou pai! Quero estar com ela. E amo Miriel! Não posso crer seja Deus tão perverso que me queira vivendo apartado dos amores de meu coração. Que pai é esse que oferece a taça de fel a um filho? Reconheço que me transviei em alguns aspectos de minha vida, deixando-me levar pela busca de satisfações imediatas, mas tal castigo não está razoável. Que justiça é essa, meu pai? Será que Deus não vê que em meu íntimo existe o ideal de ser bom e reto? Não saberia Ele, o Onipotente, que minha intenção jamais foi ferir quem quer que fosse? Por que me castiga dessa maneira?

Thompson respirou profundamente, buscando forças para argumentar com o discípulo.

– Meu Kevin, apresentei-te, quando de nossa conversa sobre o destino desse teu amor, a tese que fala das múltiplas existências. Por mais que eu busque raciocinar sobre a questão, sou obrigado a admitir que nenhuma outra teoria que conheço explica com melhor propriedade as razões do sofrimento humano. Ainda não consigo compreender todas as peculiaridades do assunto e faltam-me embasamentos e material de estudo para posicionar-me quanto a alguns detalhes do que me parece ser uma lei da vida. Mas, em súmula, a lógica parece não dar brechas a muita indecisão. Reflete comigo, filho. Talvez o sofrimento que o tolhe não seja fruto de teus deslizes desta vida, mas de outros dos quais não te lembras, existentes em outras vidas que tiveste.

O rapaz ergueu o corpo com o olhar evidenciando confusão.

– Para mim, meu senhor, esta tese parece um tanto fantástica. Tenho dificuldades em entrever a possibilidade de sua veracidade.

– Talvez porque não te deste ao trabalho de examiná-la com aplicação. Tu amas a cultura grega, como já sei. Tens especial afinidade com sua literatura e sua arte, não tens?

– Sim.

– Já estudaste alguma coisa sobre Sócrates e Platão?

– Sim. Apesar de não haver me aprofundado muito na filosofia. Tenho encantamento pela arte.

– Ambos eram convictos quanto à realidade da multiplicidade de vidas.

Kevin pensou um pouco. Havia lido alguma coisa a respeito, mas não se interessara o suficiente para estudar a questão.

O instrutor, altamente inspirado, prosseguiu:

– Apenas cogites que o que chamas de castigo de Deus, pode ser somente consequências de experiências pregressas. Consideres que a vida tem te chamado com muita veemência para analisares a impossibilidade de viver teu sentimento e tuas aspirações nos dias atuais. Talvez tudo isso seja apenas uma oportunidade de considerares outros caminhos, para cogitares de verdadeira felicidade futura. Porque se as vidas se sucedem, meu filho, está claro que a alma não conhecerá, jamais, a morte. E, se a vida é invencível, poderemos nos dar ao luxo de idealizar o futuro com maior amplidão de espaço a ser considerado. Não mais algumas poucas décadas de vida, mas toda a eternidade. O que serão alguns anos perante o tempo ilimitado, Kevin? Não seria válido suportar algum desagrado pelo breve espaço do caminhar humano para desfrutar mais tarde da gloriosa felicidade imorredoura? Não seria razoável que escolhêssemos obedecer com alguma humildade às leis da vida, para nos graduarmos para aprendizados mais amenos em outras escolas que não sejam a da dor que limita? Ora, o aprendiz que possui deveres a cumprir e vislumbra a extensão dos prazeres da recreação que o aguarda terminar as próprias obrigações, apressa-se em libertar-se, satisfeito e animado. Há que ficar toda uma noite engajado no trabalho, se preciso for, mesmo que suas forças se extenuem. E o fará sorridente, pois sabe o que o aguarda logo além. E quando a lição estiver pronta e vistoriada pelo seu professor, esse mesmo aluno há de se dirigir para seu objetivo, correndo e saltitando, esquecido de qualquer sofrimento que o dever possa lhe ter imposto.

O rapaz passou as mãos nos cabelos, como que tentando acalmar as próprias ideias.

– Meu pai, tudo tem muita lógica e beleza. Mas não tenho forças para aceitar este destino que se desdobra aos meus olhos. Não se trata apenas do amor por uma mulher, mas o amor por minha família.

– Kevin, estás noivo de Maire. Recordas-te disso? Trata-se de uma moça delicada e impressionável. Não podes cogitar destroçar seu frágil coração.

Kevin ergueu-se, pensativo.

– Não intento destruir a quem quer que seja.

Sem mais nada dizer, virou-se e saiu pela porta, após menear a cabeça.

Thompson não se opôs. O discípulo necessitava pensar sobre tudo o que ouvira.

O rapaz retornou ao lar, subindo aos aposentos. Não tardou muito e foi chamado por um criado, que o informava estar sendo aguardado por Egan.

Kevin desceu novamente e encaminhou-se ao salão onde o amigo o aguardava, com algum estranhamento.

Vendo-o, abraçou-o cordialmente.

– Que bons ventos te arrastam até aqui, meu amigo? – falou sorridente.

– Supostamente, os mesmos que devem ter te afastado de minha casa, de meu convívio...

Realmente havia vários dias que não se encontrava com seus companheiros. Estava tão entretido nos sucessos e insucessos de suas relações com O'Wenn que nem se apercebeu estar tão distante do convívio quase diário com Egan e os outros rapazes de sua idade.

Abraçando o amigo pelos ombros, fazendo-o sentar-se, falou sorridente:

– E tu não te aguentaste e vieste aqui matar as saudades de mim!

– Certamente. Mas também vim ver se estás bem. Quero recordar-te que minha Sile presta serviços de costureira no castelo de O'Hare e periodicamente encaminha-se para lá para cumprir seus trabalhos. Esta semana ela te viu duas vezes entretendo conversas com o lorde O'Wenn. Hoje, quando se encaminhou para lá, passou por ti e te viu deixando as terras, sem que, contudo, tu a identificasse, tão absorto estavas.

Kevin respirou profundamente, recostando-se na poltrona onde se assentava.

– Estou tratando de negócios, Egan. Somente isso. O lorde intenta comprar vários cavalos.

– Ah sim, claro! Eu compreendo. Imagino que algum grande problema em tua casa impediu que esse assunto fosse atendido por Kennedy, ao invés de seres tu...

— Tenho maior experiência que meu irmão. O lorde pretende comprar vários exemplares.

— Certamente... Também sei que a tua grande experiência no trato com animais é que resultou seres admitido como professor de *milady* Miriel, nas aulas de equitação e adestramento que tu administrarás...

O interlocutor arregalou os olhos.

— Como podes saber dessas coisas?

— Sile foi encarregada de confeccionar mais alguns trajes de montaria para a senhora pela sua ama Alvy...

Kevin sorriu, vencido. Egan continuou observando-o, em silêncio. Por fim, o rapaz resolveu abrir seu coração ao amigo, contando-lhe seus insucessos.

Após o relato, Egan estava atônito.

— Oh, meu Deus, tens uma filha! Oh, meu Deus! E como é ela?

— Ah, Egan, parece um anjo caído do céu. Não pude conviver muito com ela, até agora, mas afirmo-te que é linda!

— E o que vais fazer?

— Não sei. Mas irei às aulas como me comprometi. Aguardo que Miriel me dê maiores informes quanto à questão. Mas ainda não sei o que fazer. Só sei que quero minha mulher e minha filha ao meu lado.

Pensando um pouco no que ouvia, Egan suspirou e disse:

— Meu amigo, cuidado com o que fazes, tudo bem? Não te metas em encrencas. Lembra-te de que serás tio em breve...

Kevin baixou os olhos nublados por alguns instantes. Depois, ergueu o olhar para o amigo, com suprema angústia:

— Queria que minha filha convivesse com a criança que nascerá em breve. Se for menino, queria prometê-la a ele, como penhor de minha amizade por ti. Se for menina, acredito que seriam as melhores amigas. Sempre imaginei que nossas famílias seriam unidas, nossas esposas seriam amigas e nossa felicidade seria desfrutada em conjunto. É uma pena...

14
Selando o destino

A MENTE DE Kevin McCann era um turbilhão de pensamentos desencontrados. Desesperava-se pensando que não poderia desfrutar de sua pequena família, apesar do imenso amor que os unia. Crises terríveis de fúria e sofrimento se desencadeavam quando pensava na pequena filha com quem não podia compartilhar a existência e na mulher que tomava seu coração. Tinha ímpetos de invadir o castelo e levá-las com ele, esclarecendo O'Wenn sobre a verdade. Não temia arriscar a própria vida.

Ao mesmo tempo, sua consciência o oprimia para que tomasse melhores resoluções. Chamava-o a analisar as outras pessoas envolvidas no drama e como suas atitudes poderiam afetar a cada um, fazendo-o contorcer-se de remorsos por haver cogitado fazê-los sofrer.

Nessa confusão mental, acabou por decidir-se a deixar o Ulster, só não sabia em que condições: se fugindo com Miriel e a filha, ou casado com Maire.

Por isso, no dia seguinte à conversa com Thompson, foi ao seu posto de trabalho pedir a dispensa de suas funções por tempo indeterminado, o que conseguiu com tranquilidade.

Na data combinada, Kevin estava a postos no pátio externo do castelo O'Hare, aguardando por sua aluna, que não se fez demorar.

Os dois primeiros dias de lição, não se falaram muito, apesar dos olhares significativos que lançavam um para o outro.

Alegando necessitar de espaço aberto para adestrar o animal escolhido, em breve os dois encaminhavam-se para os campos próximos ao castelo.

Mais alguns dias e Miriel já montava o animal. Para efetivar o treinamento, com a autorização do marido e acompanhada pelo instrutor, encaminharam-se para os campos onde outrora teceram suas juras de amor. Miriel dispensou a guarda de acompanhamento, alegando que Kevin era um soldado e aproveitando-se da confiança de Orish.

Assim, os dois ficaram a sós em uma manhã radiante, nas belíssimas colinas irlandesas.

Ao ajudar Miriel apear para trocar de cavalo, a segurou pelos braços, sôfrego e trêmulo. Aguardara ansioso e impaciente pelo momento de poder falar com ela a sós. Já se encontrava, àquela altura, oprimido pelo desgaste mental.

Sem muitas delongas, olhou a interlocutora nos olhos e falou, entre suplicante e nervoso:

– Miriel, eu não suportava mais esperar para falar contigo! Já sei que aquela pequena é minha filha. Por que não me contaste? Por que, ao te saberes grávida, não revelaste a verdade para teu marido, de que a menina possui um pai e tu um outro marido?

– Não foste meu marido. Nunca nos casamos, Kevin! – respondeu a moça emocionada.

– Não. Tu fugiste antes...

– Sim. Porque não quero ser a esposa de um homem infiel, que ama todas as mulheres e nao somente uma. E para que eu te procuraria? Para pegar-te novamente nos braços de alguma outra? Para criar minha filha fugindo com um homem que não sabe ser fiel à esposa e, consequentemente não saberia ser fiel à família?

— Eu expus meus mais sinceros sentimentos da última vez que conversamos. Falei-te de todo meu coração. Peço novamente teu perdão por meu deslize, mas vê que a punição que me aplicaste é demasiado severa. Como posso viver sem minha mulher e minha filha? Estou arruinado, Miriel. Nada mais me resta nesta vida se eu não puder estar ao teu lado e ao lado de minha menina! Prefiro a morte que viver apartado de vós!

Miriel sentiu um choque, ouvindo estas palavras vindas de Kevin, que as pronunciava com extremado desespero.

— Não digas tais besteiras! Não ouses pronunciar novamente esta frase!

Soltando-se dele, Miriel caminhou um pouco, procurando pensar. Olhou o companheiro de desdita e sentiu imensa piedade por seu aspecto vencido e angustiado, enquanto ele olhava o solo, como que paralisado.

O fato é que, desde dias antes, sua consciência clamava que ela tomasse decisões acertadas. Agora, ela era mãe, acima de qualquer coisa. Seus instintos diziam para proteger sua filha de quaisquer perigos ou situações vexatórias. Necessitava ser correta por Bragnae.

Voltou-se para Kevin, sentindo o coração sangrar. Aproximou-se dele e segurou seu rosto com as duas mãos, falando mansamente olhando-o nos olhos, enquanto o acariciava com carinho:

— Kevin, ouve-me. Desgraçados de nós dois que nos amamos tanto. Esse amor que sonhamos ser a nossa libertação, um dia, agora é a prisão sem muros que nos retém na infelicidade e na saudade. Mas agora não podemos pensar apenas em nós. Nosso amor gerou um fruto, para o qual devemos dar a própria vida em sacrifício, se for preciso. Ah, se soubesses o anjo que Deus enviou à Terra em nossa Bragnae, ficarias orgulhoso. Tão linda e tão meiga! Ela acalmou grande parte de minha alma inquieta e atrevida, meu Kevin! Por ela me tornei uma esposa submissa e cumpridora dos meus deveres. Por ela eu peço que também tu te convertas no mais reto dos homens sobre a Terra. Eu jamais deixarei de amar-te! Oh, não, não! Tu serás por toda a vida o meu único amor e a presença de Bragnae vai fazer-me honrar tua memória com extremada gratidão, já que tu és o pai de minha única filha. Por Bragnae devemos também honrar este bom homem que me tomou por esposa e poderia ter me desgraçado, se quisesses, quando me viu grávida.

Ah, meu Kevin, ele sempre soube que não se tratava de um filho dele. No entanto, me protegeu e protegeu minha filha com sua bondade, com sua fortuna e com seu nome. Inventou parentes distantes para justificar a aparência tão singular de minha pequena, para acalmar qualquer desconfiança de quem quer que seja que percebesse que não havia semelhança entre eles. Eu não o mereço, meu Kevin, pois nunca o amei. Durante o tempo em que estivemos juntos, até agora, meu coração e meu pensamento eram teus. Não o julgues um tolo, pois ele tem plena consciência de tudo que te falo. Porém, nunca me pressionou a confessar quem seria o pai de Bragnae, nunca me enclausurou com desconfianças como seria de seu direito, nunca me tratou com desprezo ou tirania. Ao contrário. É um amigo leal e prestativo, como jamais encontrei em parte alguma, em minha vida. Estou aqui, agora, contigo porque sua bondade não permite desconfiar de alguma atitude menos digna de minha parte, embora tenha motivos para isso. E porque não quero ser esse tipo de exemplo ao meu tesouro em forma de criança, já que meu amor por ela me impulsiona a tomar melhores resoluções na vida, quero ser boa e fiel para ele. Se não posso dar a ele o que somente a ti pertence, posso ser a amiga fiel. Perdoa-me, querido, haver fugido de ti aqueles dias. Perdoa-me por não haver desculpado teu deslize. Eu não era capaz e nem sei se sou ainda. Somente o que sei é que agora, aqui perto de ti, não tenho mágoas ou revoltas. Só tenho amor, um amor imenso e doloroso. Amor por ti e por nossa filhinha, que necessita de nosso empenho pela felicidade dela.

Kevin soluçava.

Miriel enxugou as próprias lágrimas e buscou forças para dizer o que queria. Todo o seu corpo e toda a sua mente rejeitavam o que estava para sair de seus lábios, mas era necessário prosseguir. Sentia-se, contudo, amparada por alguma estranha força de consolação.

Acariciou o rosto de Kevin novamente e continuou:

– Querido, preciso que vás embora do Ulster. Preciso que prossigas a tua vida. Tenta ser feliz, meu Kevin, da maneira que puderes. Se realmente encontraste uma boa moça com quem desejas casar, prossegue e casa-te...

Pausou um pouco para conter os soluços de dor que emergiam de seu peito. Respirou profundamente e continuou:

– Vai, meu amor, começar uma nova vida. Terás outros tantos filhos que necessitarão de teu carinho. Eu cuido de nossa filha, prometo-te. Tenha em meu marido um cooperador, que se empenha pela nossa segurança e felicidade. Se fizermos isso, querido, não mais mancharemos nosso amor com o crime ou com a desonra. Nossa Bragnae, no futuro, há de orgulhar-se de nós dois, que sacrificamos nosso amor por ela. Ela há de compreender ser a mais amada de todas as filhas da Irlanda.

Sentindo-se fraquejar, Miriel procurou firmar o corpo. Suas pernas bambeavam. Sua respiração ficou difícil.

Kevin a olhava de olhos arregalados. Não conseguia acreditar no que ouvia. Uma dor imensa tapava sua garganta.

Miriel cambaleou e ele a reteve, sustentando-lhe o corpo. Tentou abraçá-la, tomado de ânsia e angústia, mas ela escapou dele, caminhando para o cavalo em que viera, com a mão na fronte.

Enquanto caminhava, um pouco cambaleante, disse com o resto de forças que tinha, sem voltar-se para trás:

– Preciso ir. Em nome de nossa filha e do amor que tenho por ti, eu te imploro: Deixa a Irlanda, meu Kevin! Não devemos nos ver nunca mais.

O rapaz estava petrificado. Não conseguia mover-se, vendo-a indo embora. Mas, de súbito, reunindo forças em uma explosão quase colérica, avançou até ela e a virou para si, com brutalidade. Suas faces estavam congestas e suadas. Seus olhos eram um único rito de dor e loucura.

– Não! Não! Não posso, não me peças isso! Não me mandes embora e não me abandones! Não vou deixá-la! Tu és minha e temos uma filha. Somos uma família e ficaremos juntos!

Miriel tentou desvencilhar-se, mas Kevin estava descontrolado. Imprimia tamanha força que ela sentia dor onde sua mão poderosa segurava.

– Kevin, deixa-me ir! Deixa-me ir! Eu imploro!

Puxando-a para si, ele a abraçou, trêmulo.

– Se me abandonares, Miriel, eu morrerei!

Miriel sentiu os soluços abafando sua respiração. Todo o seu corpo foi sacudido por desesperado pranto. Não conseguia conter-se. Abraçou o homem que amava, segurando-se nas vestes dele com toda a sua força.

Toda sua resistência se foi. Já não lutava, não implorava, não se indignava. Apenas segurava-o, sofrida e vencida.

Kevin a afastou um pouco de si, para olhá-la nos olhos. Hesitou por alguns instantes, pois sabia que sua atitude o desgraçaria como homem, como pai, como amigo. Estava amaldiçoando seu destino e sua vida. Mas não poderia conter-se. Não seria possível refrear-se. Sentia que o impulso que o tomava era maior que toda a sua resistência moral.

Trêmulo, vencido, sofrido, segurou em seus ombros e a beijou com desesperação. Seu coração batia em ritmo tão frenético que sentia delíquios de quando em quando. Parecia estar delirando.

A pobre moça não resistiu. Entregou-se em seus braços, sem conseguir nada raciocinar, esquecida de todos os alvitres que a própria consciência lhe dera.

E, assim, esmagados por sua própria falta de resistência, coagidos pelo desespero de causa que obnubilava-lhes o raciocínio, vencidos pelo desequilíbrio das emoções e pela falta de qualquer noção de autocontrole, tornaram-se, a partir dali, amantes.

Mas, ao contrário do que supunham, não estavam sozinhos. Ali bem perto, sem que eles suspeitassem, um espírito acompanhava o insólito encontro, tomado de ira e de descontrole. À medida que o diálogo avançava, a pobre criatura, cujo perispírito estava seriamente deformado devido à própria viciação mental, de tal modo que já lhe eram escassos os traços característicos da humanidade, urrava e lançava imprecações, andando em círculos, ameaçando, sofrendo. Era a materialização da animalidade humana, da revolta, da hediondez. Sua voz soava como um grunhido, que o casal não ouvia, pois seus sentidos estavam absortos no próprio desequilíbrio íntimo. Porque, se ouvissem, de certo paralisar-se -iam de terror. Se o pudessem ver, certamente se estarreceriam de medo.

E o infeliz filho da dor e da revolta gritava:

– Desgraçados! Vão pagar por seus crimes! Não darei tréguas aos adúlteros e infames! Não ficarão juntos, pois eu não permitirei! Eu os mato, miseráveis! Eu os trucidarei!

Quando testemunhou o beijo da traição conjugal, avançou sobre eles, intentando feri-los, sem lograr conseguir. Arrebatado por sanha selvagem, gritava e jogava-se ao chão, agredindo a si mesmo em sua suprema alucinação. Depois, saiu em disparada, por não suportar ver os dois entregues aos carinhos, entre uivos e urros de loucura.

Os que o pudessem divisar com alguma compaixão, sendo capazes de controlar a reação de temor que certamente seria acionada por causa de seu aspecto deprimente e aterrorizante, observariam que ali encontrava-se, não um monstro com a fisionomia própria das feras místicas das histórias de terror, mas um desditoso filho de Deus, aprisionado em seu superlativo sofrimento. Veriam alguém que por cuja falta de resistência para as dores atraídas pela própria desorganização de proceder, deformara-se a si mesmo, aprisionando-se à desdita e à miséria moral.

Assim são todos que se enveredam pelos caminhos da vingança e do ressentimento. São doentes do espírito que necessitam mais de misericórdia que de doutrinação. Estão condenados pela própria consciência, que pune sem comiseração ou trégua, embora nem sempre se apercebam disso. Por estarem apartados das ideias do perdão e da reconciliação, que são diretrizes libertadoras, tornam-se estropiados do espírito, paralíticos da alma, estagnando as próprias potencialidades divinas e, desse modo, adquirindo o triste aspecto que não permitiria serem reconhecidos entre aqueles que os amam, se houvesse apenas esse meio para se identificar alguém.

Muitas vezes deformam o corpo resplandecente e tomam formas não condizentes com a espécie humana, aterrorizando os desavisados que neles pousem a visão.

Quanto tempo permanecerão assim? O tempo necessário para se conscientizarem de que são filhos da Luz, herdeiros do Pai Magnânimo, descendentes da perfeição.

Enquanto isso se conservam em situações de indigência e desvalia, muito embora não estejam experimentando a solidão suprema, como supõem, pois todo filho de Deus recebe amparo em todos os momentos. Todas as pessoas possuem, no plano etérico superior, aqueles que por eles se interessam de forma mais ostensiva, embora olvidem esta proteção e esse amparo.

SEGUNDA PARTE

O passado

1
Noivado forçado

PARA QUE POSSAMOS situar o amigo que doa sua atenção a este relato, devemos voltar no tempo, para que seja possível compreender o sofrido personagem que identificamos perseguindo Miriel e Kevin.

Retornemos, então, para antes do tempo em que tudo quanto narramos se processou, antes mesmo de os pais de nossos personagens envergarem roupagem carnal.

Voltemos ao tempo em que a Irlanda era governada pelo grande C.M.A., um dos célebres descendentes dos O'Neil, conhecido por ser rígido, orgulhoso, sábio e corajoso. Naquele tempo, os reis tinham que possuir em si a reunião de todas as virtudes peculiares a guerreiros destemidos e estrategistas primorosos. A coroa era como que o símbolo de sua superioridade e excelência nos campos da masculinidade e da capacidade de liderança. Sua figura, para seus governados, tinha um cunho semelhante ao de uma divindade, pois deveria sua personalidade pairar acima de qualquer característica meramente humana.

E C.M.A. possuía os grandes pendores exigíveis a um líder completo.

Esperava-se de sua descendência o brilho da continuação de sua estirpe privilegiada desde os tempos mais remotos, como em seu clã era festejado.

Porém, os filhos varões de C.M.A. não possuíam as mesmas inclinações do pai. Antes, deixavam claro à observação atenta do sábio soberano que não saberiam dar continuidade ao seu honroso legado.

Mas o rei possuía uma filha, cujas tendências de impetuosidade e liderança condiziam com as características que ele buscava nos filhos homens.

A bela Eileen, chamada "A Luz", alma impetuosa e decidida como a do pai, apesar dos 15 anos recém-completados.

Sua aparência não denunciava a alma inquieta e destemida que habitava aquele corpo pequeno e delicado, de formas atraentes, de longos e encaracolados cabelos castanhos, olhos de um tom amendoado-claro encantador, profundo, emoldurados por longos cílios, conferindo-lhe um olhar sedutor e irresistível. Seus lábios escarlates contrastavam com a pele clara de seu rosto alongado, onde poucas sardas brincavam abaixo dos olhos, dando uma certa infantilidade ao conjunto. Era belíssima.

Dos irmãos, era a única que erguia a fronte a enfrentar o pai nas decisões que diziam respeito à sua vida. Dada à rebeldia e à inconformação, não se negava a embates inflamados, tão impróprios a uma mulher da época.

C.M.A., sempre que se colocava a conversar com a filha, ou mesmo em suas discussões, costumava dizer, provocando-a.

– Tenho piedade do homem que te desposará. Não creio haverá na Irlanda um guerreiro que já enfrentou batalha mais perigosa que a de casar-se contigo e tentar dominar-te.

Mas, apesar dos agastamentos, amavam-se ternamente. C.M.A. considerava-a alma de sua alma e lamentava profundamente que ela não houvesse nascido varão.

– Se tivésseis nascido varão, serias certamente o mais temido guerreiro da Irlanda, minha Eileen. Um rei, como teu pai! Ah, como errou o destino! – de quando em vez murmurava, enquanto acariciava suas madeixas, tendo-a no regaço nos momentos em que a paz familiar conseguia vencer.

– Posso ser rainha, meu pai! – a moça dizia de olhos brilhantes.

– Minha adorada, as mulheres só governam na Irlanda as mentes de seus pobres maridos! – respondia o pai rindo-se de suas palavras.

E porque enxergasse na filha alguma possibilidade melhor de sucessão para seu governo, pretendia casá-la com algum grande guerreiro, de maneira a esperar dela o seu substituto ao trono, em detrimento dos filhos.

Pois naqueles tempos comandava o exército real um certo *sir* Fynn MacDoubret, que toda Irlanda aclamava como herói nacional. O rei devia muito à sua espada, na conquista de territórios, na defesa da nação contra as invasões, garantindo-lhe a soberania quando quase todo o mundo civilizado ao seu redor sangrava e desarticulava-se em conflitos infinitos.

E Fynn amava Eileen com arrebatamentos daqueles que não logram controlar os próprios impulsos. Desde que pousara os olhos na filha do rei, sonhava retê-la em seu poder.

Por isso mesmo, na oportunidade em que ganhara uma batalha contra a rebelião estrangeira que pretendia derrubar o poder da Irlanda sobre os destinos dos outros povos, acercou-se do soberano e lhe pediu a filha como o prêmio por sua dedicação e lealdade ao reino.

C.M.A. considerou a proposta como uma solução plausível aos seus intentos, já que Fynn era o maior guerreiro que conhecia, aclamado e temido inclusive fora dos limites do reino. Tratou logo de firmar a aliança, conforme o costume da época, com sua autoridade de pai e rei.

Quando achou conveniente, alguns dias depois dos entendimentos e antes de anunciar publicamente sua decisão, mandou que seus servos, em uma tarde, buscassem sua filha para que anunciasse a ela sua irrevogável sentença.

Sendo devidamente anunciada, a moça entrou no gabinete de trabalho do pai, indo até ele para receber o costumeiro ósculo na fronte. Sem saber do que se trataria a conversa, ela assentou-se sorridente em uma cadeira bem à frente de sua mesa de trabalho, aguardando que ele expusesse os motivos daquela palestra.

– Minha filha, minha Eileen, chamo-te aqui para dizer-te que acabo de escolher para ti um noivo. Em breve estarás casada – disse sem qualquer delonga.

Tomada pela surpresa, a moça sentiu um tremor íntimo, contido à custa de sua capacidade em disfarçar seus sentimentos. Ajeitou-se na cadeira de maneira elegante e dirigiu-se ao seu pai com a voz firme:

— Não me recordo, meu pai, de haver dito ao senhor que queria me casar...

— Acontece que está na época em que deves fazê-lo. É meu dever como pai atentar para estas coisas de tua vida.

Eileen corou de irritação. Encarava o pai procurando manter-se calma para discutir a questão.

— Então acredito que compreendi mal o que o senhor acaba de me dizer. O senhor deve ter encontrado algum candidato a ser meu noivo para me apresentar, de maneira que eu delibere sobre o compromisso...

— Não. Creio que me ouviste bem. Encontrei um noivo para ti. O compromisso está devidamente firmado. Em breve farei o anúncio oficial ao reino.

— Mas, meu pai, como podes escolher um noivo sem ao menos ouvir minha opinião?

— Tua opinião não é conveniente neste caso. E isto não se trata de uma escolha de trajes ou vestidos, Eileen. É sobre o futuro da Irlanda e tu és demasiadamente jovem para opinar em assuntos desse jaez. Por isso, escolhi para ti um destemido guerreiro que me há de dar uma descendência brilhante de onde sairá o meu futuro sucessor.

Eileen ergueu-se, indignada:

— Não existo tão somente para dar-te sucessores!

Erguendo-se também, com voz grave, aditou o monarca:

— Senta-te agora, Eileen. É uma ordem. Ou eu encerro esse assunto aqui sem ao menos dizer-te o nome de teu prometido.

Contrafeita, a moça sentou-se novamente, encarando-o. Respirou profundamente e voltou a falar, esboçando mais calma:

— Pois quem seria este que escolheste como reprodutor de reis?

C.M.A. engoliu a ironia, mas não reagiu. Sentou-se mais confortavelmente na cadeira e respondeu:

— Fynn MacDoubret, o comandante supremo de meus exércitos, o herói da Irlanda.

Erguendo-se novamente, vermelha de ira, Eileen avançou sobre a mesa do pai, apoiando as duas palmas das mãos nela:

– Nunca me casarei com esse animal. Não aceito o candidato que me ofereces.

Sem sair da posição em que estava e sem alterar a voz, o pai respondeu:

– Não estou pedindo tua opinião. Estou comunicando apenas a minha decisão. E devias sentir-te honrada, pois trata-se de alguém a quem nosso reino deve muito pela coragem e lealdade.

Já desfazendo-se no pranto de sua indignação e revolta, a pequena não mais controlava o tom de voz:

– Estás me dando como um prêmio ao teu guerreiro? Tratas-me como se eu fosse algum objeto do teu legado! Sou tua filha! Não sou um de teus cavalos ou um dos teus artefatos. Sou tua filha! Tua filha.

C.M.A. ergueu-se com os olhos congestos. Não admitia ser contestado e desafiado daquela maneira.

Caminhou até a filha, pegando-a pelo braço para conduzi-la até a saída de seu gabinete. Enquanto a levava brutalmente, dizia em tom acre:

– Se aditas em altas vozes que és minha filha, age como filha! Obedece-me, não somente como pai, mas como rei da Irlanda! Não vais afrontar-me desta vez, ouviste? Receberás *sir* Fynn como esposo e farás o que mando sem tuas rebeldias!

Chegando ao limite do gabinete, gritou para fora, colérico:

– Mirdian! Mirdian!

A ama de Eillen entrou, esfregando as duas mãos nervosamente, com a face voltada para o chão.

– Majestade!

– Leve esta menina atrevida aos aposentos particulares. Mantém-na lá, Mirdian, e garante a alimentação e higiene de maneira adequada. Amanhã haverá uma festividade em nossos domínios, onde festejaremos a última grande conquista de nossos guerreiros, onde anunciarei o noivado ao reino, por isso quero-a limpa e bem composta para a festividade da tarde. Vai, Mirdian! – Falava colérico, jogando a filha nos braços da serva.

Dirigiu-se novamente à Eileen, segurando-a pelo rosto:

— Ouve bem, *milady*. Estarás tão graciosa, gentil e amável amanhã que terei dúvidas se és mesmo a minha filha! É uma ordem! Amanhã receberás o noivo que teu bom pai escolheu para ti. Um homem valente e digno de ser um genro de soberano. Um benfeitor de teu país.

C.M.A. virou as costas e retornou ao gabinete, sem dar ensejo a qualquer resposta da filha.

Eileen soltou-se dos braços da boa ama, irritada. Estava trêmula e bamba. Respirou fundo e caminhou até os aposentos particulares pisando duro. Entrou, seguida por Mirdian que a observava de olhar compungido.

A moça jogou-se no leito, em pranto convulsivo, sendo consolada pela boa ama, que a puxou para o regaço.

— Minha menina, minha menina! Donde vem esta alma tão inconformada que trazes? Não vês que agindo assim só piora as coisas? Não sabes que as moças não possuem controle sobre o próprio destino?

— Mas, minha ama, eu odeio Fynn MacDoubret. Ele é odioso e animalesco. Um homem pervertido, nojento.

— Querida, acalma-te. O grande *sir* Fynn não é detestável quanto dizes. É belo e corajoso. As moças do condado o desejam como marido, invejando-te a sorte de tê-lo aos teus pés.

— Pois que o levem, minha ama. Dou-o de bom grado. Isso não é sorte, é uma desgraça. Já travei alguma conversa com este homem. É um animal, grotesco e rude, eu te garanto. Não sabe tratar uma dama. Além de ter mais que o dobro de minha idade.

— Todos que o conhecem falam de sua inteligência, minha Eileen.

— Nas batalhas, Mirdian. Como guerreiro deve ter seus valores, mas como homem é imprestável. Eu teria vergonha de contar-te o que ele já teve a coragem de me dizer. Oh, ele tem todas as características de um animal. Odeio-o!

— Vamos, vamos. Esforça-te pelo menos uma vez para atender teu pai, que é bom contigo. Faz as tuas vontades, cede aos teus apelos, sou testemunha disso. Vê-se que tudo o que faz é para teu bem-estar. Quer que te cases com um homem de valor.

— Não! Ele quer me dar como prêmio a um guerreiro, Mirdian. Como se eu fosse um de seus famosos cavalos de raça. Quer descendentes melhores que meus fracos e tímidos irmãos. Não está pensando em mim, mas apenas nele mesmo e em sua maldita posição.

Eileen agarrava-se aos vestidos da ama, chorando convulsivamente, tomada de raiva e revolta. A boa senhora pegou de uma escova e começou a lhe pentear os cabelos, cantando como fazia quando ela era apenas um bebê, para fazê-la adormecer, em seu colo.

Aos poucos a moça aquietava-se.

Eileen era de um temperamento surpreendente. Não era dada a expressar o que sentia, a não ser que fosse a raiva despertada. Escondia-se sob a máscara de uma constante e falsa tranquilidade. Possuidora de uma vontade vigorosa, não se rendia aos insucessos, deliberando não dar o gosto de vitória aos que a aborreciam fazendo-se abatida e prostrada. Era orgulhosa.

2

Aproximados pelo destino

EILEEN, NO DIA seguinte, estava bela e altiva. Trajou-se com um vestido propício aos eventos de gala, enfeitou os cabelos com uma tiara de flores cheirosas, adornou o decote com um colar de pedras de valor que seu pai lhe presenteara no último aniversário. Em seu vaporoso vestido branco e azul de tecidos trazidos de reinos distantes, parecia uma visão de sonho. Era a imagem de uma das antigas deusas celtas em todo seu esplendor. Ninguém que olhando suas expressões sedutoras, o vigor de sua pele fresca e corada no rosto belíssimo, o andar que mais parecia uma discreta dança, poderia supor que a moça trazia a fúria das grandes tempestades dentro do coração.

Acompanhada por Mirdian, caminhou-se para o salão nobre, onde foi recepcionada pelo pai.

Vendo a filha tão linda e jovial, C.M.A. ergueu-se satisfeito e caminhou para beijar-lhe a fronte, enternecidamente.

— Estás tão bela como as manhãs primaveris de Tara, minha filha. Fico satisfeito! — sussurrou-lhe aos ouvidos.

Eileen curvou-se reverenciando-o, respeitosa, respondendo muito baixo:

— Nada é mais importante que agradar ao meu rei!

Anotando a ironia e respirando fundo, C.M.A. passou o braço em seu ombro, tentando ser conciliatório.

— Não desejo brigar contigo, minha filha. Não te agastes com teu pai que te ama. Comporta-te e sairás de teu castigo.

— Qual dos castigos? Casar-me com um animal ou estar trancafiada como prisioneira em meu aposento particular?

O rei sorriu.

— Vê como te fazes de difícil. Façamos um pequeno trato, está bem? Tu te comportas como uma dama e não necessitarás ficar presa aos protocolos mais rígidos. Poderás entreter-te no evento mais livremente. Dar-te a dançar com os rapazes, conversar com tuas amigas, participar dos jogos. Não a incomodarei. Amanhã estarás livre para as excursões a cavalo que amas. Irás com Mirdian apenas.

Os olhos de Eileen se iluminaram. Mas, demonstrando recordar alguma coisa desagradável, falou melíflua, tornando ao pai um olhar significativo e suplicante:

— Como ficarei à vontade, meu pai, se este animal que me dás como noivo não há de deixar-me um só minuto de paz?

— Eu cuido de teu noivo. Não darei a ele a chance de trocar mais que poucos minutos de entendimento contigo. Acumulá-lo-ei de honras e protocolos. Sou o rei e assim posso proceder, minha filha. Mas terás que dar-me tua palavra de que serás a mais gentil dama da Irlanda. Terás que recebê-lo com um sorriso gentil, aquiescendo com o noivado. Temos um trato?

O rei sorria. Sabia das inclinações da filha. Eileen sorriu de volta, beijando a face do pai:

— Faço como pedes. Serei hoje a mais terna das damas irlandesas. Porém, não significa que aceito verdadeiramente este noivo que me empurras goela abaixo. Hoje apenas, meu pai, se me livrares de sua companhia desagradável.

— Aceitando ou não, sabes que nada mudará. Mas deixemos de discussões. Aproveitemos os festejos!

Eileen meneou a cabeça afirmativamente e encaminharam-se ao lugar de honra, evidenciando satisfação.

O noivado foi anunciado e erguido um brinde ao acontecimento.

Não demorou muito, o monarca buscou a atenção daquele que seria, em breve, seu genro, para as honrarias e para os torneios, deixando, como combinado, a filha livre para os divertimentos.

Eileen reuniu-se com as amigas e entregou-se aos divertimentos da época, evitando o noivo a todo custo.

Naquela época, as festas da realeza eram eventos com variadas atrações. Havia sempre as disputas entre cavalheiros ou guerreiros, sejam na espada ou no arco e flecha, na luta ou na disputa de perícia e mira. Havia os números teatrais, as recitações de poesias épicas e os números musicais acompanhados ou não de danças, quase tudo em homenagem ao monarca ou aos heróis.

Naquela noite, como não podia deixar de ser, haveriam todos estes elementos de entretenimento. No momento em que eram interpretadas algumas peças musicais, eis que alguns soldados entraram em alvoroço, indicando um colega para interpretar algum número para o deleite do monarca e seus convivas. Tratava-se de um oficial de alta patente, amigo de Fynn, que era reconhecido como um grande talento entre seus colegas, mas que se dedicava à música de maneira restrita, não se apresentando em público.

De certa distância, Eileen observava o alvoroço dos soldados e do próprio noivo tentando induzir alguém ao lugar de honra, para que interpretasse nos instrumentos alguma canção. Não conseguia divisar quem seria, pois os colegas de armas o cercavam.

Em certo momento, a pedido de Fynn, o próprio rei solicitou ao artista que o agradasse com aquilo que os outros apontavam como um grande talento.

Foi assim que subiu ao lugar de honra, empunhando uma viele, um jovem oficial da cavalaria dos exércitos reais, chamando a atenção de todos no salão. O nome do rapaz era Nean. Fynn estava visivelmente satisfeito e cumprimentou o colega com um caloroso abraço.

Eileen não conseguiu despregar os olhos do rapaz. Alguma coisa magnética a detinha. Forçava a mente para tentar compreender onde já o tinha visto, mas em vão. Não tinha qualquer proximidade com os militares de seu pai e mesmo Fynn, só o conheceu por inconveniência dele mesmo. Sua vida de princesa era demasiadamente afastada das questões políticas ou de armas e tampouco ela se interessava nesses assuntos de estado para conhecer quem quer que fosse. Embora apreciasse as armas e os cavalos, não tinha interesse em injunções a nível de reino.

Eileen olhou-o intrigada. Apesar de alto e forte pelo adestramento militar, tinha as feições delicadas e majestosas como os veros descendentes da nobreza. Trazia os cabelos lisos e acastanhados cortados curtos e olhos da mesma tonalidade emoldurados por grandes cílios, portadores de um brilho que ela achava muito familiar.

Observou-o iniciar uma velha melodia irlandesa e cantar com sua tonalidade de voz que se diferenciava de tudo quanto havia ouvido. Sua voz era doce e meiga e possuía um timbre que suscitava nela algum sentimento de tranquilidade interior ao qual ela não estava acostumada.

Quando ele terminou a melodia, a moça parecia hipnotizada. Olhava-o fixamente, como que petrificada. Talvez pelo magnetismo de seu olhar, enquanto recebia aplausos e cumprimentos, Nean olhou em sua direção, fixando nela também os olhos. Por alguns segundos permaneceram fixos um no outro até que, desconcertada, a moça baixou a visão e saiu do grande salão.

Após os festejos, a princesa recolheu-se em seus aposentos tomada de angústia. Passadas as alegrias transitórias, estava ela novamente de frente com o fato de que estava noiva de um homem que detestava com todas as forças.

Dentre suas inquietações, não conseguia deixar de pensar no soldado artista que se apresentara em homenagem ao rei, por insistência dos colegas. O timbre de sua voz ainda ressoava em seu íntimo, bem como seu olhar ainda a intrigava e desconcertava. De onde o conhecia?

Eileen a muito custo conseguiu conciliar o sono. Mas ainda assim, ergueu-se do leito bem cedo para cavalgar, como era de seu costume.

Sua rotina seguia normalmente até a tarde, até que seu pai a chamou no gabinete particular. Apresentando-se a ele conforme era de costume, a moça sentou-se na mesma poltrona onde havia recebido a infeliz notícia de seu noivado e aguardou seu pai e seu rei se pronunciar.

— Eileen, chamei-te para que te informar que, a partir da próxima semana, tu deves incluir em tua rotina algumas aulas de outras línguas e de arte.

A jovem filha da realeza respirou profundamente, desanimada.

— Mais aulas? Mas meu pai, que outro idioma preciso aprender? Que tipo de cultura ainda não me foi ministrada?

— Não reclames, Eileen. Para que nasçam filhos valorosos precisas obter bastante cabedal de conhecimento. Tua mãe era linda e gentil, mas era analfabeta e alheia os conhecimentos mais avançados, como é natural a uma mulher. Conclusão: teus irmãos nasceram incompetentes e fracos. Oh, estou grato a Deus por ter bastante saúde para aguardar melhores substitutos ao trono. Tu nasceste com meu espírito. Sendo assim, estou convicto de que te fortalecendo a inteligência, estarei garantindo uma descendência valorosa para substituir-me ao trono.

O semblante de Eileen ficou visivelmente contrariado. Mas ela silenciou, aguardando o pai terminar.

— Pois bem, ontem me foi dado a conhecer um jovem oficial cujo talento e dotes intelectuais me surpreenderam. Convoquei-o para inspirar-te a vocação musical e para administrar outras línguas. Seu nome é Nean e ele é um estimado amigo de teu noivo, além de membro de família nobre e servidora do trono.

A moça teve um choque. Quais caprichos do destino colocavam o músico que tanto a intrigara em seu caminho? Seu pai aguardava seu pronunciamento, então ela disse, tentando imprimir algum desdém à voz:

— Pois bem, meu pai. Como disseste que estou apenas sendo informada, creio que não me resta margem para qualquer oposição.

O rei sorriu, satisfeito. Poucas vezes tivera com a filha um entendimento sem refregas e muitas reclamações.

3
A fuga

PASSARAM-SE OS DIAS com imensa expectativa da pequena Eileen, enquanto aguardava rever o intrigante militar que seria, a partir de então, seu professor.

Para Mirdian, sua ama, ela confessava as ânsias que a tomavam, deixando a velha serva apreensiva e temerosa.

Quando chegou o dia e o horário pré-definidos, encaminhou-se com a serva ao salão onde seriam administradas as lições. Não seria acompanhada por comitiva, mas tão somente por Mirdian e pelos guardas de sua segurança pessoal, já que Nean era um oficial de cavalaria.

A jovem, vendo o professor, buscou manter-se indiferente e distante, embora sentisse que emoções desconectas a tomassem as impressões. Já Nean pouco conseguia disfarçar o fascínio por que era tomado ao olhá-la e com ela trocar algumas expressões.

As aulas iniciaram-se de maneira formal e respeitosa. Mas não se demorou para que ambos começassem a tratar-se como velhos amigos. A afinidade entre eles era visível, muito embora a diferença de idade, pois Nean era um oficial de aproximados trinta anos de idade.

Com o tempo, Eileen descobriu que Nean possuía dois irmãos e uma irmã, além dos pais, que eram membros da então nobreza da época. Somente ele sentia afinidade com o serviço das armas, já que a família era formada por intelectuais ou conselheiros dos reis.

Ele era amigo de Fynn, embora o contraste entre a cultura de ambos. Haviam se conhecido no serviço de armas e Nean havia salvado a vida do colega em uma batalha, obtendo dele, desde então, uma amizade e fidelidade incondicional.

Mas o ciclo de amizades de Nean, no dia a dia, era diverso daquele em que trabalhava. Crescera entre músicos e intelectuais, estudara em instituições respeitáveis e tivera renomados mestres em várias regiões do mundo civilizado. O noivo de Eileen contrastava-se com seus demais companheiros de dia a dia.

Em breve, professor e aluna eram íntimos e trocavam confidências e segredos.

Não demorou muito para que este estado de coisas evoluísse para um namoro temerário e irresponsável. As aulas, então, eram intercaladas com versos e juras de amor, carícias e beijos roubados nos momentos de distração dos guardas e da ama de Eileen.

Proibido, o relacionamento era permeado por ciúmes e angústias acerbas, além de atitudes levianas e perigosas.

O casal encontrava-se em lugares escondidos para trocarem rápidos refrigérios ao seu sofrido sentimento. Algumas vezes, Nean dava-se à loucura de invadir os aposentos de Eileen na calada da noite, para exigir dela juras de amor e fidelidade, entre nervosismos e inseguranças, após vê-la com o noivo em algum evento social.

O casamento estava acordado para depois de algumas viagens que o noivo empreendera na defesa da nação. Não tardaria mais que seis meses para ocorrer. Eileen pressionava Nean de uma maneira vigorosa para que fugissem e este hesitava. Conhecia seu colega de armas de uma maneira muito profunda e sabia a perseguição que o aguardava. Isso sem contar o rei, que não perdoaria seu ato de traição. Estariam condenados à desonra e à fuga sistemática. Se qualquer dos dois colocassem neles as mãos, estariam mortos. Não era uma ideia promissora, ao seu ver.

Mas Eileen coagia-o a uma decisão.
– Nean, precisamos fugir. Não temos alternativa.
– Querida, pensa com critério. Não conseguiremos escapar a Fynn e ao seu pai. Estamos nos condenando à morte...
– Estás com medo, seu covarde? – perguntava irritada e desafiando-o.
– Não sou covarde. Não digas isso. Apenas analiso friamente a situação e me parece demasiadamente temerária uma fuga.
– Preferes me ver entregue a esse animal? Não te incomodas eu me tornar mulher dele?
Enlaçando-a, irritado, o rapaz respondia:
– Por que me fazes estas torturas? Sabes que não suporto esta ideia... Não pertencerás a outro!
– Pois se não fugirmos, eu serei de Fynn. Ele terá sobre mim o poder do marido.
A moça continuava até vê-lo alucinado, descontrolado. Muitas vezes fugia dele, indignada por sua hesitação, e evitava-o durante vários dias, postando-se fria e indiferente durante as aulas. Quando se sabia observada, tratava o noivo com deferências gentis e carinhosas, para lhe espicaçar de ciúmes. Insinuava-se para depois recolher-se, deixando-o atordoado e confuso.

Enfim, usou de todos os seus artifícios de mulher para conseguir dele a reação que queria. E ele, por ser fraco, pouco afeito ao autocontrole ou à ponderação, deixou-se emaranhar na teia de seu próprio desequilíbrio, e aderiu, vencido, à ideia da fuga.

Ah, a mulher! Que mistério paira sobre o espírito que enverga, em suas tendências psíquicas, a sobreposição da 'anima' sobre a porção masculina?

Ah, mulher, buscai o evangelho de Jesus para te definires para teus propósitos sublimes, pois sem ele sois enigma e contradição! Sem Jesus, neste cabedal talhado pelas reencarnações sucessivas, definem-se e confundem-se o ideal e a deserção, o amor e a traição, a cura e o veneno, a salvação e a perdição.

Mas a mulher que conheceu o Evangelho é a força poderosa que erguerá à dignidade o mundo inteiro. Uma vez consagrando ao Senhor seus potenciais imensos, será ela o emblema da educação e da paz, da concórdia e da harmonia. Tanto é assim que hoje, no mundo, são erguidas em posições dantes somente destinadas aos homens, de maneira que imprimam nessas responsabilidades a marca indelével da honradez e da sensibilidade.

Eis que surgem no horizonte os novos tempos! Passada a borrasca que precede o glorioso porvir, teremos ocasião de vê-las amadurecidas e conscientes do papel que lhes cabe na obra divina de ascensão.

Neste contexto, até os homens mais tardios e teimosos haverão de ser arrebatados por seu cabedal de amor, para que toda a humanidade siga unida até Jesus.

Nean deixava-se arrebatar, desavisado e distraído dos próprios deveres.

Foi assim que, faltando alguns dias para o matrimônio, poderemos seguir dois vultos deixando o castelo real na noite alta, vestidos em capa espessa e escura.

Eram Eileen e a ama, que decidira segui-la, pois se ficasse, seria automaticamente morta pelo rei. Saíram das fronteiras do castelo real e seguiram pela mata ao redor, encontrando no meio do caminho dois cavalos deixados ali por Nean. Seguiram juntas até certa parte do caminho onde o rapaz as esperava também montado em um cavalo, e debandaram em direção ao litoral. Pretendiam seguir para a Bretanha, aproveitando os conflitos que separavam as duas nações para se esconderem.

Dias depois, em uma manhã, alcançaram um pequeno barco que Nean comprara dias antes da fuga. Viajavam quase sem pausa e pernoitavam em lugares abandonados.

Eileen desceu do cavalo com as pernas bambas e cansadas. Foi preciso a ajuda do rapaz para conseguir entrar no barco juntamente com Mirdian. Nean empurrou-o até onde as ondas eram mais altas e entrou, tomando dos remos para direcionar o movimento. Com todo o vigor que possuía, atirou-se ao exercício, vencendo as vagas e a maré com sua força.

Traziam pequena bagagem. Eileen levava um pequeno baú com as joias pessoais e várias moedas que tirara do cofre pessoal de seu pai, além de suprimentos e roupas que Mirdian ajuntara. Nean não envergava a túnica militar. Antes escolhera trajar-se como obscuro aldeão, levando também algum ouro e suprimentos, além da espada de honra da família, que havia herdado por ser o primogênito.

O trio recebia do mar as arremetidas agressivas, como que reprovando o ato de traição. Em pouco tempo estavam molhados, mas prosseguiam sem conversarem entre si.

Apenas, de quando em quando, o rapaz questionava se estava tudo bem com ambas.

E assim prosseguiam na aventura perigosa, tentando alcançar as terras estrangeiras.

4

A perseguição

SOMENTE À HORA da refeição que o rei percebeu a ausência de Eileen. E em pouco tempo, todo o castelo era averiguado, pois também Mirdian não fora encontrada.

Investigadores competentes, adestrados e perspicazes, levantaram a hipótese de fuga, já que as pistas que encontraram remetiam à ideia.

Não demorou e o sumiço de Nean foi percebido e juntaram os fatos.

O rei, enlouquecido de desgosto e desespero, chamou Fynn para informá-lo.

O comandante enfureceu-se de tal maneira que se esqueceu de estar na presença do monarca. Destilou imprecações e jurou vingança, esmurrando paredes e mesas.

Implorou ao rei que o deixasse vingar-se do amigo traidor e da filha perjura de maneira exemplar. Usou da lealdade que sempre tivera para com o reino para atestar merecer do descendente de O'Neil o direito da desforra, mesmo tratando-se de sua filha.

E do orgulhoso monarca, obteve carta branca para perseguir os culpados, munindo-se de quantos homens precisasse. Poderia sentenciá-los à tortura ou a morte, caso quisesse. Ele não se importava, pois a filha havia manchado sua descendência e matado seus sonhos de monarca, que aguardava dela o herdeiro de seu trono. Por isso execrou-a em ato público, oferecendo recompensa a qualquer informe sobre seu paradeiro. Surgiram os informantes e os fofoqueiros, com notícias novas e testemunhos verídicos ou fictícios.

O primeiro ato de Fynn foi contra a nobre família de Nean. Submeteu-os a inquéritos desonrosos e humilhantes, destituiu-lhes, a mando do rei, de seus títulos e suas terras. A irmã de Nean, como ato de desforra, foi entregue à animalidade de Fynn e seus soldados. A pobre, após a vergonhosa desonra mediante os dois irmãos enlouquecidos de dor, entrou em franca depressão e suicidou-se pouco tempo depois. O irmão mais novo, em uma tentativa infrutífera e desesperada de defender a irmã, atacou um soldado e o matou, sendo morto, a seguir, pelo bruto comandante real na frente da família.

O pai de Nean não suportou o vexame supremo e pereceu breve tempo depois da filha, lançando imprecações sobre o filho ingrato que lançou toda família à lama sem comiseração.

A mãe enlouqueceu, sendo amparada pelo irmão do meio, que foi o único que sobrou para seu cuidado. Este assistiu os sonhos de homem serem mortos, pois era noivo e foi repudiado pela família da noiva após o ocorrido.

Os sobreviventes foram expatriados e os bens confiscados pelo reino. As honras e títulos foram retirados do poder da família e o nome foi marcado com a desonra e a vergonha. As terras foram queimadas e consideradas malditas.

E Fynn entregou-se à busca dos infelizes, não apenas para matá-los, mas para primeiro humilhá-los e vilipendiá-los de toda tentativa de felicidade. Recebeu do rei a permissão para a viagem de perseguição, não importando para onde houvesse que seguir. O monarca pediu apenas para que ele trouxesse a cabeça de Nean como pendor de sua vitória no intento, para que servisse de aviso a qualquer um que desafiasse o rei.

Fynn encontrou o rastro dos fugitivos e seguiu até a Bretanha para procurá-los.

A essa altura, a notícia da desgraça da família de Nean atravessou o mar e era contada por alguns dos que odiavam o rei e riam-se de ele haver sido traído pela própria filha.

Nean e Eileen, disfarçados e envergando nomes falsos, souberam dos fatos e foram tomados de surpresa.

O rapaz quase enlouqueceu de dor quando soube dos detalhes a respeito da sua família. Perdera, por força de sua insensatez, o irmão caçula que adorava e a irmã por quem nutria imenso carinho. Também o pai perecera desgostoso com ele. Já a mãe adoentada de angústia e o mano que sobrou foram escorraçados para destino incerto.

Tudo por sua culpa. Tudo porque não refletira suficientemente sobre as consequências de seus atos.

Durante alguns dias entrou em um estado assustador. Gritava e arrancava os próprios cabelos, com os olhos arregalados. Acusava Eileen de o enfeitiçar e desgraçá-lo para todo sempre. Quebrava aquilo que suas mãos alcançavam, para aquietar-se depois em algum canto, em pranto convulsivo.

Nessas horas, a deserdada dos O'Neil tentava fugir, tomada de pavor. Mas ele a segurava, trêmulo e desesperado, dizendo que não a deixaria ir embora. Que era um desgraçado, pois ela o arruinara e ele não poderia viver sem ela.

Eileen o acusava também. Dizia que ela fora desgraçada por aquele amor, pois havia sido repudiada pelo próprio pai e pela pátria. Que tinha a honra manchada por ele, que nem ao menos se consorciara com ela.

E o casal entrou em atritos assustadores e desequilibrados, entre as fugas constantes que empreendiam a cada boato da proximidade de Fynn.

Passaram-se os meses até que alcançassem, por força do amor que nutriam, algum entendimento mais ameno e Nean voltasse a tratar com gentileza e carinho a companheira de traição. Mirdian fugira assustada, após as primeiras brigas do casal. Imaginava que iriam brigar, uma vez que sua protegida era impávida e atrevida na hora da raiva. Muitas vezes a vira atirar-se sobre Nean, esquecida de que era muito menor que ele, sendo contida a muito custo.

De posse de algum equilíbrio, Nean procurava labor onde se fixavam, de maneira a sustentar a amante, já que os recursos mais volumosos estavam se esgotando rapidamente. Trabalhou como professor, como músico e afinador, como segurança em algumas vezes, e mesmo como contratado para certos serviços de desforra e perseguição.

Mas onde pousava, em breve, surgiam indícios que evidenciavam a proximidade de seus perseguidores, pois notava o olhar desconfiado de quantos conviviam com ele e os boatos que circulavam.

Quando não era o temido Fynn, eram os caçadores de recompensas que os perseguiam por onde quer que fossem, sem remissão ou tréguas.

Nean às vezes estranhava a demora do rival e ex-amigo, pois sabia -o capacitado a encontrá-los e trucidá-los, por seu talento militar. No entanto, ouvia os boatos, escutava as referências que atestavam que ele estaria por perto e fugia, escapando ainda uma vez de suas garras mortíferas.

Assim era porque Fynn tornara-se sádico e sórdido. Queria aterrorizá-los. Intentava sofrimento moral antes do sofrimento físico que aguardava a ambos.

E assim prosseguiram até as Gálias, em fuga incessante.

Quando não possuíam mais recursos e a miséria financeira os espreitava, o casal desesperou-se. O outrora arrebatamento afetivo dera lugar a novas discussões e desavenças e Nean buscava em outros braços os carinhos que a amante lhe negava, piorando ainda mais a situação de ambos.

Eileen, enfurecida, atacava-o e atacava quem quer que se rendesse aos seus encantos de homem, até que resolveu deixá-lo.

Após mais uma de suas inúmeras discussões, ajuntou sua bagagem e rumou para a porta, decidida. Nean a segurava, desesperado ante a perspectiva de perdê-la, pois ainda a amava.

Mas a moça estava resoluta. Empurrou-o, cuspiu no chão, acusou-o e gritou seus defeitos, tomada de ira como uma fera.

Ele a segurava pelos braços, colocava-se entre ela e a porta, implorando seu perdão, prometendo que nunca mais a trairia ou a magoaria. Impediu-a de sair a todo custo, tentando a reconciliação tomado de suprema agonia e insegurança.

Eileen usou de sua carência e de seu medo para iludi-lo quanto a uma reconciliação falsa, para deixá-lo na noite alta, conforme planejou.

No outro dia, refugiou-se na casa de uma família para quem trabalhou e onde adquiriu imenso afeto, angariando a proteção do chefe da casa.

Não tardou que Nean a procurasse, ébrio e agoniado, mas foi impedido de vê-la, para seu desespero.

Nesse ínterim, ouviu novamente os informes da proximidade de Fynn, mas não arredou o pé de levar consigo o alvo de seu amor, tentando persuadi-la a ouvi-lo.

Em um dia terrível, depois de mais uma noite insone por conta de seus desgostos, voltou para casa passando por uma praça da vila onde residia, distraído e desditoso.

A um certo momento, ouviu atrás de si uma voz soturna que o desafiava:

– Nean! Então foste abandonado pela noiva que me roubaste?

O rapaz virou-se, de chofre, já empunhando a espada de seus ancestrais, colocando-se em guarda para o adversário, encarando-o.

Era Fynn, que se riu atrevidamente. Não estava em guarda. Sua espada ainda descansava na bainha.

– Achas, verme, que tens alguma chance contra mim? Não crês que se eu quisesse, já o teria trucidado?

Suarento e nervoso, Nean perguntou:

– E o que queres, então? A que vieste, senão para vingar-se?

– Pois sim! Vim vingar-me. Mas quero eliminar-te de todas as formas em que é possível eliminar um homem. Por último, como suprema misericórdia, é que te matarei o corpo. Mas antes, hás de sofrer por tua vilania. Tu traíste o rei e traíste um amigo leal.

Nean embainhou novamente a espada e encarou-o por alguns momentos. No fundo, sentia como se Fynn tivesse razão. Era um execrável, pérfido e leviano. Sua família perecera por sua causa. Sua vida ruíra porque não pensou em suas atitudes. Fynn era apenas mais uma vítima de seu desregramento. Tudo porque amava uma mulher que não poderia amar e não podia cogitar estar sem ela.

Não se sentia apto para qualquer renúncia ou atitude digna em nome da honra, caso isso significasse deixá-la.

Fynn sacou da espada e já ia atacar quando alguém pulou em seu pescoço, agarrando-o e agredindo-o. Era Eileen, numa tentativa desesperada de defender o homem que amava, ao presenciar o encontro de ambos.

Com um grito, o comandante real chamou os três guardas que o acompanharam na viagem, que cercaram e prenderam Nean, impedindo-o de ajudar Eileen.

Com um gesto bruto, jogou longe a ex-noiva, segurando-a logo em seguida.

Rumaram, sob a estupefação popular, para um bosque próximo. Não houve qualquer tentativa de defesa do desditoso casal por parte dos que assistiram a refrega.

Caminhando até um lugar que julgara propício, Fynn executou na frente de Nean o que considerava a desforra pela perfídia da ex-noiva, violentando-a enquanto seus guardas detinham o desesperado rapaz.

Depois ergueu-se, empunhando a espada com a qual desejava trucidar o adversário, mas Eileen ainda teve forças para levantar-se e pular novamente em seu pescoço, como uma louca, fazendo-o cair.

Os guardas ficaram estupefatos, e Nean reagiu conseguindo soltar-se e desarmar um deles.

O embate foi feroz e muito breve ele havia inutilizado os três homens que o detinham, desesperado por socorrer a mulher das garras de Fynn.

Contudo, o comandante real desvencilhou-se da pequena Eileen, lançando-a novamente no chão com a espada em punho, para matá-la.

Nean o acertou com um golpe na altura dos rins, pois hesitava matar o antigo amigo. Queria, ao contrário, apenas imobilizá-lo para uma batalha. Mas o vigoroso homem não caiu. Voltou-se ao adversário e o atacou com uma força enorme.

Seu talento à espada era superior ao de Nean. Seu vigor físico também sobrepujava o do adversário. Assim sendo, sob os gritos de Eileen, cravou-lhe a espada ao peito.

A moça, tomando da espada de um dos guardas caídos, atacou Fynn pelas costas, abrindo-lhe uma fenda na direção do coração.

Viu-o virar-se ainda, embora parecesse impossível ele ainda possuir vida para isso. Ele ainda ergueu a espada, na tentativa de atacá-la, mas caiu de joelhos olhando em seus olhos.

– Traidora! Matas-me, mas também eu mato teu amante! Não o terás! Não o terás! – Soltou em um grunhido rouco.

Olhando-o com olhos frios, Eileen aditou secamente:

– Morre, animal! Não passas de um animal!

Quando o gigante da Irlanda tombou, ela correu a Nean, que ainda respirava. Tomou-o no colo, colocando a mão sobre o ferimento, de onde o sangue saía em borbotões. Reparou que a palidez da morte já tomava sua face.

– Oh, meu Nean! Oh, querido, não me deixes!

O rapaz abriu os olhos, como que chamado de um sonho, e a encarou:

– Querida, perdoa-me! Perdoa esse amor que nos desgraçou para sempre! Oh, minha Eileen!

– Não! Tu deves perdoar-me por tê-lo abandonado, querido.

– Tu voltaste para defender-me – disse levando a mão em seu rosto, em um carinho. – És tão corajosa. Mas és também louca!

– Fiz porque o amo, meu Nean! Oh, querido, não me deixes!

Em um esforço supremo para dizer alguma coisa, recebeu da mulher amada o derradeiro ósculo, encarando-a depois.

Eileen presenciou o brilho da vida apagando-se de seus olhos acastanhados e abraçou-o, desesperada. Gritou e lançou blasfêmias, chorou até não haverem mais lágrimas em si, deitada no corpo inerte do infeliz amante.

Tomada de alguma força estranha e de total alucinação, cavou uma cova rasa e o enterrou, sem saber direito o que fazia.

Retornou à vila várias horas depois de haver saído, suja de sangue e terra, descabelada e dementada.

Recebeu a ajuda da família a que se afeiçoara, sendo limpa e acolhida.

Permaneceu em silêncio tumular por alguns dias, sem erguer-se do leito.

Depois, demandou da casa de seus benfeitores, caminhando em rumo à praia de onde chegara da Irlanda. Ao fim de algumas semanas, seu aspecto em nada mais lembrava a linda princesa do Ulster. Sua lucidez a abandonara e tornou-se louca e amaldiçoada.

Não durou mais que alguns meses nesse estado, morrendo obscura e dementada, longe da família e de qualquer amigo ou conhecido. Morreu na praia de onde olhava o mar na direção de sua terra natal. De seus lábios saíam a própria história, em forma de narrativa desesperada e triste. E tal história caminhou entre aldeões e populares em geral, que iam e vinham de todos os lugares.

Na Irlanda, a tragédia virou uma cantiga triste e uma lenda que venceria os tempos porvindouros, algo modificada por aqueles que a propagaram. Ganhou antigos deuses, personagens fantásticos e elementos sobrenaturais que incrementaram a narrativa. Fynn foi condecorado, no dito popular, como um herói reto e nobre que foi traído por um amigo muito íntimo. Ainda hoje, os resquícios da lenda falam de um guerreiro valoroso – talvez o maior que a Irlanda já conheceu, dotado de capacidades supranormais, sensibilidade e bondade. Alguns contaram que o amigo traidor tratava-se de um parente ou mesmo um filho adotivo, devido à diferença de idade dos dois.

O episódio da morte ganhou tantas diferentes interpretações, que quase não existem mais versões que se aproximam do que realmente aconteceu. Em algumas existem interferências fantásticas de deuses antigos, locais surreais, acontecimentos extraordinários. Em muitas, o nobre guerreiro intenta perdoar o amigo traidor e é morto a sangue frio por este. Em outras, os dois fazem as pazes e o casal traidor pôde seguir adiante a vida, sendo felizes para sempre. Em outras, a filha do rei é morta por acidente, perecendo nos braços do valente guerreiro da Irlanda. Para alguns, o grande Fynn foi arrebatado e não morto no embate com os adversários. Para outros, ele retornou para a Irlanda, mas desgostoso com a traição, refugiou-se em um exílio pelo resto da vida.

Nesta narrativa, não nos ocupamos de contar os pormenores dessa história tão cheia de minúcias. Não foi também de nosso interesse conservar os nomes reais dos personagens, para que ninguém se ocupe de os identificar na cultura popular. É de nosso interesse apenas grafar o que aconteceu, de maneira mais generalizada, para que os amigos possam compreender um pouco melhor algumas situações que fazem parte da história principal deste opúsculo, mesmo porque não se trata de um escopo nosso questionar ou apontar diferenças entre a verdade e a fantasia nas histórias populares dos povos, tão importantes para o desenvolvimento da cultura de cada nação. Deixe-as como estão, divertindo e entretendo todos quanto delas tomam conhecimento.

Aqui, nosso desejo é apenas enfocar o encadeamento dos fatos do destino humano, para que compreendamos todos que devemos pensar melhor em cada decisão que tomamos em nossa vida, de maneira que não nos atormentemos com nossas próprias ações, no futuro.

5
No limiar das novas experiências

Pois bem, meu caro amigo com quem compartilho estas linhas, bastará, para nossos objetivos, identificarmos nesta pequena e resumida narrativa, algumas das personagens das quais vimos tratando desde então: Eileen estava agora reencarnada como Miriel; Nean era agora Kevin McCann, e o espírito que percebemos perseguindo o casal, trata-se do sofrido Fynn MacDoubret.

As outras personagens, leitor amigo, cremos que tua perspicácia há de identificar sem nossos informes mais diretos, mesmo porque, no momento, não seria proveitoso qualquer detalhamento neste sentido, até por questão de caridade cristã com alguns dos envolvidos.

Para finalizarmos este pequeno vislumbre do passado, vamos adentrar um pouco em sua vida após a vida, depois da trágica caminhada terrena de todos eles.

Fynn, uma vez despojado do corpo, demorou-se na perturbação que se segue ao desencarne trágico. Parecia estar vivenciando um pesadelo interminável, onde vivia e revivia a perseguição que aplicara aos infelizes amantes.

Depois, acabou por restabelecer a lucidez relativa, reconhecendo-se fora do mundo material como conhecia, pois vira-se rodeado de antigas vítimas e familiares destas, cobrando sua crueldade nas batalhas. Durante muito tempo, foi torturado e execrado por vários ex-oponentes.

Às vezes, ouvia ressoando em sua alma as últimas palavras da ex-noiva, chamando-o de animal, e quase dementava-se pois sentia seu corpo aderindo à ideia nefasta.

Já Nean não tardou muito a adquirir alguma lucidez, embora não se reconhecesse como desencarnado. Seguiu a companheira que tanto amara em vida, enlouquecido de sofrimento ao testemunhar sua demência. Imaginava que era por conta de tal estado mental que ela não lhe respondia aos chamamentos e rogos afetivos.

Magoado, ferido, vencido, viu-a soltar o último suspiro diante do mar que levava à distante Irlanda, mas não acompanhou seus insucessos após o decesso, crendo mesmo que ainda estava encarnado.

Não saberia dizer por qual sortilégio se deu o fenômeno, mas recordando-se do lar que abandonara, viu-se novamente pisando suas terras, estarrecido mediante a miséria a que foi relegada a antiga próspera vivenda de seus ancestrais. Os escombros que restaram do fogo e a terra inutilizada demarcavam sua desgraça ainda mais, levando a estertores de agonia e dor.

Porque pensou na mãe e no irmão sobreviventes, novamente foi preso do fenômeno estranho que o levou até eles. E oprimido pela própria desdita, os viu entregues à miséria financeira e moral. O irmão transformado em espectro humano, cuidando da pobre mãe martirizada pela insanidade. E ao lado deles permaneceu por longo tempo, com a ferida no peito a sangrar. Sua mãe o via e para ele gritava, e por ele se desesperava, sendo considerada ainda mais louca pelo filho. E, como um réprobo, ele se ajoelhava, clamando o perdão da mãe e do irmão por seus desatinos, contando sua trágica história e pedindo à doente algum refrigério ao coração. Mas a pobre senhora não tinha muito o que lhe dar, além do olhar compungido e dos gritos de loucura.

Não demoraria muito para que ambos deixassem também a Terra, vitimados pela fome e pelas doenças de inverno.

E Nean se via novamente a sós.

Mas o rapaz jamais foi dado aos rancores ou ressentimentos. Desde muito antes, cultivara o hábito de esquecer-se verdadeiramente das ofensas, sendo-lhe relativamente fácil perdoar. Além do mais, trazia a consciência espicaçada de remorsos. Por isso mesmo, em momento algum lembrou-se de Fynn com revolta ou sentimento de vingança. Ao contrário, compreendia que ele mesmo, Nean, fora o grande arquiteto de seu infortunado destino.

E foi por esse motivo que o auxílio foi possível, apesar de seus erros, antes de ser possível aos outros companheiros de desdita que se conservavam rancorosos.

Um dia, humilhando-se em prece sentida, viu-se arrebatado em braços carinhosos que o aliviavam a dor da ferida que nunca fechava e nunca o matava. Em breve, pôde adentrar regiões de socorro para o conveniente tratamento para seu sofrimento. Ao se ver auxiliado, recordou-se da mulher que tanto amara e pela qual desgraçara toda a família e a si mesmo. Repetia seu nome, não mais em gritos de desespero, mas como um gemido baixo de dor intensa. Rogava a Deus que o socorresse, que também a ela oferecesse algum refrigério.

Eileen chegou à vida verdadeira doente e dementada. Em suas alucinações, gritava imprecações contra aquele que considerava o inimigo de sua felicidade. Vagava pelo local onde presenciou seu Nean ser assassinado e onde deferiu o golpe mortal em Fynn, revendo a todo instante a tragédia que destruiu sua lucidez. Cada vez que revivia o ocorrido, procurava um meio de destruir Fynn antes que ele ferisse Nean, mas em vão. Em todas as ilusões que criava, terminava por ver perecer o homem adorado em suas mãos.

Foi preciso muito tempo para que parasse de blasfemar e praguejar contra todos e até contra Deus e para que se sentisse exausta. Sentia falta do lar que rejeitara. Sentia imensa saudade do pai.

Através do pensamento e sem compreender o fenômeno, voltou à Irlanda. Perambulou pelos campos onde outrora tivera as lições com seu amado professor. Acabou por adentrar na fortaleza do rei e, tomada de dor e lágrimas, correu pelos corredores procurando o pai, para pedir-lhe algum alento. Encontrou-o prostrado no leito, envelhecido e doente.

Assustou-se ao verificar que os traços que outrora teimavam em se conservar joviais em detrimento do tempo, estavam tomados de rugas profundas. Os belos cabelos escuros estavam totalmente brancos e as mãos, outrora ágeis e poderosas, tremiam descontroladas. Em seus olhos, o palor característico da visão cansada.

A verdade é que algumas décadas haviam se passado desde os tristes acontecimentos.

A moça ouviu-o tossir e se aproximou, ainda atormentada com a visão.

Ajoelhou-se junto à cabeceira e tocou seu rosto enrugado, deixando as lágrimas fluírem em abundância.

– Meu pai! Oh, meu pai! Eu voltei para implorar teu auxílio. Vê a que me reduzi! Arrependo-me de te haver afrontado e peço teu perdão. Vê que já tive da vida o castigo superlativo. Perdoa-me!

Mas o velho não respondia. Nem sequer parecia se dar conta de sua presença tão próxima dele. Apenas sentiu um aperto no peito, indicativo de angústia e dor.

Adentrou o ambiente um servo prestimoso e ajeitou-lhe os panos do leito, cobrindo-o. Sorridente, questionou ao soberano:

– Como estás, majestade? Tens sede ou fome? Sentes algum mal-estar?

Olhando-o com atenção, o rei, cuja consciência férrea continuava lúcida apesar da idade avançadíssima, balançou a cabeça negativamente.

– Mas noto-te acabrunhado, meu senhor. O que houve?

Respirando profundamente, C.M.A. sentiu os olhos se nublarem de lágrimas que não ousavam cair.

– Oderish, hoje seria o aniversário de minha filha...

Eileen sentiu um choque e ergueu-se, com a mão no peito.

– Oh, meu senhor! Então vamos pedir por ela em uma prece a Deus.

– Não orarei por aquela desgraçada, Oderish! Quero que ela queime no mais profundo inferno.

Sem conseguir manter-se de pé ante a afirmação paterna, Eileen deixou-se cair de joelhos, balançada por soluços, enquanto murmurava:
– Meu pai, meu pai! Piedade! Tem piedade! Sou tua filha!
Como se tivesse ouvido a rogativa da moça, o servo falou ao rei:
– Senhor, ela é tua filha! Tem piedade!
– Piedade? Piedade para essa miserável que enxovalhou meu nome e quase colocou a perder minha credibilidade como monarca? Piedade para essa execrável que desrespeitou o rei e o próprio pai? Para uma indigna que se desonrou tornando-se amante de um homem, fugindo pelo mundo? Haverá um pai mais desgraçado que eu, Oderish? Eu amaldiçoo o dia em que veio ao mundo essa criatura. Feliz é minha Hanna, que não presenciou essa maldita destruir nossa honra.

Eileen deixou-se cair ao solo, encolhendo-se como uma criança, sentindo-se perder os sentidos, tamanho desespero que lhe oprimia o peito.
– Oh, pai, não digas isso! Perdoa-me! Perdoa-me! Vê meu estado! O mundo já me castigou!

Novamente, o servo dirigiu-se ao monarca, com os olhos compungidos:
– Majestade, o mundo já se encarregou de castigar tua filha infeliz! A pobre coitada morreu louca e sozinha em uma praia da Bretanha. Foi enterrada em uma mata próxima, como indigente, conforme os informes de teus investigadores!
– Mas é o que ela é, Oderish! Uma indigente!
– Senhor, estás nervoso e isso não é bom para vossa saúde. Sugiro que façamos alguma prece pela alma da falecida, de maneira que consigamos alguma paz para nós mesmos...

A essa altura, vendo que se referiam a ela como uma defunta, Eileen ergueu-se, atônita. Ouvia as referências de olhos desmesuradamente abertos. Ninguém parecia notá-la, mas ela atribuía ao seu aspecto grotesco.

Eileen aproximou-se de Oderish, procurando ser notada, sem êxito. Apenas viu que o servo sentia um arrepio em sua espinha quando ela tocou seu braço, para chamar-lhe a atenção.

Parou na frente do pai e ele nem sequer a olhou. Estaria morta? Seria isso a morte?

– Prece? Ora, Oderish, essa infame devia agradecer aos céus haver morrido na Bretanha. O destino foi bastante gentil com ela, pois se ela me estivesse ao alcance, eu mesmo a trucidaria! – aditou o rei, tomado de ira.

Ouvindo o pai, a moça foi afastando-se de costas, com as duas mãos no peito. Era insuportável ouvir aquelas palavras. Todo seu corpo tremia de dor moral inconcebível.

Vencida, ela saiu correndo e gritando de dentro do castelo, buscando os bosques próximos.

O pai a odiava! Sim, ele a odiava. Não tinha mais ninguém no mundo.

Recordou-se do que o servo havia dito. Seu corpo estava enterrado em uma mata da Bretanha, próximo à praia.

Ao pensar nisso, novamente se viu transportada até o local, alvo de seus pensamentos. Chegou à praia onde dera o último suspiro. Olhou para o mar tomada de angústia e virou-se, mirando a mata que ficava a alguma distância. Caminhou resoluta, como se soubesse o caminho. Seguiu até um ponto em específico e olhou para o chão. Por um processo totalmente desconhecido por ela, sua vista ultrapassou a terra e enxergou o que estava abaixo dela. Jazia ali um esqueleto humano, que ela identificou como sendo seu.

O terror tomou conta de suas faculdades. Sentia todo o corpo em convulsões descontroladas. Ela toda era tremor e desespero.

Gritou de angústia. Tocava em si mesma sem compreender o que estava acontecendo. Mas ela se sentia viva. Seu coração pulsava e ela respirava o ar. Como poderia estar morta? Que enigma era aquele que lhe oprimia?

Caiu novamente de joelhos e chorou como nunca em sua vida. Lembrou-se de Nean. Se ela estava morta, e continuava viva de algum outro modo, também ele o estaria. Onde estava ele que não a procurou, então? Havia deixado de amá-la, certamente. Seu aspecto estava horrível. Já não era mais bela como fora um dia. Estava meio dementada. Certamente que ele deixou de amá-la.

Entregue a estas elucubrações, o pranto de Eileen se fez mais dolorido. Para ela, tais pensamentos eram insuportáveis. Por isso, tomada de dor, murmurou aquilo que seria sua prece:

– Oh, meu Deus! Nada mais me resta!

Em certo instante, viu aproximando-se um senhor em vestes resplandecentes, de olhar gentil. Não pôde encará-lo por muito tempo, pois sua fisionomia fazia com que ela tremesse de vergonha, embora não compreendesse o porquê.

Ele ajoelhou-se de frente para ela, acariciando-lhe os cabelos desalinhados e enxugando suas lágrimas.

Sem compreender as próprias emoções no contato com a figura simpática que por ela se interessara, a moça cobriu o próprio rosto com as mãos, tentando furtar-se ao vexame de olhá-lo. Mas ele retirou suas mãos com carinho extremo, erguendo seu rosto até que ela o visse. Sua fisionomia transparecia amor e perdão. Um sorriso terno iluminava sua face. Seus olhos eram lúcidos e estavam úmidos por causa da emoção.

– Eileen! Minha menina! Te envergonhas de teu pai?

Confusa, a moça o olhou, boquiaberta. Todo o seu ser vibrava indicando para ela que ali estava, realmente, o seu pai. Mas nunca o vira. No entanto, sem poder refrear-se, abraçou-se a ele, deitando a cabeça em seu peito, desamparada e submissa, enquanto permitia saírem, em forma de desabafo, os gemidos de seu peito:

– Meu pai! Oh, meu pai!

Otelo acariciou-lhe os cabelos revoltos e osculou sua cabeça com extremo carinho. Duas lágrimas silenciosas escorreram por sua face veneranda. Ergueu-se e ergueu a filha do coração, sem desampará-la de seus braços protetores.

– Não te preocupes, querida! Tudo ficará bem!

Eileen segurava na alva túnica de seu protetor, de olhos cerrados. Uma paz desconhecida invadiu seu ser. Sentia-se envolver por um sono invencível. Buscou olhar novamente aquele homem que a auxiliava, tomada de indagações.

Mas antes de ela proferir qualquer vocábulo, ele a acariciou, dizendo:

– Não te preocupes. Em breve te lembrarás do que necessitas. Agora, deixa-te dormir para o necessário refazimento.

Observando nos olhos da moça uma tisna de dor, sorriu e completou:

– Para onde vamos está também o teu Nean. Quando for possível, tu o verás. Saibas que também ele anseia muito por te ver. Agora dorme, minha filha. Dorme...

Como se recebesse uma ordem, a moça aconchegou-se em seus braços e adormeceu, sendo sustentada por seu carinho paternal.

Foi recambiada para uma colônia de tratamento, onde também estavam Nean, como setor que lhe convinha à melhoria.

Depois de anos de tratamento intensivo, e assim que todos os membros daquele clã haviam retornado à vida verdadeira, todos foram reunidos em um determinado setor da colônia, de maneira a ouvirem a palavra do benfeitor daquela família espiritual e de outros amigos de esferas mais altas, com vistas aos trabalhos futuros daqueles espíritos em experiências tão duras na Terra.

Em um salão belo e simples, formado por diversos elementos da natureza, postava-se um grupo de espíritos, cuja luz safirina que extravasava denunciava serem servidores do Pai Maior com encargos de alta responsabilidade. Todos eles traziam uma láurea na cabeça, indicando serem criaturas extremamente sábias e ligadas aos graves encargos no campo do intelecto, muito embora possuíssem também o cabedal moral de suas condições evolutivas.

Ao lado delas, o nobre espírito Otelo, ao redor de quem era possível ver-se uma aura azulada. Do seu peito espargiam-se luzes que variavam do rosa ao azul.

Todo o ambiente estava imerso em suave melodia, cuja origem era desconhecida. A atmosfera parecia formada por vapores sutis e coloridos, que encantavam os sentidos.

Em determinado tempo, todo o grupo de quase cem entidades em reajustamento foi levado até a sala luminífera, de maneira a todos serem instruídos para o futuro.

Em breve, fizeram-se automaticamente alguns subgrupos, que se reuniam conforme as tendências de cada um. A diferenciação estava sempre ligada à capacidade de perdão de cada membro. Percebia-se que havia alguns membros daquela família espiritual que já traziam alguma tendência luminosa em suas constituições, muito embora o número destes ainda fosse reduzido. Mas havia também aqueles que traziam a constituição perispirítica em desajuste bastante acentuado.

Fynn estava quase que isolado, acompanhado por dois seguranças do local que, embora não o segurassem, estavam ao seu lado, impondo-lhe uma certa restrição fluídica. Apresentava-se com particularidades fisionômicas um tanto distante da aparência humana. No entanto, permanecia cabisbaixo, envergonhado e entristecido.

Eileen estava no grupo onde podia ver o pai. Mas este não lhe dava ensejo para que ela se aproximasse. Sua fisionomia transparecia o rancor que carregava. Portanto, a moça permanecia acabrunhada e quieta, sem animar-se em abordá-lo.

Embora juntos, ninguém se animava a conversar. Quase todos mantinham os olhos baixos, evidenciando seu desconforto íntimo em estar em um lugar tão lindo e tão contrastante com a condição que envergavam.

Nean entrou acompanhado de sua mãe e de outros amigos. Embora não transparecesse qualquer luminosidade da aparelhagem espiritual, tinha a aparência relativamente saudável, apesar de entristecido.

Ao passar pelo grupo onde visualizou Eileen, sentiu o coração disparando no peito e encaminhou-se até Otelo, de cabeça baixa e atitude submissa.

Junto ao amigo, não precisou dizer uma palavra, mesmo porque as lágrimas não permitiam qualquer expressão de sua parte. O benfeitor o abraçou, e sorriu paternal, dizendo em tom suave:

– Tens a permissão de vê-la, não te preocupes. Apenas peço que fique aqui onde estás e eu a buscarei. Quero lembrar-te do respeito que este ambiente inspira. São compreensíveis tuas ânsias e tuas saudades, mas aqui prezaremos pelo equilíbrio e o autocontrole, está bem?

O rapaz apenas meneou a cabeça, sem, contudo, levantar o olhar.

Em breve, Otelo trazia abraçado a si a ex-princesa do Ulster, que afundou em seu peito a cabeça, de olhos fechados, como temendo o que iria visualizar.

Sua aparência ainda trazia características de sua doença em vida. Em seus olhos, ainda vagava um rito de demência, ameaçando expandir-se.

Porém, ali com Otelo, a moça estava sustentada para manter um nível de consciência que permitisse raciocínios claros.

Quando chegaram, Nean, sem conseguir controlar o tremor que tomava seu corpo, aproximou-se e tocou seu rosto.

– Eileen! Sou eu, Nean! Por favor, olha para mim!

Abrindo os olhos e o encarando, a moça deixou o pranto escorrer livremente e avançou para abraçá-lo, aninhando-se em seu peito.

– Nean!

Choraram em silêncio, durante alguns minutos, sob a vigilância de Otelo. Não se entregaram a qualquer desequilíbrio, embora sentissem grande emoção e angustiante saudade.

Permaneceram abraçados e, de quando em quando, Nean osculava os cabelos de sua amada, com extremo respeito e carinho.

Fynn, de onde estava, ergueu a cabeça e esboçou uma carantonha indignada, mas tornou a certo equilíbrio quando olhou para os dois seguranças que o secundavam.

Em breves minutos, iniciou-se a reunião, após uma prece comovente do responsável por presidir os trabalhos.

Foi lida a pauta do que seria tratado, muito embora todos estivessem previamente notificados.

As respeitáveis entidades iluminadas expunham o que consideravam um cronograma razoável para uma futura faina carnal, com base nos sucessos e insucessos armazenados em suas trajetórias. Em breve, ficou claro que tais espíritos tinham extenso conhecimento da situação individual e coletiva daquele grupo familiar.

Um por um foi ouvido e recebeu os alvitres para suas lutas futuras serem proveitosas e vitoriosas. Muitos ouviram e manifestaram apontamentos no sentido prático, temerosos das provações que tudo indicava que passariam. Outros demonstravam humildade e submissão, ante cada apontamento das nobres criaturas, muitas vezes em pranto silencioso. Outros ainda, embora silenciosos, deixavam claro em suas vibrações que a aceitação era com o raciocínio e não com o sentimento, que teimava em se rebelar contra os sábios conselhos. Outros, confusos e atoleimados, não pareciam guardar consciência do que lhes estava sendo exposto, ficando aos seus tutores a tarefa de anotar as particularidades do programa.

Em todos os casos, Otelo foi chamado a opinar, pois era o pai espiritual daquele grupo. Em todas as decisões, sua palavra carinhosa e misericordiosa era esperada com expectativa de cada um daqueles espíritos que ele amava com desvelos superlativos.

A alguns foi dado o direito de aceitar ou não as injunções, como de requerer alguma providência. A outros, o programa soava mais como um dever inadiável, não sendo possível a interferência deles mesmos nas decisões que eram tomadas.

Quando chegou a vez de Eileen e Nean, eles ainda estavam entrelaçados.

O responsável pelos trabalhos falou então com um tom ao mesmo tempo severo e amável, dirigindo-se a eles:

– Meus caros amigos, o vosso caso será agora analisado, ante a justiça e misericórdia de nosso Pai Celestial. Podemos analisar em conjunto, já que em conjunto foram os desvios que hoje os constrangem e atormentam.

O amor que vos une está destinado a ser pérola valiosa que enriquecerá o caminho mútuo no passar das eras. Assim é a destinação do sentimento que une a todos no mundo. Porém, nos tempos atuais, o vosso amor ainda não está suficientemente envolvido pelo nácar do equilíbrio e da ponderação, e vos tem arrastado, ao longo das eras, aos desregramentos que vos atormentam e atormentam também a todos quanto partilham convosco a existência. Vosso egoísmo e vosso orgulho têm se sobrepujado ao sentimento verdadeiro que vos une, adulterando-o, iludindo-vos inelutavelmente.

Por isso mesmo, nova prova de separação temporária nós vos sugerimos, de maneira a desenvolver as potencialidades superiores deste sentimento promissor. A ti, Nean, e a ti, Eileen, propomos que se vejam apartados durante a próxima existência corporal, para que a saudade inconsciente em vossos corações abra espaço para alcançardes a esperança no porvir, já que o mundo não vos saciará a carência com a qual já nascerás. Recebereis o auxílio de outros irmãos vossos que vos amam e que maior experiência que vós possuem nos caminhos ascensionais, de maneira que não vos falte apoio para seguirem vosso destino.

Nean abraçou mais forte a companheira de peregrinações seculares, deixando as lágrimas escorrerem por sua face. Eileen soluçava, agarrada em suas vestes.

O rapaz, conformado, beijou sua fronte e sussurrou, carinhoso:

– Não temas, querida. Ouviste que a separação é temporária? Em breve nos reencontraremos!

A moça, esforçando-se para se reequilibrar, ergueu a fronte e procurou Otelo, sem ânimo para se dirigir aos veneráveis espíritos que presidiam a reunião:

– Meu pai, eu vos rogo intercessão. Não conseguirei permanecer uma existência sem Nean. Não tenho forças, por isso peço tua misericórdia paternal ao meu favor...

Sem conseguir prosseguir, voltou a afundar a cabeça no peito do companheiro, que a abraçou mais ternamente, tomado também de emoção.

Otelo, aproximando-se dos sábios instrutores, olhou para eles, respeitoso. Austero e belo, o presidente dos trabalhos falou com entonação bastante severa:

– Irmão Otelo, compreendemos teus estremecimentos, frutos do sentimento desapaixonado. Apresentaremos, então, uma alternativa, embora se apresente menos razoável quando analisada sem imediatismo. Chamo-vos a ajudar nossos amigos a avaliar, já que nossa estimada irmã não possui credenciais próprias para interferir nas decisões. Existe a possibilidade de se encontrarem na crosta, porém sem lograrem ter as ânsias sentimentais satisfeitas. Será uma dura prova de renúncia e conformação. Terão de resistir ao adultério e à desonra por conta da própria vontade, para alcançar algum lenitivo à consciência maculada perante as Leis de Deus. Podes calcular o tamanho do sacrifício e de força de vontade que esperam vossos filhos? Porventura achas razoável uma situação de tanto risco a vontades ainda frágeis? Mas deliberaremos conforme a decisão que tomardes. Peço apenas deixar claro aos nossos estimados irmãos sobre o risco de tal situação, de maneira a compreenderem que a responsabilidade de todos nós sempre é intransferível.

Otelo respirou profundamente. Olhou para os dois e os viu de olhos suplicantes. Aproximou-se deles, sereno e grave:

— Meus filhos, compreendeis o que nosso dedicado e sábio amigo vos expõe? A misericórdia divina permite que escolhais entre as duas opções apresentadas, muito embora vossa situação seja de tal modo delicada que melhor seria que vós acolhêsseis os conselhos valiosos e vos submetêsseis à vontade divina. Ah, se vos detiverdes a analisar o tamanho da bondade do Pai que vos sustenta, ajoelhar-vos-iam agradecidos, clamando ao Senhor que Ele faça conforme a Sua vontade. Mas tendes o privilégio da escolha, embora no momento esta seja limitada.

Eileen, erguendo a fronte decididamente, aditou:

— Eu prefiro poder ao menos ver meu Nean, para que eu possa suportar qualquer prova que surja. A presença dele me proporciona alguma paz e sua ausência me desespera. Rogo que possamos nos encontrar ao menos uma vez no mundo, para que, reconhecendo nele o alvo de meu amor, eu possa me fortalecer e lutar para reencontrar com ele neste plano que nos aguardará o regresso.

Nean olhou para a companheira, emocionado. No fundo, achava mais razoável a opção de não se arriscarem a novos desvios, permanecendo apartados pelo tempo de uma vida. Mas, mediante a firmeza da mulher amada, disse também:

— Também eu assim o desejo. Eu não poderia abandonar ao léu minha amada Eileen.

O venerado espírito instrutor, olhando-os sem qualquer afetação negativa, afirmou:

— Meus filhos, ouço vossas palavras cheias de entusiasmo e vazias de idealismo e lamento a confusão que fazeis dos dois conceitos. Mas seja feito conforme escolheste. Compartilhareis a mesma porção de terra, mas estareis separados pelos preconceitos sociais, pois nascereis em condições contrárias, tornando-vos impossível, devido à vaidade humana, a união terrestre. Aguarda-vos os testemunhos de renúncia e as duras provas de perseverança no bem. Outros assuntos tereis para resolver na crosta, importantes e inadiáveis, exigindo de vós o máximo de vigilância e atenção. Não caminhareis sozinhos, no entanto. Alguns amigos já se prontificaram a auxiliar-vos, como cooperadores voluntários. Sendo assim, minha cara Eileen, terás como programação desposar um coração terno e bom que te sustentará em todos os momentos, pela amizade sincera que te preza. Este gentil amigo de tua vida deseja amparar-te para que consigas suficiente força de vontade para resistir às tentações advindas de tua própria fragilidade na área do sentimento. Também uma amiga, que muito te ama e contigo se preocupa há alguns séculos, prontificou-se a ir ao teu encontro, quando tua caminhada estiver no ápice da provação, para que tenhas nela o incentivo que necessitas para prosseguir em teus objetivos. Também tu, Nean, serás acompanhado pelos amigos dedicados dos milênios e mais especificamente por um amigo com quem tem estreitados os laços que vos une no mesmo ideal. Por força do esforço que este amigo já vem empreendendo em favor da própria sintonia com ideais mais nobres, será o intermediário dos sábios conselhos dos tutores e maiores em vosso favor, muito embora ele não se dê conta disso durante a vida.

Ele regressará primeiro que tu, de maneira que cumpra certas injunções do próprio destino que hão de consolidar algumas de suas conquistas no campo do sentimento amadurecido, e te encontrará quando a orfandade paterna se impuser em teus passos, como terno protetor. Assim será porque tu receberás por pai biológico o mesmo pai que te estreitou nos braços na última peregrinação. A verdade é que as apreensões excessivas de teu antigo pai arrebataram dele o corpo exausto de colapsos mentais bem antes do tempo programado, deixando à mercê da própria sorte a frágil companheira de existência e o filho despreparado. Antes tivesse ele aderido à fortaleza de ânimo para suportar a provação que o confrontava, já que possuía recursos íntimos para tal, em vez de entregar-se da maneira como se entregou, desejando a morte por conta do orgulho ferido. Ele terá agora uma existência limitada, pois desenvolveu no corpo espiritual uma problemática no centro cardíaco que definirá o limite de seus dias sobre a Terra. Ainda outras particularidades que definem a suprema misericórdia de Deus em vosso favor vos seguirão os passos. Não temais, mas trabalheis para que cumprais os compromissos que tendes hoje assumido conosco, conscientes de que vosso sucesso somente de vosso empenho dependerá, não obstante a misericórdia de Deus.

Quando o instrutor terminou sua fala, um grito agudo se ouviu no salão. Era Fynn, que parecia dementado.

– Não posso crer que tais demônios mereçam alguma misericórdia! Onde está Deus, que não cobra desses indignos o mal que a mim fizeram? Onde está a justiça?

Ao mesmo tempo que falava, colocou as duas mãos na cabeça e a pressionou. Soltou mais um urro animalesco e virou-se para a porta do ambiente, saindo em disparada.

Todos ficaram em silêncio por algum tempo.

Otelo, aproximando-se da porta do salão, como quem buscava ver-lhe o vulto que fugia, murmurou emocionado:

– Que Deus o proteja, meu filho, até que você delibere voltar aos meus braços paternos!

Grande comoção tomou conta de todos. Muitos abaixaram a fronte, em silêncio.

Após algum tempo, a reunião foi terminada com uma prece de agradecimento, proferida entre lágrimas por Otelo.

TERCEIRA PARTE

Destinos traçados

1

Prosseguindo com os desatinos

ALGUNS MESES SE passaram desde que Kevin e Miriel se tornaram amantes.

Enquanto duraram as aulas de equitação e o adestramento do cavalo selvagem, os dois podiam se ver sem maiores embargos durante as manhãs em que se deixavam demorar nos campos.

Mas, terminando estas, seus encontros eram rápidos e temerários, além de perigosos. Não raras vezes, arriscavam-se nos jardins ou nos corredores da grande propriedade, pois Kevin tornou-se frequentador do ambiente, sob a confiança de Orish.

A situação estava praticamente insustentável quando, em uma manhã, Kevin foi chamado ao gabinete de trabalho do nobre O'Wenn, para que pudessem tratar de assunto muito sério.

Ao adentrar o ambiente, perscrutando as atitudes do anfitrião, o jovem assentou-se à sua frente, após cumprimentarem-se cordialmente.

Toda vez que era chamado pelo bom lorde, Kevin atendia com o coração precipitado. A consciência admoestava-o sobre sua perfídia, deixando-o sempre apreensivo. Ademais, admirava e simpatizava com o nobre homem que desposara sua Miriel, sendo, por isso mesmo, espicaçado pelo remorso de traí-lo.

Sorrindo amavelmente, Orish iniciou o entendimento com o comerciante de cavalos:

– Meu caro McCann, eu soube que você pediu dispensa dos serviços da guarda real. É exato?

– Sim, meu senhor – respondeu o rapaz sem compreender o que intentava o interlocutor.

– E qual seria a razão disso? Acaso não te interessas mais pelos serviços de armas?

Kevin engoliu seco. Baixou os olhos e pensou um pouco, respondendo em seguida, sem disfarçar o incômodo:

– Bem, o caso é que estou em um momento decisivo de minha vida e ainda estou deliberando o que fazer dela...

Orish o encarou, confuso. Depois, parecendo lembrar-se de alguma coisa, sorriu novamente, perguntando:

– Falas, certamente, do teu matrimônio?

– Sim... – respondeu sem convicção.

– Pois bem, quero fazer-te uma proposta de trabalho e gostaria que tu avaliasses com toda consideração. Acontece que Erik, o responsável pela segurança deste castelo, está pedindo dispensa de seus serviços. Ele começa a sentir o peso da idade dificultando suas funções, além do que, comprou também algumas terras ao sul, onde pretende morar com a família, dedicando-se à agricultura, como sempre fora seu sonho. Tu, meu caro, és jovem e de minha confiança e não consigo ver outro homem melhor para o cargo.

Kevin estava de olhos arregalados. Baixou a vista, olhando para a mesa de trabalho de O'Wenn, buscando raciocinar melhor. Era incrível estar na frente do homem que aviltava, recebendo a proposta de um cargo de confiança em seu castelo.

Um sentimento de indignação e vergonha assenhorou-se de suas forças. Por um momento, quis erguer-se e confessar sua perfídia, deixando a Orish a opção de matá-lo, ali mesmo, pois era isso que merecia.

Na mesma hora, pensou em Miriel e em Bragnae. Ainda não conhecia a filha. Só a via em momentos rápidos, quando de suas aulas de equitação.

Queria tanto conhecê-la e retê-la nos braços, como seria seu direito de pai. Queria ter a oportunidade de viver uma vida simples e reta com a mulher que amava e com a filhinha que era fruto desse amor tão grande. Não necessitaria de fortuna ou poder. Nada disso importava para ele. Queria apenas poder chegar em casa do trabalho digno e honesto e receber os carinhos daquela que amava tanto e poder pegar ao colo a pequena que herdara seu sangue. Esforçar-se-ia para ser leal e probo.

Mas o destino opôs-se cruelmente, espezinhando seus sonhos. Não fora culpa sua, pois encontrara-se por acaso com Miriel. Não programara amar tanto assim a filha de um lorde. Não intentara tornar-se um execrável e pérfido homem.

E não seria possível para ele abandonar Miriel e virar as costas para sua filhinha. Não, isso não! Mil vezes não! Considerava positivamente O'Wenn, que o destino colocara na posição de seu adversário. Mas fora o destino, e não ele, Kevin. Eram ambos vítimas das circunstâncias.

Agora ele oferecia um cargo no castelo que o manteria perto das duas criaturas que mais amava. Poderia vê-las, aproximar-se de Bragnae, estar com Miriel. Deliberou aceitar a proposta. Não se manteria naquela situação por muito tempo. Em breve, tomaria sua mulher e sua filha e partiria da Irlanda para sempre. Era seu direito desde o começo. Sentia muito por Orish, mas não havia outro meio.

Erguendo a fronte e encarando o interlocutor, percebeu o estranhamento mediante suas atitudes. Por isso sorriu, erguendo-se para cumprimentá-lo:

– Perdoa-me a aparente indecisão, meu senhor, mas tua benevolência para comigo me constrange. Mas eu aceito o encargo e prometo-te esforçar-me por fazer jus à tua confiança.

Orish sorriu largamente, estendendo a mão para receber o cumprimento.

Na semana seguinte, Kevin iniciava seu trabalho de chefe da segurança do castelo, substituindo seu benfeitor da hora de desespero.

Assim, tinha livre acesso a todas as dependências da construção. Por isso mesmo, foi mais fácil manter seu romance proibido com Miriel e aproximar-se de Bragnae nas horas em que ela se entregava ao lazer com a mãe.

Ao contrário do que intentava, o tempo passou célere sem que ambos se preocupassem em definir sua situação, que estava cômoda e segura, aos seus olhos. Kevin podia conviver com seus dois grandes amores e sentia-se quase feliz. Miriel, que temia uma fuga com sua Bragnae, também mantinha a situação como estava.

Passaram-se meses. Passaram-se três anos.

Kevin começou a ser pressionado a respeito de seu casamento com Maire, e decidiu marcar a data. Já se considerava o último dos homens sobre a Terra, portanto, um crime a mais, uma vítima a mais de sua indignidade não o atormentaria mais do que já estava atormentado.

Porque assim somos os que nos permitimos resvalar nas ignomínias. Muitas vezes, perdemos o direcionamento de nós mesmos de tal maneira que, de deslize em deslize, afundamos cada vez mais a própria dignidade. Criamos um ciclo vicioso de baixa autoestima e atitudes criminosas, pois somente o amor-próprio poderia nos realocar o discernimento nas trilhas do acerto.

Por isso Jesus asseverou que deveríamos amar ao próximo como a nós mesmos[3]. Eis o código para se estacar a marcha para os precipícios do desequilíbrio. Somente quando nos reconhecemos filhos de Deus e compreendemos a grandiosidade do amor do Pai, que nos ama independentemente de nossas atitudes equivocadas, obteremos forças para nos autoperdoar e nos libertar dos remorsos e dos ressentimentos íntimos, que são os paralisadores da vontade humana, erguendo-nos para a vitória.

Mas enquanto o homem perde o precioso patrimônio do tempo, sentindo e ressentindo-se de si mesmo e às vezes até de Deus, contabilizando seus desacertos e suas derrocadas, cria um foco de ideia fixa ou até a auto-obsessão, que obscurece sua capacidade de enxergar as oportunidades de refazimento que Deus lhe oferece incessantemente. E, sen-

---

[3] Mateus 19:19 e 22:39.

tindo-se encurralado por si mesmo, desmerecendo-se e condenando-se, cede a outros tantos desregramentos, considerando-se arrastado para o mal, como se este fosse alguma força irresistível que o constrange.

Eis a grande diferença entre arrependimento e remorso. O primeiro, se conduzido pela vontade firme de reajuste, conduz-nos à harmonização com as Leis Divinas. O segundo nos faz estancar no caminho. Por isso, o grande Apóstolo dos Gentios,[4] asseverou que a tristeza de Deus opera arrependimento para a salvação, mas a tristeza do mundo opera a morte. A tristeza do mundo é o remorso que aniquila no homem a capacidade de reagir e se reerguer para a destinação sublime de todos nós. Opera a morte de nossos sentimentos elevados e de nossa compreensão da justiça soberana de Deus, convencendo-nos de uma triste e ilusória condição de condenados sem remissão, de deserdados do amor do Senhor.

Adormecido na própria capacidade de soerguimento, Kevin permitiu-se viver uma vida ilusória, em detrimento de suas responsabilidades e de sua honradez.

Acabou por aproximar-se da filha, que aprendeu a amá-lo como um amigo muito querido. Era comum que ela o procurasse para conversarem ou para que ele pudesse ensiná-la a cavalgar, ou mesmo a algum conhecimento das armas. Não raro, ele cantava ou tocava para ela nas tardes amenas, fazendo vibrar sua mente infantil com mil histórias épicas que ele compunha.

Falava para ela da mitologia grega, que tanto o empolgava. Recitava versos de Ovídio, contando para ela sua história, enquanto via nele presos os seus olhinhos atentos.

Às vezes, era possível vê-los correndo pelos corredores do castelo, ela em seus ombros e ele em disparada, entre sorrisos e brincadeiras.

Orish não se incomodava com a amizade da pequenina e de Kevin. Seu coração generoso não tinha espaços para qualquer sentimento de ciúmes paternos. Ao contrário, sentia-se feliz de que a pequena herdeira obtivesse mais um homem interessado em defendê-la.

---

[4] Segunda Carta aos Coríntios, capítulo 7, versículo 10.

Nas tardes ou nas noites, Kevin dirigia-se à mulher adorada, para recolher em seus lábios o conforto para sua mente sempre atormentada.

Quando Miriel soube que o casamento estava marcado, enfureceu-se. Ela o soube porque tornara-se amiga de Lisie, a esposa de Egan, que fazia para ela os serviços de costura. Embora a diferença de classes, tinham imensa afinidade e passaram a se amar como irmãs. Ao longo do tempo, viraram confidentes, guardando os segredos uma de outra.

Naquele dia em específico, saindo para encontrar-se com Kevin, encaminhou-se para o local antes da hora marcada, irritada e impaciente. Iriam se encontrar em uma edificação que havia perto dos estábulos da propriedade e que não era utilizada.

Na edificação havia móveis antigos, quase todos encobertos com tecidos. Miriel adentrou, retirando de uma cadeira o pano que a cobria, e assentou-se para aguardar, olhando para o nada. Seus olhos estavam úmidos e indicando haver chorado bastante.

Em breve, a moça ouviu a porta se abrindo atrás de si e não se virou.

Kevin se aproximou e se postou atrás dela, beijando sua cabeça e acariciando-lhe os cabelos soltos. Abaixou-se mais e beijou seu pescoço, enquanto murmurava estar com saudades.

Miriel ergueu-se de chofre, repelindo-o.

– Não me toques, seu infame! És o mesmo traidor de sempre! Vim aqui apenas para dizer-te que jamais cometerei este erro novamente. Nunca mais nos encontraremos. Esse romance maldito está findo! – gritou e encaminhou-se rapidamente para a saída, sendo impedida pelo rapaz.

– Espera! Estás maluca? O que houve?

– Me traíste novamente!

– Eu? Estás mal informada! Dessa vez eu asseguro que não toquei em mulher alguma, desde que retomamos nosso amor.

– Não tocaste ainda! Mas vais casar-te em poucos meses!

Kevin olhou-a, interrogativo.

– Como soubeste?

– Não por ti, certamente, que mente para mim! Agora deixa-me ir!

Kevin ficou atordoado por alguns momentos, tentando segurá-la pelo braço. Depois, recobrando algum raciocínio, segurou-a pelos ombros, falando gravemente:

— Estou sendo pressionado ao casamento pela família de Maire. Não tenho escolha. Tenho que agir assim até que fujamos. Mas eu amo somente a ti e sabes disso.

Parando de se debater, a moça o encarou.

— Eu sei? Não, eu não sei, Kevin! Não posso ter certeza de teu sentimento.

— Como não? Pois se esse sentimento não existisse eu iria suportar essa situação execrável em que nos encontramos? Tu esbravejas de ciúmes porque vou me casar, tentando manter as aparências na sociedade e não chamar a atenção sobre nós. Mas já paraste para pensar que és casada? Tens um marido que comparece em tua intimidade quando lhe aprouve. Sabes o que é para um homem estar ciente disso? Sabes o quanto isso me torna um covarde e um miserável? Pois tenho ímpetos, às vezes, de trucidar o pobre lorde que eu atraiçoo, de ciúmes e indignação. Mas me deixo suportar esse vexame e essa humilhação para aguardar o tempo em que nos uniremos para sempre. E tu vens requerer algum direito à minha fidelidade? E se eu exigir de ti que não te deixes mais tocar por teu marido? O que me dirás?

Miriel o olhava sem nada responder, por vários momentos. O amante estava trêmulo e severo.

A moça deixou-se cair em pranto, baixando o olhar.

— Sabes que não posso fazer nada. Achas que aprecio essa situação, Kevin? Acaso não sabes como para mim é a própria morte viver desse jeito?

Abraçando-a, o Adônis Irlandês a beijou, consolando-a.

E assim foi que prolongaram o insólito romance, até que Bragnae fizesse oito anos de idade. Kevin já estava casado com Maire, que suportava sua ausência no lar e a indiferença como esposo. Não que ele a tratasse mal, mas não tinha para com ela o carinho de um esposo apaixonado. O rapaz quase não parava em casa e para ela oferecia apenas a polidez de um quase estranho. Era gentil e amistoso como seria com um estranho, nada mais.

A moça fremia de carências e frustrações, pois não conseguia também um herdeiro que pudesse modificar as inclinações do marido.

Não demorou para desconfiar que ele tinha uma amante, talvez desde antes de se casar. Inexperiente e de ânimo frágil, passou a exigir dele explicações e respostas às suas constantes desconfianças, aumentando ainda mais a distância entre ambos. Algumas vezes aguardava-o chegar em casa totalmente entregue ao descontrole, acusando-o severamente assim que o via entrar. Várias vezes o rapaz precisou segurá-la para que ela não se ferisse.

No fundo, Kevin tinha imensa piedade da situação de sua esposa, e isso o deixava ainda mais atormentado.

No entanto, não se afastava de Miriel e de seu romance proibido.

Foi admoestado várias vezes por Thompson e até pelos amigos. Seu irmão Kennedy já estava casado e morava ainda na chácara da família, junto da esposa e da mãe, e muitas vezes o chamara para conversar. Mas nada o convencia da necessidade de modificar a situação.

2
Sombrios vatícínios

EM UMA MANHÃ clara de primavera, Miriel não conseguiu erguer-se do leito. Sentia-se extremamente enfraquecida.

Apreensiva, chamou Alvy para seus cuidados:

– Alvy, não me sinto bem. Preciso dos serviços de sua amiga...

– Oh, meu Deus, senhora! Novamente?

– Não ouses me admoestar. Apenas traga-a aqui o mais rápido possível. Avise meu marido que estou indisposta e não descerei para as refeições.

A serva saiu do quarto em disparada. Encaminhou-se para o amo, tentando parecer natural, e avisou-o sobre a indisposição da esposa.

– Oh, céus, Alvy! A saúde dessa mulher é muito frágil. Já chamaste o facultativo?

– Já está a caminho, senhor. Não te preocupes... – respondeu, mentindo.

Orish foi até a esposa para vê-la antes da pequena viagem que precisava empreender. Perguntou-lhe se queria que ele ficasse, ao que recebeu uma veemente resposta negativa.

Conhecendo-lhe o temperamento, preferiu seguir sua programação, compreendendo tratar-se de alguma indisposição sem gravidade.

Algumas horas depois, adentrou o aposento uma senhora de aspecto pouco simpático, introduzida por Alvy. Alguma coisa em suas expressões denotava frieza, porém dirigiu-se a Miriel com bastante educação e gentileza.

– Em que posso ser útil, minha senhora?

– Já o sabes, Odea! Já o sabes! Vamos logo com isso – respondeu a moça com impaciência.

A mulher curvou-se para ela perscrutando-lhe a fisionomia. Após algum tempo, disse com um sorriso no rosto:

– Estás grávida novamente, sem dúvidas!

Os olhos de Miriel arregalaram-se desmesuradamente. Por algum tempo, manteve-se absorta, tornando a si com o olhar trágico:

– Então vamos! Tire de mim, como já fizeste antes.

Virando-se para o lado e pegando junto ao móvel lateral uma pequena bolsa cheia de moedas, jogou-a a Odea.

– Eis! Agora faça o serviço! Seja breve!

A senhora, sem escrúpulos ou qualquer sentimento, postou-se para executar o serviço contratado, iniciando as providências. A uma certa altura, paralisou a ação, recolhendo seus apetrechos.

– Dessa vez, não poderei ajudá-la, senhora!

– Mas por quê? O que houve? – perguntou Miriel tomada de tremor. – Paguei-te. Faz o serviço logo!

– Não posso. Minha experiência me diz que, se o fizer, eu a mato. E se tu morres na minha mão, morro eu na mão de um carrasco.

Miriel ficou de boca aberta.

– Mas o que tem de errado?

– As intervenções anteriores sensibilizaram-te o organismo. Se eu faço novamente, irás sangrar até morrer. Sei o que falo!

Levando as duas mãos na cabeça, a moça parecia estar em um imenso turbilhão. Dispensou a estranha mulher, deixando que ela ficasse com as moedas para calar-se quanto aos fatos.

Vendo-a deixar o aposento, entregou-se a choro convulsivo. Não podia estar grávida. Era sua desgraça, pois o marido sabia-se incapaz de ser pai.

Já havia extirpado de si outras vidas em formação com a mesma mulher que chamara. Jamais contara a Kevin. Porém agora estava desesperada.

Não saiu do aposento durante todo o dia.

O marido só retornaria no dia seguinte.

Não vendo sua amada em momento nenhum do dia e informado de que ela se adoentara, Kevin tomou a perigosa decisão de ir até seu quarto.

A essa altura, comentários já bailavam nas bocas dos servos a respeito dos dois. Olhares apaixonados que foram flagrados, carícias furtivas que foram testemunhadas e mais uma série de situações que foram imaginadas eram os assuntos de alguns de seus subordinados.

Mesmo assim, o rapaz não ponderou. Em uma determinada hora da tarde, furtou-se de seu serviço e entrou o aposento, procurando ser discreto.

Miriel já estava bem, porém não queria sair de seu refúgio.

Ao vê-lo entrar, jogou-se em seus braços, rendendo-se novamente ao pranto. Contou a situação, trêmula e agoniada. Ao terminar a narrativa, não compreendia o olhar de Kevin. Não sabia precisar o sentimento que o empolgava.

Kevin permanecia em silêncio, de cabeça baixa. Parecia refletir gravemente, até que ergueu o olhar para encará-la:

– Tu ias tentar matar meu filho sem ao menos me consultar?

– Mas o que querias que eu fizesse?

Mostrando funda indignação, ele a segurou pelos braços:

– Que me falasses antes de fazer uma atrocidade dessas! Não vais matar meu filho, ouviste? Nunca mais pensarás nisso.

– Mas o que faremos?

– Fugiremos, tu, Bragnae e eu! Eu providenciarei tudo. Tu vais me aguardar e fazer o que uma mãe deve fazer, que é proteger o filho. Vais proteger meu filho, entendeste?

Miriel nunca o vira tão grave e tão nervoso. Por isso mesmo, não lhe respondeu, embora ele a sacudisse.

Vendo-a temerosa, Kevin a abraçou, beijando-lhe as faces inúmeras vezes.

– Escuta, tudo vai ficar bem. Não podes pensar em matar nosso filhinho. É fruto de nosso amor e irá nascer, tornando-nos venturosos. Vamos fugir, querida, e seremos felizes com nossa pequena família. Estás fragilizada porque serás mãe novamente, é só isso. Por isso pensaste neste absurdo. Sei que não és capaz de tal crime!

Miriel ficou quieta, sem reação. Nada disse ao homem amado sobre seus anteriores delitos. Apenas ouvia-o, estarrecida.

Após muito osculá-la, com um sorriso no rosto, o rapaz despediu-se, falando de seu amor incondicional.

Sozinha no quarto, a moça chorou. Aos poucos, ia pensando a respeito da fuga, de maneira a refrigerar o próprio coração. Não havia outra solução viável ao assunto.

Procurou refazer-se da prostração que a tomara, no intento de não deixar margens à desconfiança.

Mas os burburinhos prosseguiam no castelo. Não raro, Miriel percebia um ou outro olhar estranho em sua direção, e começava a compreender que seu segredo já não era tão secreto. Por isso mesmo ficou apreensiva. Se as desconfianças dos servos chegassem aos ouvidos de seu marido ou de seu pai, estaria condenada. Os serviçais temiam seu pai e amavam seu marido. Por um ou outro sentimento poderiam denunciá-la e desgraçá-la.

Seus nervos começaram a ficar miseravelmente afetados. Seus pesadelos aumentaram e suas visões chegaram a um nível que não poderia ser olvidado.

Às vezes, podia ouvir a estranha voz que temia, dizendo-lhe entre grunhidos:

– Serás descoberta, maldita! Tua vilania há de vir à tona, tu verás!

E era tomada de crises de nervos, tremores e suores gelados.

Kevin a observava de longe, aflito e preocupado.

Orish não sabia a que atribuir a piora da esposa, temendo severamente que ela acabasse como sua falecida mulher.

Um dia, em uma tarde amena, Miriel estava no aposento, preparando-se para o jantar, abatida e acabrunhada. Não dormia bem e alimentava-se pouco há alguns dias.

Cuidadoso, Orish foi até o aposento antes da refeição, para ver se ela havia melhorado. À tarde, ele presenciara uma de suas crises de nervos.

Vendo-a penteando os cabelos, de olhos muito tristes, aproximou-se e beijou sua cabeça.

– Como estás, querida?

Virando-se para ele e beijando ternamente sua mão, ela respondeu:

– Estou melhor.

Olhou para o marido tomada de emotividade. Ele era tão bom para ela. Gentil, cuidadoso, carinhoso, leal. No entanto, ela estava para deixá-lo, conforme combinara com Kevin. Abandoná-lo-ia sem comiseração. Por isso mesmo olhava-o enternecida.

– Vou aguardar, para acompanhar-te ao salão.

A moça sorriu. Ia responder, quando sentiu um tremor no corpo. Alguma coisa embaralhava-lhe as ideias. Sentia-se desfalecendo. Tentou pronunciar alguma coisa, mas a boca parecia travada sob uma força desconhecida. De repente, percebeu que sua visão ficava distante e turva, como se fosse cair pesadamente no chão.

Mas isso não se deu. O que se deu foi que seus olhos adquiriram uma expressão que seu marido não conhecia, assustando-o. Sua fisionomia delicada tornara-se, de uma hora para outra, totalmente estranha. Os olhos arregalados, as narinas dilatadas, suores gelados em sua face.

Em um movimento inseguro, a moça arredou para trás, encarando o marido:

– És um tolo, lorde Orish O'Wenn, de confiar nesta abjeta mulher. Trata-se de uma miserável e uma criminosa! Vai lançar-te à lama como fez comigo! Mata-a agora mesmo, para que, ela passando para esta dimensão da vida, eu me possa vingar e te possa vingar também!

Orish ficou boquiaberto. Não compreendia o que havia. Aquela não era sua Miriel. Aquela não era sua voz, nem sua expressão.

Mas saiu de suas ponderações, pois a moça caía em seus braços, desfalecida.

Levou-a ao leito e chamou Alvy para socorrer. A serva trouxe sais que a fizeram despertar.

O'Wenn ia chamar um facultativo, sendo impedido pela esposa, que dizia estar bem. Porém a moça não tinha ideia do que havia ocorrido.

Questionada sobre o que falara, ela não guardava qualquer recordação do acontecido.

– De quem falavas, querida? Quem é essa que chamaste de criminosa e miserável?

– Orish, já disse que não me recordo de haver dito isso. Talvez eu estivesse com febre, só isso!

– Ao contrário. Segurei-te nos braços. Estavas fria e pálida como um cadáver...

Miriel esquivou-se de falar mais no assunto. No fundo, estava assustada com o acontecido. Tinha a impressão de que ela mesma se denunciava para o marido.

A verdade é que a moça, por conta da própria invigilância e desregramentos, servira-se de instrumento para que o infeliz Fynn MacDoubret se manifestasse no plano físico, por causa da confluência mental que os unia.

Fynn desesperava-se ante a possibilidade de os dois amantes conseguirem fugir novamente e viverem com alguma felicidade. Em seu entendimento, ambos necessitavam sofrer e pagar por seus erros do passado, de maneira a saciar sua imensa sede de vingança e aplacar seu ódio.

E Miriel, cuja consciência estava vilipendiada por seus desatinos, oferecia vasto campo de ação para seu adversário.

Assim é porque somente o perdão de nós mesmos e dos outros pode oferecer liberdade ao espírito. Ódios, ressentimentos, mágoas e remorsos são amarras que tendem a estagnar à vontade, paralisando a marcha do filho de Deus.

Como ambos não tinham suficiente disposição para avaliar as próprias faltas e oferecer algum refrigério ao sentimento através da reconciliação consigo mesmo e com o adversário, como recomendou Jesus, seguiam como prisioneiros um do outro.

E não seria possível avaliar quem era o mais sofredor. A posição de obsessor ou de obsidiado é apenas uma didática para se tentar entender a ligação de duas almas ligadas pela dor. Ambos são necessitados, doentes do sentimento que precisam de auxílio e compaixão. Pois se um sofria o assédio implacável advindo do ódio e da mágoa, tornando-se, por isso, um perseguido sem ter para onde fugir; o outro sofria porque vingança e desforra nunca oferecem alívio ao sentimento de ninguém. Antes, tornava-o ainda mais infeliz e insatisfeito.

Foi assim que as crises de Miriel se fizeram aumentar. De quando em vez, suas expressões e sua boca falavam como se tomadas por outra mente, com palavras que não lhe eram próprias, com tonalidade que não era a sua. Eram sempre palavras duras, que denunciavam a mágoa e a raiva que as produziam.

Tais crises foram presenciadas por vários membros da família e até por alguns servos. Também Kevin ouviu da boca da mulher amada palavras de acusação e reprovação, que fizeram-no estremecer.

Orish insistia que Miriel se deixasse examinar por um médico, porém ela esquivava-se, temendo ser denunciada sua gravidez.

Kevin havia programado fugir antes que Miriel fizesse quatro meses de gestação e iniciassem-se os sinais inequívocos de seu estado. Para isso, tudo organizou.

Conversou com sua mãe e seu irmão sobre o que faria, deixando-os apreensivos. Julien deixara-se cair em violenta crise de choro ao ouvir do filho seus planos. Ela já sabia de seu caso com a esposa do lorde e tentara de todas as maneiras fazê-lo abandonar aquela vida que ela desprezava. Chamava-o aos brios de homem, à honradez do nome de seu pai, à consideração que devia a inocente Maire, que sua insensatez tornava uma infeliz. Mas ele não ouvia.

Agora, ouvia-o falar em ir embora em uma fuga, ao seu ver, destinada ao fracasso. Certamente morreria.

– Não posso crer que vais fazer esta estupidez! Oh, santo Deus, por que me mantiveste viva para presenciar meu filho varão desgraçar-se dessa maneira por causa de uma mulher sem honradez? Antes eu tivesse morrido no lugar de meu Cann!

Kennedy vinha auxiliar a mãe, que mal se sustinha de pé.

– Não vês, irmão, que matas nossa mãe? Tem piedade dela e de nós todos, Kevin! Acorda os raciocínios e retoma a vida proba! Atraiçoas um benfeitor e um homem bom e reto. Exporás à humilhação uma pobre moça que teve a infelicidade de casar-se contigo. Que será feito de Maire? Não pensas em mais nada? Esta mulher te fez perder o senso de moral?

– Calem-se ambos! Não permito que se refiram a Miriel com estas palavras. Não a conhecem! Não sabem de nada!

– Sabemos que te tornaste um réprobo e um criminoso. Sabemos que perdeste completamente todos os limites. Eras bom e gentil e agora não passas de um execrável egoísta, que somente pensa na satisfação de si mesmo.

Enfurecido, Kevin avançou para o irmão, dando-lhe um murro ao rosto.

Kennedy tomou o golpe e caiu ao chão, erguendo-se rapidamente para reagir. Mas Julien caiu pesadamente ao solo, desmaiada, após um grito de desespero ante a cena triste.

O mais moço dos McCann correu para acudir a mãe. Seu nariz sangrava.

Kevin não se movia. Olhava-os, estarrecido. Acabara de atacar seu irmão mais moço, que amava imensamente, machucando-o como nem seu severo pai jamais fizera. Sua pobre mãe desmaiava de tristeza.

Kennedy tinha razão. Ele era um réprobo. Era um egoísta execrável.

Não conseguiu dizer absolutamente nada, muito embora quisesse atirar-se aos pés das duas criaturas que tanto amava para pedir perdão.

Com o olhar dolorido e desesperado, deixou o ambiente, indo aos cavalos. Queria fugir do mundo e de si mesmo.

3
Tragédias desnecessárias

Os dias seguiram-se, sombrios e tristes para Kevin. O irmão não falava mais com ele. Sua mãe chorava pelos cantos.

Thompson o chamara para conversar e ele esquivava-se. Não queria falar com ninguém. Mas ansiava por algum conforto, por isso foi até a casa de Egan.

Foi recebido carinhosamente, embora Sile o olhasse de uma maneira estranha. Ceou com os amigos, mantendo-se quase o tempo todo em silêncio.

A essa altura Egan já tinha quatro filhos e Sile estava grávida novamente. Eram crianças carinhosas e inteligentes, que amavam Kevin como a um tio muito próximo.

O Adônis Irlandês observava as crianças com o olhar distante e triste, quando o amigo o chamou para dar uma volta.

Caminharam um pouco em silêncio, até que Egan enlaçou o amigo pelo ombro, com um sorriso amável:

– Não vais me dizer o que o chateia tanto?

Kevin baixou o olhar e respirou profundamente. Desejou, então, abrir-se com o amigo de infância, para desoprimir o coração.

Após ouvir o relato de todos os insucessos, Egan o encarava com a expressão confusa.

– Eu não sei o que dizer, meu amigo. Estou feliz porque vais ser pai novamente e espero que seja um varão, para propagar tua descendência. Mas fico triste com todos esses acontecimentos infelizes. Tudo isso me parece uma grande loucura. Parece-me uma grande temeridade a fuga. Mas, ao mesmo tempo, não me parece que existe outro jeito.

– Para meus familiares existe. Seria deixar Miriel e meus filhos, esquecê-los e seguir minha vida com Maire.

– Ah, não acho que seja possível. Eu posso dizer por mim que prefiro morrer a ter que deixar Sile e meus filhos. Não posso viver sem eles. Mas tenho muita pena da pequena Maire, que sei que te ama profundamente. E uma mulher abandonada é uma mulher desgraçada, Kevin.

– Tenho certeza de que minha mãe não a desamparará.

Conversaram ainda um pouco. Kevin sentia que apenas Egan, que possuía os mesmos arroubos e desequilíbrios de sentimento que ele mesmo, o compreendia.

Deliberou que o amigo conheceria sua pequena família antes que ele partisse da Irlanda e planejou um encontro perigoso.

Orish estaria fora por uma noite. Estava tomando providências quanto a uma viagem maior que faria, demorando-se cerca de uma semana fora, que seria aproveitada para a grande fuga dos amantes.

Kevin e Miriel planejaram um encontro com Egan e Sile naquela noite. Levariam consigo a pequena Bragnae.

Combinaram o encontro e, na noite aprazada, sob a proteção de Alvy, Miriel disfarçou-se com uma de suas túnicas de serva e deixou o castelo em direção aos bosques. Encontrar-se-ia com Kevin para partirem juntos.

E assim fizeram.

A menina compreendia tudo como uma pequena aventura ao lado do amigo preferido. Prometera guardar segredo de todos.

Chegaram à casa de Egan e foram recebidos com abraços e gentilezas. Os dois rapazes muito estranharam a intimidade de Miriel e Sile e só então souberam que as duas já eram amigas.

Isso agradou sobremodo a Kevin e Egan, que sonhavam em ter suas famílias aproximadas.

Em breve, Bragnae interagia com seus quase primos, como se já se conhecessem desde o nascimento.

Cearam despreocupados, como se aquele encontro não guardasse nenhum perigo e não fosse totalmente temerário.

Bragnae observava a mãe e o amigo dileto, confusa. O casal, invigilante, permitia-se carinhos próprios apenas aos relacionamentos de intimidade. De quando em quando, Kevin tomava a mão de Miriel e a acariciava, com os olhos intensos. Em um momento de total despreocupação, chegou ao extremo de levar sua mão aos lábios e oscular, enquanto acariciava seu rosto.

Na mesma hora, Miriel olhou para sua filha e percebeu que ela os olhava fixamente. Cochichou alguma coisa nos ouvidos de Kevin, que também fitou a menina. A pequena baixou o olhar, envergonhada.

Em um certo momento, alguém bateu à porta de Egan.

Estranhando, por causa do avançar das horas, o rapaz levantou-se da mesa onde risos de contentamento eram ouvidos, e foi atender.

Quando abriu a porta, deu-se com a figura de Maire e empalideceu. O músico ficou tão desconcertado, que nada conseguiu dizer:

– Senhor Egan, eu ia perguntar se Kevin está em tua casa, porém já ouvi sua voz – disse a moça, encarando-o com o olhar triste.

Como ele ainda não respondesse, totalmente sem jeito, Maire concentrou-se em ouvir os ruídos de dentro. Ouviu uma voz feminina que não era a de Sile e estremeceu.

Sem que Egan conseguisse reagir, ela passou por ele, quase o empurrando. Caminhou resolutamente para a mesa de refeições, que ficava na sala próxima à que dava à entrada. A primeira a vê-la entrar no ambiente foi Sile, que empalideceu e se levantou.

Observando a anfitriã, Kevin olhou na direção que ela olhava e sentiu um arrepio na espinha ao ver a esposa entrando o ambiente, encarando-o. Ele estava sentado ao lado de Miriel e pousava sua mão na dela, displicentemente.

Refez-se rapidamente do susto, ergueu-se e falou em um tom agressivo:
– Que fazes aqui, Maire?

Mas a moça já não o olhava mais. Via apenas Miriel e para ela encaminhava-se. As duas encaravam-se de modos opostos. A filha de O'Hare estava pálida. Maire estava com as faces congestas e olhar irado.

Miriel também se levantou e permaneceu no lugar. A esposa de Kevin pegou em seu braço com brutalidade, ao que ela reagiu, esquivando-se. Mas Maire pegou-lhe a manga do vestido, segurando firmemente:
– Então és tu a cadela que me atormenta o marido! És tu a vadia que invadiu meu lar!

Miriel empurrou-a, afastando-a de si, mas como estava segura, ambas caíram ao chão, deixando todos totalmente estáticos.

Maire era delicada e inexperiente. Miriel havia tido adestramento em armas e possuía um caráter quase masculino. Por isso, o embate foi rápido, pois a mais experiente conseguiu desvencilhar-se da adversária e ainda projetar-lhe um estrondoso tapa ao rosto.

A esta altura, Miriel estava ofegante, vermelha e de olhar esgazeado. Ia avançar para continuar a sova, mas foi segurada firmemente por Kevin.
– Vou mostrar-te quem é a cadela e a vadia, sua infame! – gritava, colérica, debatendo-se.

Sile foi até Maire, para tentar ajudá-la a se levantar, mas seu auxílio foi rejeitado. A esposa de Kevin a encarou com um olhar fulminante:
– Não quero tua ajuda. Tu acoitaste os amantes em tua casa. Esquece-te de que também és uma mulher casada e podes ter uma infeliz destas aviltando-te a felicidade.

Maire se levantou e encarou Miriel, deixando as lágrimas rolarem.
– Achas que terás felicidade destruindo a dos outros? Não! Jamais encontrarás qualquer alegria em tua vida. Eis a praga que te lanço: Serás uma infeliz, como infeliz me tornaste. Não terás qualquer paz para desfrutar de teu romance com meu marido, pois tua vida há de ser preenchida com toda a qualidade de desgraça. Tu serás como um mau agouro

para todos de quem te aproximares e para quantos gostarem de ti, pois seguirás por tua vida carregando esta maldição que te lanço. Tu podes ter me infelicitado a vida, mas também tu não terás qualquer trégua na tua! Hás de padecer, pois eu a odeio de todo coração. Eu te amaldiçoo! Eu te amaldiçoo!

Virando-se para Kevin, que continuava segurando Miriel, que se debatia para soltar-se, aditou com uma inflexão de voz sofrida:

— Tu jamais encontrarás alegria do lado dessa miserável, pois bem se vê que é uma condenada pela vida. Me desprezaste, a mim que te amei desde o princípio. Me humilhaste diante de teus amigos. A ti não lanço pragas, Kevin McCann! Não posso, pois ainda assim, sendo tu este homem abominável, egoísta e perverso que me tirou do lar paterno para lançar-me à lama, eu te amo! Mas não deixarei de vingar-me de ti. Ah, sim, me vingarei! Tirarei de ti um tesouro inestimável!

Virando-se de costas ante a estupefação geral, menos de Miriel que intentava agredi-la, saiu pela porta, batendo-a atrás de si.

Bragnae, depois que a moça saiu, correu para a mãe, abraçando-a, em pranto. Somente assim Miriel acalmou-se.

A noite terminou com todos extremamente constrangidos.

Kevin não voltou para o lar. Ao contrário, seguiu para o castelo junto à amante e aninhou-se em seu aposento, para passar a noite.

Maire passou toda a noite aguardando o marido. Imaginava que ele iria atrás dela, perguntar sobre sua ameaça de extirpar dele um tesouro. Pensava que ele se desculparia pelo deslize e, quem sabe, fariam as pazes.

Mas ele não apareceu. A moça passou toda a noite em claro, chorando em desespero.

E assim foi durante uma semana. O rapaz passou a dormir no castelo, quando não, temerariamente, entre os lençóis de Miriel, quando sabia que esta não estava acompanhada pelo marido, ou descansava na edificação que ficava próxima aos estábulos.

O dia em que Orish iria viajar chegou. Era também o dia da fuga.

Desde o infeliz jantar na casa de Egan, Bragnae estava inquieta, chorosa, temerosa. Sua mente infantil não conseguia compreender o que se passava, porém, a menina estava atormentada. Abraçava-se à mãe entre lágrimas, pedindo proteção. Amava também o pai adotivo e ressentia-se de ver a mãe direcionar seus melhores carinhos a Kevin, embora o amasse ternamente também. Tinha medos que não saberia definir.

Miriel ficava preocupada e tentava distrair a menina de todas as maneiras. Kevin também tentava alegrá-la com suas histórias cantadas e carinhos. Mas ela recolhia-se.

No dia aprazado, todos estavam tomados por apreensões estranhas. Somente Orish conservava-se tranquilo, por causa de sua ilibada consciência. Em sua viagem, intentava encontrar algum facultativo de fora que examinasse a esposa, para um tratamento justo aos seus nervos enfraquecidos.

Bragnae despediu-se do suposto pai entre lágrimas, implorando que ele não viajasse. O lorde tentava acalmá-la, prometendo brinquedos e lembranças da viagem. Prometia voltar logo, até antes do previsto, se possível. Que ela não ficasse daquele jeito e fosse boazinha com a mãe, que precisava dela.

Foi assim que, ainda na primeira parte da manhã, o nobre O'Wenn deixou o castelo, após despedir-se de sua família e de alguns servos mais diretos, como Kevin, por exemplo.

O casal ia fugir na noite alta daquele mesmo dia, conforme haviam combinado, por isso entregavam-se aos preparativos. Kevin já havia deixado bem antes na edificação que o estava abrigando por aqueles dias todos os apetrechos de que necessitaria.

Miriel, por causa da benevolência de seu marido, havia guardado uma pequena fortuna em joias e moedas de ouro, que levaria consigo. Já havia feito sua pequena bagagem.

Na aldeia, Maire permanecia em sua imensa prostração. Desde o dia infeliz, não saía de casa e estava em estado lamentável, pois não comia e nem dormia adequadamente.

Uma ideia fixa começou a tomar corpo em sua mente. Afastava-se, mentalmente, da esperança que devemos cultivar em dias melhores, na confiança de que todas as situações, por mais difíceis que se mostrem, são sempre passageiras, como o tempo.

Há alguns dias, soube que estava grávida. Passara mal durante o dia e não conseguira avisar o marido. À noite, um pouco melhor, procurava-o para noticiar aquilo que considerava ser a salvação de seu casamento, pois sabia que ele apreciava as crianças. Procurou-o na casa da mãe e depois procurou-o na casa do amigo dileto, encontrando-o, enfim, com outra mulher.

Durante o dia, na parte da tarde, tomado de preocupação por causa da falta de notícias do irmão, Kennedy saiu de casa, e encaminhou-se à sua residência. Uma semana antes Maire estivera procurando pelo marido em sua casa.

Estava agastado com Kevin, mas preocupava-se. E, afinal de contas, amava-o profundamente. Já era hora de fazerem as pazes, conversarem.

Com esta disposição, o rapaz chamou à porta do irmão. Ninguém veio atender. Mas, àquela hora, ao menos Maire estaria em casa.

Chamou de novo e de novo. Ouviu passos se aproximando da porta e aguardou. Porém, a porta não foi aberta. Ao contrário, escutou os passos se afastando para o interior da casa.

– Maire! Sou eu, Kennedy! Podes abrir, por favor? Necessito falar contigo – gritou para dentro.

Mas ela não retornou. O rapaz insistiu ainda.

Ouviu um barulho estranho, de algum móvel caindo. Ficou apreensivo, tornando a chamar. Bateu na porta, já tomado de pavor.

– Maire! Maire! O que houve? Maire!

Mas ninguém atendia.

Kennedy afastou-se alguns passos e trombou-se com a porta, intentando arrombá-la. Tentou novamente. Mais uma vez. Somente na quarta vez, já trêmulo e sentindo sombrios vaticínios, conseguiu.

Correu ao interior.

– Maire! Onde estás?

Chegou à cozinha e deparou-se com a cena terrível.

A moça estava morta!

Desesperado, o rapaz deixou-se chorar sobre o corpo inerte de sua cunhada infeliz, sem saber que providência tomar.

Aflito, ergueu-se para buscar a ajuda da mãe, quando percebeu um papel dobrado que estava sobre a mesa.

Maire era uma das poucas moças que sabiam ler e escrever na vila.

Enquanto lia o que estava escrito, sua fisionomia ficava cada vez mais estarrecida. Nele, Maire justificava sua atitude enlouquecida, contando sobre o infeliz episódio do jantar na casa de Egan. Falava da solidão que amargara aqueles dias, aguardando o marido retornar ao lar. Contava também que estava grávida e que tirava, como prometera, o tesouro de Kevin. Amaldiçoava ainda a rival e o amor de seu marido por ela, preenchendo algumas linhas com sua ira. Por fim, terminava a carta com um acento de sofrimento muito grande, evidenciando seu estado de ânimo confuso, angustiado e adoecido.

O rapaz saiu da casa e encaminhou-se ao lar, chamando alguns servos e a mãe.

Era noite alta quando conseguiu tomar todas as providências quanto à cunhada. Depois disso, armou-se e foi pegar um cavalo. Avisou à mãe que iria atrás de Kevin e que o traria de volta ao lar para velar a esposa, ainda que à força. Em seus olhos havia dor misturada com uma revolta surda por todos os acontecimentos.

– Hoje chamarei meu irmão aos brios! Hoje ele se tornará homem, minha mãe!

Julien implorava que o filho se acalmasse. Seu coração previa mais tragédias. Que Kennedy não deixasse o lar. Que o procurasse no dia seguinte, por amor a Deus e a ela.

Mas pela primeira vez o rapaz não ouviu a mãezinha desesperada. Montou no animal e saiu em disparada até o castelo de O'Hare.

Chegando-se ao pátio, fez-se anunciar, pedindo a presença do chefe da guarda do castelo. Era visível seu destempero.

Kevin já estava encaminhando-se para o local onde ficara hospedado, para começar a providenciar a fuga na madrugada, quando foi interpelado por um subalterno.

– Meu senhor, há um cavalheiro procurando-o nos pátios externos.

– Já acabou meu turno de trabalho, soldado. Procura resolver o problema.

– Eu tentei, senhor. Porém ele se diz teu irmão e exige falar diretamente contigo.

Arregalando os olhos, Kevin pensou por alguns instantes.
– Ele se apresentou?
– Sim, senhor. Chama-se Kennedy McCann.

Passando pelo soldado, Kevin encaminhou-se aos pátios e viu o irmão apeando para ir ao seu encontro. Percebeu que se tratava de alguma coisa grave, pelo tardar da hora e pela expressão do irmão, que jamais o procurara antes no trabalho.

A uma distância pequena, perguntou com gravidade:
– O que houve, Kennedy? O que o traz aqui?

Mas surpreendeu-se enormemente, pois Kennedy avançou sobre ele, raivoso. Esquivando-se, logrou escapar de um golpe certeiro e imobilizou o irmão, sendo observado pelos guardas. Aguardando o caçula de Cann aquietar-se, falou ao seu ouvido em tom muito baixo:
– O que fazes? Estás louco de me atacar aqui, na frente de todos os guardas?
– Pensei que não te importavas com ninguém além de ti mesmo. Agora preocupas-te com a opinião alheia?
– Oras, aqui vieste para me ofender?
– Larga-me, covarde!

Com um meneio de cabeça, Kevin dispensou os subalternos, ficando a sós com o irmão no pátio. Soltou-o, empurrando para longe.
– A que vieste, irmão? Vieste vingar o soco que te dei? Demasiadamente tarde para isso, não? – perguntou irritado.
– Não! Vim chamar-te aos brios! Vim exigir de ti uma atitude de homem!
– Do que falas?
– Do falecimento de tua esposa.

Kevin sentiu os membros gelarem-se. O choque o atordoou.
– Que dizes?
– Digo que tua esposa matou-se, e o fez com um filho teu ao ventre!

Entontecido, Kevin deu dois passos para trás.
– Mentes!
– Não sou como tu, meu irmão! Tenho honra. Eu não estaria aqui se não fosse verdade. Quisera eu não necessitar olhar-te nos olhos para

falar das desgraças que tua desonra provocou. Envergonho-me de tudo isso e de ti.

Uma longa pausa se fez, após o que, Kennedy, em lágrimas, dirigiu-se ao irmão, como que ordenando:

— Agora, avia-te em seguir-me até em casa, para velares a infeliz, que te pegou em adultério e não suportou.

— Que falas?

— Sei do episódio do jantar, na casa de Egan. Porque tu ainda encontras algum pervertido como tu, para acoitar-te os malfeitos. Mas, agora, pouco importa. A tragédia já está feita. Vamos embora!

Kevin passou as duas mãos nos cabelos, tentando pensar. Depois de algum tempo, disse para o irmão, virando-lhe as costas:

— Vai tu na frente. Vou mais tarde. Avisa minha mãe que estou a caminho.

Vendo-o afastar-se, Kennedy enfureceu-se ainda mais. Correu ao seu encontro retirando a espada da bainha, enquanto gritava:

— Não! Tu virás agora comigo, seu infame! Não existe nada mais importante que o fato de sua esposa estar morta, agora. Tu virás comigo, nem que para isso eu te mate e leve comigo apenas teu corpo! É o que mereces.

Kevin virou-se rapidamente e esquivou-se do irmão, retirando a espada da bainha. Defendeu alguns golpes dados entre estertores de loucura, gritando para Kennedy:

— Para já com isso, Kennedy! É uma ordem! Sou teu irmão mais velho!

Mas Kennedy avançava como um demente.

Em um certo momento, empurrando-o para longe, o primogênito largou no chão a espada, gritando:

— Chega! Não podes lutar comigo, seu imbecil. Portanto, para agora com esta loucura!

Mas Kennedy ergueu-se do chão, novamente com a espada em punho, em correria desenfreada. Kevin firmou o corpo para tentar interceptá-lo, mas o que se deu foi uma trombada espetacular. Rolaram no chão, o mais moço tentando atacar e o mais velho tentando imobilizar o irmão.

Em um movimento rápido, Kevin tomou a arma do rapaz e tentou sair do contato com ele, para levantar-se. Empurrou-o e arrastou-se pelo chão, com ele segurando suas pernas. Virou-se para se erguer, pois estava praticamente de bruços, quando Kennedy pulou sobre ele em um movimento totalmente desequilibrado, caindo sobre a espada que estava em sua mão.

Kevin deu um grito estridente.

Toda a guarda acorreu.

Miriel, que fora informada por Alvy dos problemas no pátio, correu ao encontro dos dois, que continuavam ao solo.

Mas ao chegar perto, também ela gritou estridentemente, vendo o homem amado com o irmão nos braços, com uma espada fincada em seu peito. O sangue afluía com abundância.

Como que levado apenas por instintos, Kevin rasgou a capa de sua vestimenta e fez uma espécie de torniquete em volta do irmão, retirando a arma.

– Kennedy! Seu estúpido! Seu idiota! Olha o que fizeste!

Parecendo um louco, de olhos arregalados e trêmulo, colocou o irmão sobre a montaria e montou também, fazendo o cavalo sair em disparada em direção à vila. Precisava chegar à casa.

Ouvia os roncos de agonia do irmão.

– Não ouses morrer! Não ouses fazer isso comigo, entendeste? Kennedy! – gritava alucinado.

Chegou ao lar materno, gritando aos servos.

Retirou o irmão da montaria, fazendo que o levassem para dentro. Mandou chamar um facultativo.

Todos corriam e gritavam. A mãe correu ao encontro do filho moribundo, segurando seu rosto, enquanto ele era carregado:

– Oh, meu menino! O que houve? Oh, meu Deus! Oh, meu Deus!

Em breve, um facultativo chegava ao lar infeliz, buscando socorrer o filho de Cann. Mas era tarde. O golpe fora muito profundo e certeiro. Poucas horas depois, Kennedy perecia, deixando quase dementes a esposa, a mãe e o desgraçado irmão.

4
O trágico desenrolar

DURANTE TRÊS DIAS Kevin se deixou ficar onde o irmão caçula foi enterrado. De nada adiantavam os rogos maternos e o apelo dos amigos. O rapaz não arredava o pé do campo santo, à beira de onde descansava o corpo de Kennedy.

Ele se assentara sobre a terra ainda fofa do enterro. Tinha o olhar distante, vago. Não falava, não gemia, não chorava. Apenas se deixava ficar ali.

A mãe mandava servos levarem refeição. Ela mesma acorreu com alguma providência.

Mas o rapaz ficara petrificado. Certamente havia dementado, pensava ela com desesperação.

A pobre senhora, vergastada por tantos dissabores e na eminência de perder mais um filho, apelou à cooperação carinhosa de Thompson, que somente conseguiu arredar o rapaz da cova do irmão à custa de muita insistência, levando-o para casa. Mas ele seguia prostrado, isolado no aposento íntimo.

Passou-se uma semana sem que Kevin voltasse ao castelo O'Hare.

Miriel aguardava a volta do marido naquele mesmo dia, ao final da tarde, entre o desespero e o medo. Não poderia esconder a gravidez por muito mais tempo. Já o fazia à custa de faixas e vestidos de corte mais apertado. Ademais, já deveria ter fugido com Kevin, não fosse a tragédia que acontecera.

Ela soube por notícias dos servos todos os detalhes do ocorrido e intentava ir até o homem amado a qualquer preço, porém estava sob a constante vigília do pai, que parecia desconfiar de alguma coisa.

Em uma tarde, percebendo o pai demasiadamente entregue aos negócios, conseguiu furtar-se de seu olhar e rumar à vila, montada em seu cavalo negro. Ia à revelia de qualquer cuidado, pois achava-se já tomada de desespero de causa.

Com alguns informes, não tardou encontrar a quinta onde pesado luto mantinha as janelas fechadas.

Ainda não havia escurecido quando ela apeou em frente à construção. Ao verem a bela dama tão dignamente trajada, os servos acorreram, confusos. Ajudaram-na a apear, perguntando a quem deveriam anunciar.

Mas a moça apenas ordenou que chamassem o senhor Kevin McCann, sem informar sua identidade.

Ouvindo o barulho, Julien foi até o exterior, cogitando a impropriedade de uma visita naquelas circunstâncias, e deparou-se com a filha de O'Hare de pé, próximo à sua porta.

Não tardou a compreender de quem se tratava, julgando-se pelas vestes e o porte da visitante, por isso mesmo recebeu-a à porta mesmo, de maneira fria:

— Em que posso ajudar, *milady*?

— Procuro por Kevin McCann, minha cara senhora. Peço a gentileza de chamá-lo.

— Sinto muito, mas meu filho Kevin está seriamente doente e não pode atender a ninguém. Mas caso queira deixar algum recado, faço que chegue aos seus ouvidos.

— Doente? – repetiu Miriel arregalando os olhos.

— Sim – respondeu Julien, friamente.

— Então, peço-te me levar até ele, para que eu possa visitá-lo.

— Onde se encontram os teus acompanhantes, *milady*, já que procuras visitar um homem?

Compreendendo a má vontade da mãe de Kevin, Miriel assumiu uma postura altiva, falando em tom ousado:

— Não me faço acompanhar de ninguém. Mas ainda assim gostaria de vê-lo.

As faces de Julien enrubesceram-se. Funda mágoa a tomou. Afinal, estava à sua frente aquela que ela compreendia ser a razão de todas as desgraças que lhe aviltaram a felicidade. Estava ali a mulher que enfeitiçou seu filho, arruinando-o, para sempre.

— *Milady*, não será possível — começou a dizer em tom severo. — Estás intentando visitar um homem que acabou de ficar viúvo e que perdeu também o irmão.

Miriel empalideceu.

— Viúvo? — perguntou.

Sem conter-se, Julien aditou com as mãos frias e trêmulas.

— Sim! Viúvo! Devias saber, já que és a razão de tudo isso. Não és tu a infeliz que enfeitiçou meu filho? Não és tu a mulher sem denodo e sem escrúpulos que o desviou da honra e da honestidade, reduzindo-o a um abjeto? Não és a meretriz que o fez lançar o nome de minha família à lama? Pois bem! Sei bem quem és!

Julien avançou para Miriel, agarrando-se em seus vestidos e sacudindo-a, vigorosamente:

— Por tua causa, a minha pobre e doce Maire tirou a própria vida.

Esquivando-se a muito custo, Miriel afastou-se tomada de lágrimas. Seus olhos desmesuradamente abertos denunciavam a suprema agonia que a tomava:

— Não me toques, senhora! Também eu trago no ventre um neto teu!

Olhando-a com supremo desprezo, Julien gritou:

— Não é meu neto! Não o reconheço e jamais o reconhecerei! É filho do pecado e da traição! É fruto da desgraça que me destruiu o lar! Amaldiçoo-te, sua infeliz, e também a tua prole! Hás de pagar com sangue e lágrimas o desgosto com que me presenteaste!

A moça sentiu as pernas bambas. As lágrimas corriam ininterruptas e o raciocínio vacilava. Uma ideia macabra apossou-se de sua mente: Queria morrer! Nada mais restava. Sua perfídia seria descoberta e agora ela estava inteiramente sozinha.

Virou-se para correr para o corcel, mas estava cambaleante. As palavras de Julien possuíam uma força terrível em seu estado psíquico.

Com os gritos das duas, Kevin ergueu-se de sua prostração, pois reconhecia a voz de Miriel. Desceu as escadas e encaminhou-se à sala, ouvindo as últimas palavras da mãe. Por isso mesmo, estacou, perplexo, ouvindo-a referir-se a ele como fratricida. Sua visão turvou-se e ele escorou em um móvel, tentando acalmar-se.

Durante alguns segundos ainda sentiu aquelas palavras soando em seu cérebro. Mas refez-se, pois urgia ver o que acontecia.

Quando chegou à porta, a mãe estava transfigurada. Suas feições, tão belas e doces, estavam transmutadas em características animalescas, que o apavoraram. Por um minuto, não a reconhecia.

Olhando para fora, ainda pôde ver Miriel montando no corcel. Gritou que ela parasse, intentando correr em seu encalço.

Foi seguro pelo braço por Julien:

— Aonde vais, infeliz? Não irás atrás desse demônio. Já bastam de desatinos! Já basta de me ferires com teus gestos amorais, Kevin McCann!

Virando-se para a mãe, Kevin retirou seu braço, com cuidado, falando baixo, olhando em seus olhos:

— Nada exijas de mim, minha mãe. Acabo de ouvir-te chamar-me fratricida. Não será este o cúmulo do opróbrio? Miriel é um demônio, em tuas palavras. O que serei eu, então?

A pobre viúva de Cann caiu em si. Levou as duas mãos no peito, aflita. Observou o filho banhado em lágrimas.

— Oh, meu filho! Eu estava nervosa... Desconsidera...

Mas Kevin parecia não ouvir o que ela falara. Tinha os olhos fixados em lugar nenhum. De seu peito emergiu alguma coisa parecida com um gemido.

— Não suporto mais esta situação. Oh, minha mãe, nem Miriel nem eu intentamos provocar todos estes desgostos. Não somos criminosos.

Somos dois infelizes que se amam. Tornei-me um réprobo, porque eu não pude renunciar a este sentimento. Quisera eu estar morto no lugar de Kennedy e até de Maire, a quem eu nunca desejei mal algum. Oh, como eu os invejo, mamãe, pois não carregaram para o túmulo a vergonha suprema que eu carregarei. Sou fratricida, sou homicida, sou um falso amigo e um ingrato! Mas juro perante Deus que eu somente queria ser feliz. Oh, me bastava algum recanto simples onde eu pudesse viver com Miriel e meus filhos, que tu acabas de amaldiçoar, por minha causa.

– Kevin...

– Mas eu não me posso mais conformar com o suplício de viver acusado por mim mesmo. Hoje, eu buscarei algum refrigério para minha alma.

Simplesmente virou-se e voltou ao aposento, para vestir sua armadura e armar-se. Retornou depois ao pátio, pediu a um servo um cavalo veloz e partiu.

Miriel chegou ao castelo praticamente junto com Orish, que acabava de descer do veículo que o trazia, e colhia o abraço carinhoso de Bragnae.

Mas ela não o cumprimentou. Desceu do árabe como uma demente e correu em direção à entrada principal da construção.

Vendo-a naquele estado, o marido a interceptou, pedindo a Alvy que levasse Bragnae para dentro:

– O que houve? Miriel, o que é isso? Que estado é esse em que te encontro?

Mas ela tentou repeli-lo, em total descontrole. Falava coisas que não se podia compreender, debatendo-se.

Orish a abraçou, temeroso. Miriel havia dementado, como sua primeira mulher? Que maldição seria aquela que o perseguia?

Acolhida em braços carinhosos, a desditosa menina chorou como nunca havia chorado antes. Carente de qualquer apoio ou carinho, agarrou-se às vestes do marido, balançada por soluços incontidos.

Ele a segurava com cuidado, tomado de grande compaixão por seu estado. Por um tempo, permitiu que ela desabafasse, sem nada perguntar.

À medida que o choro diminuía, ele encaminhou-se com ela para a pérgula no jardim.

O pôr do sol fazia seu espetáculo, sem as peias das constantes nuvens.

No horizonte, as luzes alaranjadas tomavam todo o perfil das colinas, colorindo a natureza ao entorno com magníficas nuances douradas.

Acariciando a cabeleira avermelhada da esposa, Orish enxugou suas lágrimas e osculou sua face.

– Diz-me, querida, o que houve? Qual o motivo de tamanho desespero?

Mas antes que qualquer coisa fosse respondida, passos chamaram a atenção dos dois. Era Kevin. Ele acabara de chegar e encaminhou-se na direção de ambos.

Vendo o chefe de sua guarda, Orish surpreendeu-se com seu abatimento. O rapaz estava pálido, mal alinhado, de olhar esgazeado e triste.

Miriel sentiu o coração descompassando-se. Todo seu corpo tremia.

Vendo o lorde abraçado à esposa, o rapaz irlandês sentiu o ciúme queimando suas veias. Ao mesmo tempo, sentia-se preso de insólito remorso e grande amargura.

Pousou os olhos em Miriel e sentiu-se fraquejar. Ela tinha o olhar assustadiço e súplice. Sentiu ímpetos de ir até ela e abraçá-la, mas estava resoluto. Não suportava mais o peso de tantas iniquidades.

Olhando para Kevin interrogativamente, Orish perguntou:

– O que é isso, meu caro Kevin McCann? O que está acontecendo aqui, afinal?

O rapaz meneou a cabeça, respeitosamente.

Retirou da bainha a espada e retirou da veste o escudo que o identificava como chefe da guarda. Entregou os dois artefatos a Orish, que o olhava boquiaberto. Ajoelhou-se em sua frente, como convinha em um ato de humilhação, e ergueu a fronte para encará-lo:

– *Milord*, deponho em tuas mãos a minha espada e o meu cargo. Deponho também minha vida, para que procedas conforme a honra vos aditar.

Miriel avançou, para erguê-lo, em um gesto totalmente impensado. Orish a segurou, colocando-se em sua frente.

– Mas o que significa isso? Por que te dispões do cargo e te humilhas?

– Meu senhor, não sou digno de tua confiança. Venho confessar-te um crime.

Miriel soltou um grito e tentou avançar. Orish a segurou fortemente, encarando-a, confuso. Seu íntimo o avisava de que seria vítima de desgostos enormes.

Chamou um guarda e pediu que segurasse Miriel.

Trêmulo e atordoado, voltou-se novamente para Kevin, que não se mexeu um só centímetro.

– Prossegue...

– Senhor, estive ausente do meu posto pelo prazo de uma semana, de maneira a enterrar meu irmão e minha esposa – disse em um tom austero. Continuou após uma pequena pausa. – Ambos morreram por minha causa, *milord*. Meu irmão morreu aqui em teus pátios, pois nos desentendemos. Ele tentou me golpear e, na minha tentativa malograda de me defender e desarmá-lo, ele acabou caindo sobre esta mesma espada que te coloco nas mãos.

Orish encarou-o, estupefato. Uma grande piedade do rapaz invadiu-lhe o coração, diminuindo a tensão em que se encontrava.

– Oh, meu caro Kevin! Que infortúnio! Não posso nem imaginar a dor que te oprime agora. Mas não tomes decisões de cabeça quente. Pelo que tu mesmo me dizes, foi um acidente infeliz. Não te desonra como cavaleiro...

– Não, meu senhor! Escuta tudo o que tenho para dizer-te. Este é apenas o introito de um drama soez, do qual também és um desventurado personagem! – disse o rapaz, baixando a cabeça, deixando as lágrimas caírem.

Miriel estava firmemente segura pelo guarda. Gritou algumas vezes que Kevin se calasse, que ele tivesse piedade dela e findasse aquela sórdida entrevista.

Orish, ouvindo a mulher, voltou à tensão em que estava mergulhado antes. Seus pensamentos estavam em turbilhão. Procurava repelir os cismares, até ouvir tudo o que seu interlocutor tinha para dizer.

– Continua, então...

– Meu irmão estava aqui para buscar-me, pois encontrou minha esposa morta em minha casa. Ela me viu com esta outra mulher alguns dias antes de cometer o ato ensandecido. E eu não tornei mais ao lar.

Desprezei seus sentimentos e deixei-me permanecer ao lado de minha amante. Nem sequer procurei saber notícias daquela que retirei do lar paterno para transformar em uma infeliz.

Kevin confessava-se sem peias. Tinha o olhar baixo e suas lágrimas pingavam ao solo. Sentia imenso alívio de estar desnudando sua alma ao lorde.

Orish ouvia em silêncio. Também Miriel silenciou. Apenas deixava-se chorar, conformada com o destino que a aguardava.

– Kennedy ficou alterado com minha atitude, pois eu não quis voltar ao lar imediatamente. Eu tinha planejado uma fuga com a mulher que amo. Iríamos embora da Irlanda, para tentarmos viver esse amor amaldiçoado pelo destino, com nossa pequena família. Iríamos sem cogitar da dor que estávamos deixando para trás de nós. Ele quis obrigar-me a segui-lo. Estava descontrolado. Ele, que normalmente era gentil e bondoso, parecia um demente. Tentei fazê-lo parar, mas ele continuou investindo contra mim. Na confusão, caiu em cima da espada e feriu-se mortalmente.

O rapaz foi balançado por soluços e gemidos. Não conseguia conter a comoção que o oprimia. Pausou a narrativa por alguns minutos, até conseguir retomar a fala.

Orish ainda permanecia em silêncio.

– Acaso já adivinhaste, senhor, de quem se trata minha amante?

Orish perdeu completamente a cor. Kevin o encarava com profunda dor estampada no olhar.

– Não... – só pode gemer, levando a mão ao rosto.

– Eu a amo desde antes do teu consórcio, meu senhor. É minha filha a pequena Bragnae. Antes de te consorciares com ela, intentamos fugir da Irlanda, mas tudo falhou, pois ela me viu traindo seu amor nos braços de outra mulher e ressentiu-se, abandonando-me para casar com o senhor. Julgamos, ambos, que este amor tinha a história finda, mas por alguma ironia soez do destino, o senhor me procurou para negociar cavalos e simpatizou comigo. Naquele jantar em que me convidaste, foi a primeira vez que cruzamos novamente o olhar desde que retornaram da longa viagem. Logo depois, o senhor convidou-me a dar aulas de equitação para ela e eu descobri que tinha uma filhinha. Então não pude mais resistir. Era minha mulher e minha filha! Os dois maiores amores de minha vida, pois nunca a esqueci.

– É minha mulher e minha filha, seu infeliz! Minha mulher e minha filha! – gritou Orish, angustiado.

Caminhou até Miriel e a encarou, tomado de ira:

– Como pudeste? Eu sempre fui bom e gentil contigo. Poderia ter te repudiado desde o primeiro dia de nosso casamento. Mas aceitei-te e jamais lancei-te ao rosto qualquer acusação. Fui um pai bom e carinhoso com Bragnae. E é assim que me retribuis? Com a mentira, a humilhação e a traição? Desgraçada! Pérfida mulher! Não mereces viver!

Kevin ergueu-se, gritando o nome do lorde:

– Senhor, eu imploro que não lance em Miriel a ira que deves ter somente de mim. Ela é mulher! E traz no ventre mais um filho meu! Se levantardes para ela a mão vingativa, serás duplamente homicida. Considera o pequeno inocente que ela abriga no corpo!

Orish pensou que ia desmaiar. Encarou o guarda que segurava sua esposa, medindo-lhe as feições. Por um instante cogitou que um subalterno ouvia toda a humilhação a que era submetido, naquela hora. Mas o rapaz mantinha a fisionomia impassível, procurando demonstrar total comprometimento com seu trabalho.

Encarou novamente Miriel e sentiu uma dor forte no peito. Tudo aquilo era demasiadamente doloroso para ele, que intentava ser um bom marido.

Não bastava ao destino todos os desgostos que experimentara na mocidade? Toda sua vida não passaria de um cálice cheio de fel?

Pensou em Bragnae e sentiu imenso remorso por pensar em tirar a vida de Miriel.

Encarou Kevin com a fisionomia totalmente desfigurada de ódio.

– Que tipo de homem tu és, Kevin McCann? Adentraste meu lar, onde foste recebido com respeito e simpatia, e o sujaste com tua felonia.

Ajoelhando-se novamente, em atitude submissa, o rapaz falou em tom baixo:

– O senhor tem razão. Mereço, por isso mesmo, a desforra que melhor te convier.

Orish fez um gesto para o guarda, para que ele se afastasse com Miriel.

A moça debateu-se, implorando que ele nada fizesse a Kevin. Gritava, tomada de total desespero.

Mas O'Wenn parecia não a ver mais. Aguardou alguns momentos, hesitando. Depois, jogando para Kevin a espada que lhe entregara e empunhando, ele próprio, a que trazia na cintura, em atitude ameaçadora, caminhou até ele.

– Arma-te e ergue-te, soldado! E lute por tua vida.

Mas o rapaz não se moveu.

– Cabe-me morrer, *milord*. E o farei com a gota de honra que me resta.

Orish hesitou mais. Gritou, colérico:

– Defende-te, infame! Destruíste meu lar, desgraçado!

– Sim. Destruí também o meu.

O lorde pensava. Sua cabeça estava tumultuada. Mas não desejava matar, malgrado seu orgulho de homem estivesse ferido irremediavelmente. Queria odiar Kevin com todas as suas forças e golpeá-lo mortalmente, para lavar sua honra. No entanto, via-o como um infeliz, um condenado pelo próprio destino. Não estaria ele suficientemente castigado? Aquele ato, prostrando-se para aguardar um golpe mortal, não demonstrava seu sincero arrependimento?

Orish tinha a espada em posição ameaçadora. Não sabia o que deveria fazer.

Não poderia matar! Não era um assassino. Era apenas um homem infeliz, que não logrou qualquer alento em sua vida. Mas não queria tornar-se também um criminoso aos olhos da Justiça de Deus.

Miriel o via de costas, em posição de ataque, e julgou que ele fosse deferir o certeiro golpe que mataria seu amante. Seu inconsciente remontava à anterior encarnação, quando seu Kevin foi ferido por Fynn, no bosque. Seus instintos oprimiam-na a tomar alguma atitude em regime de urgência.

Por isso, em um movimento inesperado, livrou-se das mãos do guarda que a detinha, empurrando-o. Lembremos que ela havia tido adestramento masculino, por concessão do pai. Agiu instintivamente, porém com rapidez e segurança. Pegou a espada do soldado, retirando-a da bainha, enquanto ele desequilibrava-se para cair.

Correu como uma louca, para alcançar Orish antes de consumar-se o que ela imaginava ser o assassínio de Kevin. Gritou e deferiu em suas costas um golpe fulminante, fazendo-o cair de joelhos, na frente do amante.

O Adônis Irlandês ergueu-se, rapidamente, tentando apoiar seu interlocutor, gritando para Miriel parar o ataque.

O guarda caído ergueu-se e avançou precípite para ajudar seu amo, chamando os outros guardas em socorro deste.

Um mensageiro foi enviado para chamar um facultativo e Kevin foi detido. Miriel foi desarmada e encaminhada, completamente desesperada, para seus aposentos íntimos.

A essa altura, avisaram O'Hare do que havia acontecido, chamando-o para as providências que se faziam necessárias.

Kevin foi encaminhado para uma cela da fortaleza, sem demonstrar qualquer resistência à prisão.

5
O desfecho

ORISH FOI ENCAMINHADO a um aposento confortável, onde foi socorrido pelos servos e por um facultativo.

Por ser muito admirado e bem-quisto, foi tratado com profundo desvelo por todos os que o cercavam.

Ao final da madrugada, após os exaustivos recursos para salvar-lhe a vida, seu quadro estabilizou-se de alguma maneira, voltando o lorde à consciência.

Mas era certo de que não duraria mais que algumas horas. A hemorragia fora muito intensa e seu corpo não resistiria mais.

O'Hare permaneceu com ele durante todo o tempo, preocupado e envergonhado pela filha. Nutria verdadeira estima pelo genro.

Quando os primeiros raios solares iluminaram a manhã, O'Wenn chamou ao leito o sogro, de maneira a entreter algum entendimento, em seu último esforço.

Em suas faces, o palor da morte se manifestava de maneira inconfundível. A respiração lhe era custosa e seus movimentos eram lentos, como se seus membros estivessem enrijecendo.

Com muita dificuldade, iniciou a conversa:

— Meu caro sogro, desejo transmitir-lhe meus desejos finais, pois sei que se findam meus minutos de vida...

— Ora, meu genro, que conversas são estas? — respondeu O'Hare com os olhos úmidos. — Quanto pessimismo para um homem jovem e forte...

— Não, meu sogro! Não me iludas — disse cortando a fala do lorde. — Mas preciso que me escutes os últimos desejos.

— Pois diz, meu caro Orish! Diz!

— Miriel...

— Oh, sim! Não te preocupes! Ela será devidamente castigada, meu genro. Não terás proteção em meu nome!

— Mas peço-te o contrário. Peço-te protegê-la...

— Mas ela o feriu, Orish. Adulterou...

— Eu sei. Mas leva no ventre uma criança. Necessita de proteção.

— Oh, mais essa? E como garantes ser um filho teu, meu caro Orish?

— Eu o garanto. Necessito proteção para meu herdeiro e teu neto...

— Não! Não posso! Essa infame ultrajou esta casa e o nome de nossas famílias, a minha e a tua.

— Peço-te perdoá-la, pois já o fiz por minha conta. Peço ainda clemência pelo rapaz. É apenas mais um infeliz, como infelizes fomos todos nós...

— Ah, não, Orish O'Wenn! Estás delirando. Será o ferimento que te dementa. Não!

— Assim te peço, meu sogro!

Erguendo-se da cadeira em que se sentara para ouvir o genro, O'Hare tinha os olhos arregalados.

— Meu sogro... concedes-me este desejo?

— Vou chamar o facultativo, O'Wenn. Deves estar com febre e deliras!

— Meu sogro!

O'Hare foi afastando-se, em direção à porta do quarto, onde os serviçais aguardavam terminar a palestra particular entre sogro e genro.

Em uma voz sumida, Orish, angustiado ante a negativa do sogro, ainda pediu:

— Traz-me Miriel! Para que eu me despeça e ofereça meu perdão! Traga...

O'Hare virou-se para respondê-lo, quando o viu revirando os olhos, em uma espécie de convulsão. Gritaram os servos e o facultativo, que acudiram, prestimosos.

Mas não havia recursos. A hemorragia retornou, extinguindo-lhe a vida. Nos estertores da agonia, inconsciente, o pobre lorde dizia frases inacabadas ou sem sentido, mas algumas ressoaram com a força de mil tempestades aos ouvidos de O'Hare, que ouviu estarrecido.

– Oh, Miriel! Eu te perdoo!... Por tudo, minha querida!... Que desgraçada também és tu, pois jamais viveste teu sonho de amor com o pai de Bragnae!... Pobre de ti que viveu frustrada e incompleta!... E agora trazes outro filho desse amor infeliz!... Que será de ti e desse rapaz?... E de teus dois filhos?... Mas tens o meu perdão!... Tens o meu perdão!

* * *

Sentada ao leito do aposento onde estava reclusa, Miriel parecia totalmente absorta em si mesma, nutrindo pensamentos doentios em torno de seu futuro, pensamentos permeados pela culpa.

Pensava em Bragnae, seu pequeno tesouro. A menina era meiga e gentil, doce e cordata. Acariciava-lhe a todo momento, chamando-a de mãezinha ou de anjo bom. Era seu acalanto, sua alegria. Pobre pequena condenada a não viver ao lado do pai verdadeiro. E, agora, condenada a não ter mais uma mãe. Também Orish, o pai adotivo que tanto estremecia por ela, estava prostrado no leito, entre a vida e a morte.

Mas Bragnae ainda tinha o avô, que a amava ternamente. A netinha era sua alegria de todos os dias. Ele a protegeria com sua fortuna e seu poder.

A ela, Miriel, a vida não guardava qualquer possibilidade de alegria. Também o filho que trazia ao ventre estava condenado, pois era fruto de um adultério. Certamente seria abandonado ao léu, por ordem de seu pai.

A ideia fixa impunha-se, tresloucadamente à sua mentalidade enfraquecida. Todas as situações pareciam estar equivocadamente definidas e sem a menor possibilidade de qualquer esperança.

Assim pensava a pobre moça, por estar assediada por uma mentalidade vigorosa e adoecida. Era Fynn MacDoubret, que argumentava com ela a ideia nefasta, incutindo em seus pensamentos as tormentas de uma autoculpabilidade, distanciando-a da razão e da saúde mental, da confiança em Deus. Apresentava, como que discursando, a lógica do cometimento. Miriel absorvia-lhe as ideias rápidas como se fossem seus pensamentos próprios e convencia-se, cada vez mais, de que assim deveria proceder.

Sua consciência a vergastava, por causa de Maire. Também por causa de Orish, que sempre fora seu protetor incondicional. E se ele perecesse? Ela seria uma assassina...

Não que ela não recebesse amparo para ajuizar melhores decisões. Ao seu lado, sem que ela ou Fynn percebessem, uma nobre entidade velava, carinhosamente. Trajado em uma alva e resplandecente túnica grega, procurava admoestá-la sobre o que intentava fazer. Soprava-lhe aos ouvidos sugestões viáveis e conforto moral. Lembrava-a de Bragnae, tão pequena, que lhe solicitava proteção e fortaleza moral. Falava-lhe de Deus e de Jesus, sugerindo que ela se permitisse orar para acalmar a tempestade mental em que se afundava.

Mas Miriel deixava-se dominar pela ideia de que não era digna de comunicar-se com o Criador dos Mundos. Sentia-se uma deserdada do amor grandioso de Deus, julgando impossível que o Pai de todas as criaturas lhe desse a ousadia de alguma aproximação de seu carinho paternal.

Em qualquer plano da vida, a todo espírito será possível alçar o pensamento ao longe, sintonizando-se com os outros filhos de Deus, de conformidade com seu cabedal íntimo. Todos temos à disposição de nossa capacidade de percepção, ideias e intenções, impulsos e aspirações, em todos os graus, de todos os matizes, em todas as direções. Encontramos, conforme nossa bagagem psicológica, os elos que nos serão inerentes, muito embora nos seja sempre possível manipular, modificar, estreitar ou liberar tais elos pela vontade persistente.

Sendo assim, somos obrigados a admitir que as prisões que nos torturam a caminhada são construídas por nós mesmos e, por isso, somente podem ser destruídas também por nós mesmos. A ferramenta de libertação é a reforma íntima, pelos padrões evangélicos ensinados por Jesus, onde figuram o perdão e o desinteresse, a coragem e a fé raciocinada, a fidelidade e a persistência no bem.

Mas, distante destes conceitos libertadores, sintonizada com outras mentes tão enfermas quanto a dela mesma e encarcerada por si mesma em uma frequência de pensamento menos criteriosa, Miriel conjecturava febrilmente a ideia funesta.

E assim estava, até que escutou o ferrolho da porta sendo movimentado. Mas não se ergueu. Apenas levantou a fronte, para encarar quem vinha ao seu aposento.

Era seu pai. Estava com a face evidenciando seu profundo desgosto e seu desprezo pela filha.

Entrou e a encarou, parecendo estar fulminado por ódios seculares.

– Ergue-te, desgraçada, como se deve fazer na presença de um lorde.

Sem qualquer palavra, mas com sua altivez inquebrantável, a filha de O'Hare se levantou e o encarou.

– Vim trazer-te a notícia de que teu marido acaba de falecer. És, a partir deste instante, uma assassina, uma criminosa! – aditou sem piedade.

Miriel continuou em silêncio, mas duas lágrimas escaparam-lhe dos olhos cansados. Por um instante, todos os seus momentos com Orish passaram-lhe pela mente. Sempre solícito e gentil, ele a protegeu e amou desde que a conheceu. No entanto, ela o traiu covardemente. Como último golpe, o feriu, em um ato quase desesperado. Era a assassina de um benfeitor.

Vendo-a chorar, enchendo-se de cólera e esquecendo-se dos pedidos do genro, no leito de morte, deferiu na filha um tapa forte, que a fez tombar ao chão.

– Choras, desgraçada? Não tens o direito de chorar, pois foste a imoral que o traiu e assassinou, desde o primeiro momento. Tu estás a traí-lo desde antes do casamento, desrespeitando nossa família e as tradições de honra.

Miriel ergueu a fronte com olhar interrogativo.

– Teu marido acaba de confessar-me, no leito de morte, que Bragnae não é filha deste consórcio, mas fruto de tua traição.

Boquiaberta, a moça ergueu-se, apoiando-se no leito. Voltou-se para o pai, com o olhar desesperado.

— O que ele te disse a esse respeito, meu pai?

— O que poderia dizer, sua infame? Que és uma execrável, sem consideração. Ele morreu amaldiçoando-te e amaldiçoando o filho que só agora sei que carregas no ventre! Pediu-me para trucidar a ti e ao teu amante.

Miriel não ouviu mais nada. Sua cabeça ficou em turbilhão. Parecia não poder mais ver o pai ou mesmo o aposento onde estava, como se fora transportada a alguma região desconhecida. Todas as suas faculdades estavam em colapso.

De um momento para o outro, pode ver a figura dantesca e infeliz de Fynn, de pé no aposento, olhando-a nos olhos.

— Infiel! Desleal! Fedífraga! E agora, também, assassina! Tua única remissão é a morte! Tua única fuga é a morte!

Miriel não sentiu medo. Ela não sentiu nada. A frase macabra ressoou-lhe nas potencialidades, como uma ordem invencível, fazendo-a estremecer.

Voltou a si e olhou para o pai que vociferava sem parar. Não o ouvia. Somente via-lhe as expressões terríveis.

Olhou em sua cintura o cinturão onde permanecia embainhada a espada. Na parte da frente, descansava um punhal ricamente ornamentado. Este pareceu reluzir estranhamente, como se alguma claridade insondável o envolvesse.

Ergueu os olhos, fitando atrevidamente o pai, dizendo em voz firme:

— E qual a tua sentença, meu pai? O que julgas que eu mereça, afinal?

Irritado, suarento e sem cogitar de qualquer raciocínio, o velho lorde respondeu, intentando feri-la, novamente:

— Mereces a morte, mulher sem honra! Mereces a morte, sua perjura!

Avançou novamente para deferir novo golpe, mas Miriel esquivou-se, desequilibrando-o. Enquanto ele caía, ela avançou em sua cintura e pegou o punhal que descansava na bainha, correndo em seguida para a porta.

— Seja feita a tua vontade, meu pai! Eu te obedeço!

O'Hare gritou pelos guardas, por Alvy, por todos. Ergueu-se rapidamente, seguindo a moça até as escadas que guiavam ao salão. Ela estacou no limiar do primeiro degrau, quando um guarda que estava no andar aproximava-se, vindo do corredor. Virou-se para o pai, com o olhar tisnado de loucura.

Tentara um golpe, ante os gritos de O'Hare, mas este não fora mortal, pois no momento supremo ela hesitou, errando o alvo que seria o coração. Porém, deixando-se cair de costas, rolou escada abaixo, agravando o ferimento e causando outros, irremediáveis.

O'Hare deixou-se cair de joelhos.

* * *

KEVIN JAZIA EM uma cela da fortaleza de O'Hare. Não era maltratado, pois possuía subalternos que o apreciavam, pois era gentil e educado no trato. Embora muitos se impressionassem negativamente com ele, por desconfiar da traição a que submetia o bom lorde, não possuíam em sua postura motivos para desconsideração.

Foi por isso que sua mãe foi avisada de sua prisão, podendo, juntamente com Thompson, tomar alguma providência em seu caso. Ela apelou para as boas relações que o marido tinha e para conseguir que o libertassem, cerca de uma semana depois dos insucessos que narramos.

Também O'Hare já não se animava a qualquer providência para o caso. O fim de Orish o afligia e o fim de Miriel minava suas forças, por causa do remorso que o apicaçava.

Tardiamente, resolveu atender algum pedido do falecido genro, não embargando a liberação de Kevin, que não deferiu qualquer golpe no extinto lorde, portanto, não era passível de crime. Já o crime de traição, poderia ser reparado por conta de um duelo, caso fosse de interesse da família de O'Wenn ou de O'Hare.

Mas ele nada requereu. Nada importava, mediante a tragédia que enlutara e desgraçara para sempre a sua vida.

Chegou a cogitar encaminhar para algum convento ou outro tipo de instituição a menina Bragnae, mas amava-a profundamente, embora soubesse que ela era filha do adultério de sua mãe. E a pequena adoeceu gravemente, com febres e convulsões, assim que soube não ter mais a mãezinha e o paizinho que tanto amava. O'Hare teve que se desdobrar nos cuidados para a recuperação da neta, esquecendo a ideia de abandono.

Reduzido a uma sombra do que sempre fora, o lorde assistiu sem qualquer interferência, à soltura do amante da filha, recomendando sua guarda que, uma vez ele adentrando a própria residência, o informassem das tragédias que se consumaram no castelo. Que ele se desesperasse fora de suas terras, já marcadas pelo sangue e pela dor.

Foi assim que o rapaz, emagrecido e com a barba por fazer, foi escoltado por dois guardas, em companhia de Thompson.

Ao apear em sua propriedade, ajudado pelo solícito professor, um dos guardas da escolta apeou também, dirigindo-se a ele nesses termos:

– Senhor Kevin McCann, por ordem de meu senhor, Lorde M. O'Hare, informo que faleceu na fortaleza o lorde Orish O'Wenn!

Sem surpreender-se, o rapaz o ouviu, compungido. Perguntou instintivamente, em seguida, antes de o guarda continuar:

– O que pretende o lorde O'Hare providenciar no caso, já que o delito foi cometido por sua filha?

Aguardava que o guarda não lhe respondesse. Imaginava que ele o lembraria de que não era mais seu superior e que aqueles assuntos não lhe pertenciam. Mas, ao contrário, o rapaz respirou profundamente, e informou em uma atitude que evidenciava que sentia por Kevin alguma compaixão.

– Nada, senhor! É meu dever informá-lo, também, que senhora Miriel, esposa do lorde Orish O'Wenn, no mesmo dia da morte do marido, morreu nas dependências do castelo.

Kevin ficou petrificado, por alguns momentos, empalidecendo-se. Depois, sem medir o que fazia, agarrou o guarda pela armadura de soldado, gritando:

– Não! Não pode ser! Como pode ser isso, Elvin, se ela gozava de saúde? Isso não pode ser! Como ela morreu, se estava forte e é jovem? Estais mentindo para mim, Elvin! Não é verdade!

O soldado não reagiu como se convinha. Ao contrário, sentia imensa piedade pelo antigo superior. Por isso, respondeu em tom baixo, quase como que obrigado pela exasperação do rapaz:

– Sinto muito, senhor!

– Não! Não é verdade.

– Damen estava lá, senhor. Ele viu tudo. *Milady*...

Thompson apressou-se em segurar Kevin, temendo que o guarda reagisse com brutalidade. Mas não foi necessário interferir. Por conta própria, o aluno soltou o guarda e deu dois passos para trás, caindo de joelhos.

Nada mais disse. Apenas era possível ouvir-lhe os gemidos que se soltavam de seu peito.

O guarda, constrangido, afastou-se, sem mais nada dizer também, montando e voltando ao castelo.

Julien correu ao terreiro, buscando amparar o filho. Thompson procurou apoiá-lo, com ajuda de alguns serviçais, para levá-lo aos aposentos particulares.

6
Arrependimento e novas oportunidades

DURANTE SEIS MESES Egan, Julien e Thompson vigiaram Kevin de perto. Porém o rapaz passava quase todo o tempo introspectivo e silencioso, entregue aos seus pensamentos, enfurnado em seu quarto.

Depois deste primeiro período de recolhimento absoluto, ergueu-se do leito, saiu de casa. Parecia tomado por alguma resolução forte e procurou saber de Bragnae. Mas soube tardiamente que o lorde O'Hare, poucos dias depois de sua soltura, deliberou ir embora da Irlanda, desgostoso com os acontecimentos. Ele levou consigo a filha daquele amor infeliz.

Kevin sentiu-se ainda mais desditoso, mas deliberou não procurar pela filha. Não tinha nada para oferecer para ela, além de sua suprema infelicidade e dor. Começou a compreender que, até ali, suas atitudes só fizeram por construir a tristeza, o opróbrio e a solidão na vida daqueles que amou. Já havia dado a Bragnae uma parcela superlativa de dores, por conta de seus desregramentos e descontroles. Por isso mesmo, deixaria tudo como estava.

Aos poucos, ao longo de mais um ano de vida, retomou suas atividades junto aos cavalos e ao sítio. Julien o secundava, com grande carinho, porém sem jamais tocar nos assuntos que torturava o espírito de ambos. Ela sentia-se um tanto responsável por alguns acontecimentos, desde o dia que lançara pragas para Miriel, nos pátios de sua casa. Observava a situação de seu primogênito com grande dor no coração.

Com o passar do tempo, os amigos tentavam demover Kevin de sua constante solidão, arrastando-o aos divertimentos ou às festas. Uma ou outra vez, ventilaram a possibilidade de casamento, já que ele se conservava forte e belo, possuindo a possibilidade de constituir uma família que aplacasse sua solidão. Mas em vão.

Aos poucos, o rapaz interessou-se pelas aulas gratuitas que seu mestre administrava aos pequenos da vila, e passou a auxiliá-lo na empresa, mais por ansiar desesperadamente por algum refrigério à alma que por desejo de trabalho desinteressado.

Nenhuma mágoa ou revolta guardava de quem quer que seja. Ao contrário, sentia-se o grande arquiteto de tantas desditas e infortúnios. Somente de si mesmo se ressentia.

Aprendeu a apreciar os pequenos que acorriam ao bom Thompson, cheios de carências afetivas e materiais.

Mas sentia em seu peito o coração irremediavelmente morto, esmagado pelos supremos desgostos que ele mesmo teceu em seu destino.

Passou a cultivar certos costumes, que jamais abandonou até desprender-se do corpo.

Todos os anos, no dia que marcava as tragédias, visitava o lugar onde o corpo de seu irmão e de sua esposa descansavam. Levava flores silvestres e as depunha sobre a terra em atitude respeitosa, sentando-se depois na relva que os cobria, em silêncio total. Depois, orava como sabia, pelos dois entes queridos. Gastava longos minutos, ajoelhado entre os dois túmulos, em pranto, pedindo perdão por seus erros. Somente ao entardecer voltava ao lar, depois de passar o dia inteiro em jejum.

Todas as manhãs bem cedo, encaminhava-se para o riacho que testemunhara seus sonhos mortos. Assentava-se às suas margens amigas, olhando para o velho caminho em que via sua bela Miriel vindo ao seu encontro. Assim ficava por bastante tempo, como que esperando vê-la novamente, em seu corcel árabe.

Em seguida, caminhava por onde outrora caminhou ao seu lado, recordando-se do som de sua voz, de sua face, de seu perfume.

A cada dia de Saint Patrick, pegava seu cavalo e encaminhava-se à cabana nos bosques, que conservava sempre limpa e arrumada. Adentrava e deixava-se deitar no leito de palhas, entregue à sua imensa saudade. Permanecia lá até o dia seguinte, relembrando, entre prantos, seus poucos momentos de esperança e felicidade ao lado da mulher amada.

Kevin jamais tocava no assunto com quem quer que fosse.

Sile, que sofrera imensamente a morte da amiga, tentara abstrair o quase cunhado diversas vezes de seu ostracismo quanto ao assunto. Também Egan dele tentara escutar algum desabafo para que lhe desoprimisse o peito. Mas a cada momento que o assunto era ventilado, o rapaz somente baixava a cabeça, de olhos úmidos, sem nada dizer. Às vezes, após pedir licença, retirava-se do ambiente, encaminhando-se para o riacho que tanto amava.

Kevin passou a ter gosto por ouvir seu mestre e pai do coração com suas teorias de vida futura e vidas sucessivas. Procurava estudar, quanto possível, alguma coisa dos grandes pensadores gregos de sua preferência, sobre o assunto.

Muito embora não conseguisse absorver inteiramente os conceitos, encontrava neles algum alento. Sim! Quem sabe encontraria um dia sua Miriel, nos braços da eternidade! Quem sabe não viveriam aquele amor que o mundo impedira com tanta veemência.

Assim passaram-se cerca de dez anos, após os acontecimentos, até que seu amado professor foi recolhido pelos braços da morte, após a vida silenciosa e abnegada que tivera. Traspassou os portais da imortalidade depois de curta enfermidade que o fazia delirar.

Seu aluno e filho do coração, superlativamente compungido, acompanhou-o com dedicação e cuidados, até ouvir-lhe as últimas impressões, em uma madrugada de inverno.

Thompson, com os olhos desmesuradamente abertos, apontava para um determinado ponto do quarto, e falava com veemência:

– Veja, meu filho! Veja a minha linda noiva! Ei-la aqui para me buscar. Ah, está linda como nos primeiros anos. Veja que ela está com o vestido de onde retirou a flor que me entregou.

Trêmulo, o bom instrutor buscou nas dobras da veste a flor que sempre levara consigo, levando-a aos lábios, afirmando entre lágrimas de emoção:

– Vou colocá-la no lugar! Sim, tudo se completará, novamente!

Depois voltou o olhar esgazeado para o pupilo, que o segurava entre lágrimas:

– Não te preocupes, meu Kevin! Também tu reencontrarás tua amada! Não vês que aqui está a minha? Não é linda como eu havia te dito?

Exausto, sendo acolhido por Kevin, o velho mestre silenciou a voz rouca e fraca, acariciando a face do aluno bem-amado, com um sorriso singular ao rosto.

E ali findava sua jornada terrena, deixando desolados seus alunos que tanto amara.

O rapaz irlandês não levou adiante o projeto com as crianças. Sem Thompson, ele sentia-se perdido e desalentado.

Sua mãe, cerca de mais oito anos depois, também abandonou o corpo envelhecido e cansado, deixando-o inteiramente sem família no mundo.

Mas, depois disso, ainda viveu por mais vinte anos, o antigo Adônis Irlandês. Jamais casou-se novamente, muito embora algum tempo após o desenlace de seu tutor, voltasse um pouco aos seus hábitos de conquistador.

Nos seus últimos dias, acolhido pela família de Egan, que o amava como a um irmão, jazia em um leito limpo, aguardando a morte com receio. Sentia-se o último dos homens e temia o destino que o aguardava após o transpasse. Auxiliado com todo carinho pela mais velha das filhas de Egan, que cuidava também do próprio pai, envelhecido e cansado, Kevin morreu tendo preso à mão o já roto lencinho bordado que recebeu da mulher que jamais esqueceu ou deixou de amar em toda a sua vida.

No momento supremo, recordou-se de todos os episódios da própria vida, estarrecido com o fenômeno rápido e intenso. Viu-se novamente pequerrucho, sob os cuidados do saudoso pai e da carinhosa mãe. Lembrou-se da imensa dor da orfandade paterna que o visitou quando ainda não passava de meninote. Reviu suas aulas de música e o carinho extremo de seu tão amado professor, que lhe diminuíra os dissabores da falta da figura paterna, os amigos diletos, os sonhos de mocidade e os desequilíbrios a que se entregara em busca de alguma coisa que pudesse suprir o vazio que carregava no peito. Pôde ouvir novamente os lamentos de várias moças que para ele entregaram o coração, sem obter dele a resposta que sonhavam. Seguiu os próprios passos até que se viu novamente caminhando ao lado de seu cavalo, em busca do recanto preferido de suas terras, até ouvir uma voz peculiar, que o intrigou. Mais adiante, uma pequena moça dançava e cantava, distraída de tudo ao seu redor, em uma cena cômica que se lhe fixou na memória para sempre. Era sua linda Miriel. Lá estava ela, com seus cabelos avermelhados e seus lindos e profundos olhos. Podia ouvi-la novamente. Novamente caminharam pelos campos, entregues ao frenesi de estarem juntos. Reviu o primeiro ósculo de amor que selaria para sempre seu coração para qualquer outra moça.

Cada sucesso e insucesso seguiam-se, como em um estranho filme colorido. Todas as emoções foram revividas e arrancavam de seu peito agonizante lamúrios baixos, de quando em quando.

Revendo cada atitude, o rapaz concluiu que sempre tivera o ensejo de tomar melhores resoluções, mas preferira, durante toda a vida, seguir os impulsos descontrolados do sentimento imediatista. Rejeitara, em todos os instantes, os melhores alvitres que o socorreram nos momentos decisivos. Desertara dos raciocínios lógicos e das meditações mais sábias, para apenas pensar em si mesmo e na satisfação de suas urgências emocionais. Pouco ou quase nada cogitou do bem-estar alheio e das implicações de suas atitudes.

Vivera como um doidivanas, entregue a si mesmo.

Agora, sentindo que seu corpo se entregava, novamente, à terra do qual surgira, grande aflição o tomava. Sua consciência o oprimia.

Após uma luta inglória para manter a máquina fisiológica sob o governo cerebral, na tentativa suprema de manter a vida, Kevin adentrou a vida verdadeira cansado e temeroso.

Para alívio seu, viu que era amparado por seu amado pai adotivo, que pedia calma e resignação para que o desligamento se desse com o mínimo de desgaste possível.

Mas não lhe fora possível, devido ao seu estado mental, furtar-se das impressões fortíssimas que o tomavam. Entrou, depois, em grande perturbação, para em seguida, cair em sono reparador.

Sua estada, na vida verdadeira, foi bastante confusa e sofrida, nos primeiros momentos. Após algum tratamento especializado, angariou algum equilíbrio e saúde, retornando aos poucos à vitalidade que o animara nos melhores anos.

Por que não se deixou prender nas malhas de ódios e ressentimentos, não se prendeu em estágios em regiões desaglutinadoras de vibrações mais complicadas.

Em breve, encontrava-se novamente com a mãezinha, que o precedeu no túmulo. Também ela passava por tratamento em região hospitalar, buscando equilibrar seus sentimentos.

Após algum tempo, pôde rever o terno irmão que morrera em seus braços, com grande emoção. Ao vislumbrá-lo, jovem e saudável como sempre fora, gentil e amistoso como era seu proceder, Kevin caiu de joelhos em pranto angustiado. Jogou-se aos pés do caçula, humilhando-se e pedindo seu perdão, sendo recebido com um abraço de conciliação.

Após algum tempo, descobriu que por ele se interessara, desde que retornara ao plano espiritual, aquele que elegera por adversário pelo amor de Miriel: Orish. Reencontraram-se, também, em um momento cheio de emotividade. Envergonhado e sofrido, o filho mais velho de Cann recebeu a destra amiga de O'Wenn, que osculou com respeito e gratidão.

Aos poucos, adaptou-se aos contingentes da vida espiritual, recordando-se de amigos e amigas que deixou à retaguarda, para seguir sua caminhada terrena.

Cerca de dez anos se passaram em sua adaptação. Kevin habitava em uma colônia nos arredores do Ulster, estudando e preparando-se para melhores passos na vida.

Durante este tempo, recebeu alguns de seus amigos que retornavam, após a vida corporal.

Kevin mantinha-se em atitude humilde, sem ousar pedir informações ou favores que julgava não merecer. Mas, no seu coração, a saudade imensa de Miriel o sufocava e, sabendo que a moça adentrara bem antes dele a vida espiritual, estranhava que jamais recebera dela qualquer informe.

Assim permaneceu até que, um dia, foi chamado ao gabinete da nobre entidade que possuía os pendores de instrutor daquela falange de espíritos. Era seu querido benfeitor Otelo, que o aguardava com um terno sorriso nos lábios.

Foi convidado a assentar-se em uma poltrona simples e confortável, bem de frente ao amigo das eras, o que fez com o máximo respeito.

– Como estamos indo, meu caro Kevin? Aprendendo bastante?

– Oh, sim! Agradeço a imensa solicitude de tantos corações, que me auxiliam sem que eu o mereça.

Otelo encarou o jovem, com um semblante amistoso. Respirou profundamente e iniciou o entendimento, com voz paternal:

– Meu filho, pedi palestra contigo para que possamos conversar a respeito de teus sentimentos. Desde que chegaste, aprecio bastante teu esforço em manter-te submisso aos conselhos e carinhos daqueles que são mais experientes que tu e é com grande alegria que percebo que não guardas ressentimentos e mágoas de ninguém. Tal atitude garantiu-te relativa tranquilidade e saúde emocional.

Encarando o benfeitor por alguns instantes, Kevin não pôde evitar que seus olhos se nublassem e lágrimas cristalinas escorressem por seu rosto. Envergonhado, o rapaz baixou o olhar.

Otelo, erguendo seu rosto com delicadeza, incentivou-o a expor o que o oprimia:

– Gostaria que tu confiasses em meu carinho paternal, meu filho. Abre o teu coração, para que possamos nos entender.

Pegando a mão do venerável amigo, Kevin deixou-se sacudir por soluços.

– Oh, meu pai! Perdoa-me! Gostaria de ser verdadeiramente humilde e cordato, para aprender o que necessito e tornar-me digno do amparo que recebo. Mas a verdade é que sou um réprobo, um perjuro e um assassino. Aqui encontro com as vítimas de meus crimes, oferecendo-me proteção e amparo, mas isso só faz aumentar a vergonha que tenho de mim mesmo. Não mereço qualquer demonstração de abnegação e cuidado. Antes, eu mereceria sofrer e padecer como fiz a cada coração que me amou na Terra. O inferno seria doce para mim, meu pai! Seria pouco castigo para um criminoso do meu jaez. No entanto, cá estou nestas paragens que devem ser o paraíso...

Aguardando o rapaz se acalmar um pouco, Otelo afagava-lhe os cabelos. Iniciou então, com voz doce e severa ao mesmo tempo:

– Ouça, meu Kevin! Sempre é bom que analisemos nossos passos e identifiquemos os nossos erros, reconhecendo nossas falhas ao longo do caminho. É o primeiro passo para que possamos nos libertar das amarras dos enganos e desenganos no mundo. Mas é apenas o primeiro passo... e o primeiro passo não basta para uma longa caminhada. São necessários os outros tantos passos para concluir nosso trajeto. Nos caminhos da vida, o arrependimento é tal como uma lanterna que ascendemos, trazendo a lume cada detalhe da rota que já trilhamos e permitindo-nos visualizar com melhor amplidão o itinerário que nos aguarda ainda os passos. Mas se o caminheiro permanecer estático, tal instrumento não terá grande serventia. Nada poderá substituir o trabalho das próprias pernas, para alcançar os objetivos a que se destina. Se, ao visualizar o caminho, o peregrino nada mais faz que lamentar os tropeços passados, a lanterna que ascendeu não passará de revelação infeliz e inútil. Qual será, meu filho, o tempo justo que devemos empreender na análise dos próprios passos? Ora, apenas o suficiente para aprendermos com nossas experiências e alicerçarmos em nós melhores padrões de discernimento para o caminho que ainda falta. Cada segundo perdido na lamentação sistemática e na autocondenação estática é um segundo que desperdiçamos na conquista da felicidade verdadeira. Julgarmo-nos indignos do amor de Deus, lastimando a sempiterna misericórdia que Ele nos dispensa, apesar de nossas imensas falhas, não nos tornará, jamais, padrões de gratidão e merecimento. Converte-nos, apenas, em estátuas de comodismo e ingratidão disfarçada, mediante as bênçãos que nos cercam todos os passos. Todo arrependimento que não gera a energia de reparação cai no campo do remorso paralisante, recalcando nossas melhores intenções. Funcionará como o remédio certo, mas que administramos em doses erradas. Antes devemos nos esforçar para alcançar a paz dos que cumprem o dever. A alegria visita os passos dos que se reconhecem filhos de um Pai amoroso e solícito, que não regateia oportunidades aos filhos em evolução. Estás lastimando o carinho que recebes das antigas vítimas de teus desatinos? Ora, não será esta uma prova de que o amor cobre a multidão dos pecados? E não será mais produtivo para ti e mais carinhoso de tua parte se, ao contrário, te desvelares em demonstrar a estes mesmos amigos que tais cuidados tiveram ressonância em teu íntimo, até pela gratidão que eles inspiram? Por que gastar energias delimitando no coração alheio o amor que deve ou não deve nos endereçar, se todo o universo vibra amor? Antes, seria razoável que nos esforçássemos para nos enquadrar nestes mesmos conceitos e dedicação que hoje nos consolam o coração amargurado.

Otelo fez uma pausa e observou o interlocutor, que o olhava, interessado. As lágrimas que agora testemunhava em sua face traduziam uma nova maneira de pensar, a partir do que ouvia de seu pai espiritual.

Sorrindo ternamente, Otelo aguardou que ele se pronunciasse.

Comovido até o âmago, Kevin falou pausadamente, para que seus soluços não o interrompessem:

– Oh, meu pai! Tens razão. Tenho gastado imenso tempo lamentando e tornando-me ainda mais desmerecedor das bênçãos que me cercam. Tenho tanto para fazer!

O nobre instrutor, comovido, abraçou o rapaz, carinhosamente.

Conversaram um pouco mais sobre os projetos futuros, até que, muitos minutos depois, após uma grande pausa na conversa, em um tom sereno e gentil, disse:

– Meu filho, sei que trazes o coração sufocado de saudades que não ousas anunciar. Sei também que, mesmo assim, esperas com paciência o momento de recolher informes de tua companheira desventurada...

Sentindo o próprio corpo estremecer, o rapaz o encarou, com os olhos brilhantes. Mas não se animou a dizer coisa alguma. Apenas aguardou que seu interlocutor continuasse, o que ele fez após alguns minutos.

— Se tens agora a disposição de trabalhar com bom ânimo e alegria, meu Kevin, é chegada a hora de te inteirares de tua Miriel.

Sem conter-se, o rapaz pegou as mãos do amigo e osculou, respeitoso e entre lágrimas.

— Meu benfeitor! Não sabes com que alegria escuto tuas palavras! Nem por um só segundo esqueci-me de minha Miriel! Aguardo, ansioso, por qualquer notícia dela...

Erguendo o rapaz e o levando até uma ampla janela do recinto, de onde se podia ver grande extensão do campo hospitalar daquela colônia, o benfeitor continuou os informes:

— Sim. O amor verdadeiro jamais esquece. É de teu conhecimento que ele também tudo sofre e tudo espera!

— Sim, meu senhor!

— Pois bem. Sabes que nossa terna companheira se desertou da vida, em um ato tresloucado, matando também o filho que trazia no ventre. E tu também estudaste as implicações de tal ato criminoso para um filho de Deus, não?

— Sim, senhor!

— Pois bem. Quando ultrapassou os umbrais da morte, nossa Miriel estava com a saúde espiritual seriamente comprometida por suas atitudes no plano físico. Estava demente e trazia marcas muito profundas em seu ser. Necessitava tratamento ostensivo de urgência, para alcançar alguma possibilidade de reajuste mais efetivo. A pobre moça gastou alguns lustros sem poder adentrar os tratamentos desta colônia, mas como trazia alguns atenuantes ao caso, provenientes da influência perniciosa de um irmão nosso de cujo caso tu te inteirarás oportunamente, no tempo justo nós conseguimos trazê-la ao nosso carinho, para um tratamento mais eficaz. Por conta da abnegação de amigos que muito nos amam e cujo coração já ultrapassou os limites mesquinhos da capacidade meramente humana, ela foi recolhida aqui por um tempo determinado, de maneira a preparar-se para uma reencarnação compulsória, que visava filtrar as tantas complicações que se estabeleceram em seu periespírito. Há menos de vinte anos, ela retornou à carne, em uma situação expiatória muito dolorosa. Daqui a poucos dias, ela retornará ao nosso meio, com ingresso programado a esta mesma colônia, para continuar o tratamento que aqui iniciou antes de reencarnar.

Buscando controlar a suprema comoção que o tomava, Kevin passou as mãos nos cabelos, trêmulo. Observando-o, Otelo continuou:

– Sei que tais informes o deixam apreensivo, meu filho. Mas é necessário que estejas bastante consciente de tudo quanto deveremos, nos próximos dias, deliberar em favor de cada um. Em breve, programaremos uma nova encarnação para alguns de nossos amigos e também para ti e Miriel. Voltarão à carne, de maneira a refazer os próprios passos.

Kevin sorriu, um pouco aliviado.

– Voltaremos juntos?

– É bem possível, meu filho. Deus não intenta afastar aqueles que se amam, já que a Lei é de Amor. Porém, necessitamos, algumas vezes, de experiências que nos permitam reequilibrar nossos sentimentos, de maneira a livrá-los das amarras egoísticas com que os revestimos ao longo das eras. Mas toda separação é temporária. O verdadeiro sentimento não pode ser obstado por delimitações culturais, econômicas, materiais ou até dimensionais.

Observando que o rosto de Kevin se iluminava de esperança, Otelo continuou, buscando conscientizá-lo:

– Agora ouve, filho. Embora promissor, o futuro reserva lutas acerbas para vós, pois mais uma vez falhastes na empresa de espiritualizar o sentimento que vos une pelas eras. Mais uma vez o egoísmo vos afastou das conquistas mais felizes. Por isso mesmo, compreendas que as novas experiências serão de reparação e reequilíbrio, à custa de vosso esforço e luta. Nossa amiga encontra-se com sérias limitações no raciocínio, que foram bastante amenizadas na experiência expiatória que está por acabar. Sua íntima indisposição para o perdão e o esquecimento do mal dificulta muito seu restabelecimento. Também existe o agravante dos diversos abortos que cometeu, tentando encobrir a traição que infligia ao marido. Mas, como informei, por estar avalizada por corações abnegados e possuidores de conquistas que ainda não temos, receberá, em algumas décadas, um corpo sem limitações, para que possa trabalhar pela própria ascensão. Tu voltarás com ela e com mais alguns de vossos irmãos de caminhada. Voltareis ao solo da França, a pátria mãe a quem tanto deves. Sereis simples vassalos, cuja vida estará limitada pelos ditames do suserano em cujas terras vos protegerá das tão comuns disputas desta época. Em outras palavras, sereis quase escravos assalariados, de maneira que este infeliz regime que, há algum tempo rege as relações sociais no planeta, possa ser utilizado para lapidar em vós melhores possibilidades de angariar os recursos da humildade e da resignação. Um vosso companheiro de eras, outrora vítima de vossos mesmos desatinos, muito embora se permitisse a posição de fazer justiça com as próprias mãos, comprometendo o próprio destino, por conta da lei de reparação, retornará ao planeta na posição deste mesmo suserano que acabo de citar. Atualmente, também experienciando uma reencarnação expiatória, segue reajustando as próprias potencialidades, viciadas pelo ódio que teima em conservar no coração, desde há muitos séculos. Todos serão devidamente esclarecidos quanto à responsabilidade que cabe à cada individualidade e à coletividade em geral. Nenhum de nós poderá alegar agora ou mais tarde que não se achava devidamente consciente do que seria pedido a cada um de nós, em nossos trabalhos evolutivos.

Kevin ouvia, profundamente impressionado. O terno benfeitor continuou, após uma pequena pausa.

– Prepara-te, Kevin, estudando bastante, para que não te faltem recursos intelectuais para te socorrer quando estiveres aferindo nas lutas terrenas. Teus sentimentos ainda jazem viciados pelos instintos deseducados e pelo imediatismo. Haverás de aprender a resignação e a renúncia, elevando teus padrões morais. As injunções sociais que regem a coletividade humana em que vós estagiareis em breve vos apresentarão um cálice de provações rudes, pois o homem no mundo encontra-se distanciado dos conceitos da vera justiça e fraternidade, muito embora o Evangelho de Jesus fecunde a Terra árida há quase mil anos. Mas Deus permite tais situações para valer-se delas para experimentar e educar seus filhos transviados. Guarda tais conceitos em teu coração, de maneira que sorva o conteúdo amargo do remédio que ora te é necessário, com coragem e confiança em Deus.

Otelo silenciou, voltando o olhar para o exterior, onde o sol se punha no horizonte azul, deixando escapar suas derradeiras faixas luminosas. Nuanças de cores diferenciadas, jamais vistas pelos olhos terrenos, iluminaram os contornos dos prédios grandiosos, em um espetáculo inebriante e complexo. Suave e inexplicável melodia tomou todos os ambientes, convidando a todos para o genuflexório de agradecimento sincero ante as maravilhas naturais que cercavam aquele extenso campo de trabalho.

Kevin observou o horizonte, pensativo e resignado. Voltou o olhar para o pai espiritual, observando-lhe as feições gentis e serenas. Não podia se recordar da origem de tamanho carinho que o ligava àquele nobre homem que o auxiliava com os conselhos paternais. Mas o fato é que se sentia gratamente vinculado a ele, muito embora a grande diferença de pendores espirituais que era visível na apresentação de ambos.

Notou mais uma vez suas feições graves e belas. Otelo era um típico varão de origem grega, aparentando uma idade já um tanto avançada, embora seu rosto não apresentasse qualquer ruga ou deformidade condizente com o tempo. Porém, seus cabelos encanecidos indicavam sua experiência. Trajava uma alva túnica grega e trazia na fronte os louros indicativos dos cabedais intelectuais e morais que possuía. Quando falava, era possível perceber uma peregrina luz que se irradiava de seu peito, oscilando em tons que iam do azul ao rosa em mutações muito belas. Tudo nele, conquanto seu trato discreto e suas maneiras simples e humildes, insinuavam seu avanço espiritual.

Mas ali, abraçado ao seu ombro, era tão somente um pai bem-amado, cuidando de seu bem-estar espiritual. Não havia qualquer distância entre seus corações, que se amavam como pai e filho.

Kevin voltou a olhar o horizonte, emocionado com os próprios pensamentos.

Fechou os olhos e proferiu uma prece simples e espontânea, buscando o Sublime Senhor de Todos os Mundos, agradecendo-lhe todas as concessões que, naquele momento de sua evolução, ele não poderia avaliar com justiça.

7

A conclusão desses relatos

EM BREVES DIAS, Miriel foi reconduzida ao setor de tratamento intensivo da colônia espiritual em que estagiavam os vários membros de sua família.

Demorou algum tempo até que Kevin recebesse a concessão de poder visitá-la, pois era necessário que ela se restabelecesse das impressões da jornada corporal que acabara de experienciar, resgatando algum equilíbrio para conseguir conversar e deliberar o futuro.

Quando foi possível, Kevin encaminhou-se, juntamente com Otelo, ao quarto onde a moça descansava e convalescia.

Havia tido uma existência rica em dores e limitações, isolada da família espiritual. Mas, com a ajuda de benfeitores, resgatou a memória de sua romagem anterior, moldando o perispírito para aquela forma. Mas seu aspecto não era de todo saudável. Prosseguia abatida e fraca, precisando permanecer no leito por longos períodos, restabelecendo as próprias forças. Também o raciocínio falhava de quando em vez, precisando de terapia magnética efetiva para manter-se razoavelmente em algum ajuste.

Quando viu Kevin, não o reconheceu de pronto. Sua memória estava fragmentada e confusa. Mas, quando este aproximou-se de seu leito vertendo lágrimas de emoção, tomando-lhe as mãos e osculando, em determinado momento ela gritou seu nome, sacudida por violentos soluços de saudade e arrependimento.

Foram precisas algumas décadas de tratamento para que fosse possível o livre acesso de Miriel aos campos agradáveis da sua nova morada, ao lado de seu amado companheiro. Nestes passeios, não era incomum se entregar ao pranto, consciente de seus muitos delitos por pura inconsequência.

Já no limiar das novas experiências, planejadas conforme deliberaram aqueles mesmos espíritos instrutores a que nos referimos anteriormente, faltando poucos anos para seguirem juntos às terras francesas, Miriel reencontrou o pai que tivera na Terra, arrependido e humilhado. Não foi difícil a ela abraçá-lo em doce reconciliação, pois o amava ternamente.

O antigo lorde O'Hare passara grande tempo em tratamento, após sua longa vida na Terra. Para ele era um tanto difícil aceitar o sentimento que unia sua filha a Kevin, mas esforçava-se para construir em si alguma simpatia pelo rapaz. Nisso era ajudado por Orish, a quem sempre amara como a um filho. Vendo que, naquele plano da vida, os dois antigos adversários pelo amor de uma mesma mulher, tratavam-se como irmãos que se amavam muito, O'Hare impressionava-se positivamente, lutando por conquistar aquele sentimento em si mesmo.

A pequena Maire, que fora a desventurada esposa de Kevin, passava também por tratamento intensivo. Reencarnaria em breve, juntamente com o grupo onde estavam o antigo marido e Miriel. Seria recambiada em uma nova reencarnação com tempo limitado, pois seu corpo físico, em processo de reajuste das energias espirituais, nasceria já adoentado e frágil. Trocaria também de sexo e seria um irmãozinho da nova personalidade de Miriel, para receber destas os cuidados e desvelos que balsamariam a consciência da filha de O'Hare, já que era um dos fatos de sua vida espiritual dos quais mais se arrependia. Miriel desejava, verdadeiramente, recompensar uma das maiores e mais inocentes vítimas de seus desregramentos com Kevin.

A mãe de Miriel reencarnaria novamente como sua mãe, porém, para que pudesse aprender a valorizar a experiência, não acompanharia a vida dos filhos, pois sua reencarnação também era programada para ser breve. Muito provavelmente, retornaria ao plano espiritual após o nascimento de Maire em um novo corpo.

O'Hare retornaria como pai de Miriel novamente. Dessa vez, sem a riqueza econômica e o poderio de lorde. Mas trazia o sincero desejo de desvelar-se pela filha.

Alguns amigos e parentes de Kevin retornariam como seus irmãos, como era o caso de Egan e Kennedy.

Sile retornaria também, mas reencontraria com o grupo somente durante a juventude de Egan. Tanto ela quanto Egan traziam alguns compromissos com as próprias consciências, pelo fato de haverem se tornado cúmplices da traição dos dois amigos e por outros fatos que não citamos em nossas narrativas, para não estendermos demais os relatos. Mas, como companheiros de diversas peregrinações, se reencontrariam no mundo novamente.

Orish retornaria como o irmão mais velho de Miriel, intentando auxiliar seu grupo familiar.

Fynn MacDoubret, após um tratamento muito específico e vários anos de estudo, retornaria à carne com algumas concessões, como a riqueza e o poderio material, e uma família para enriquecer-lhe os dias.

Auxiliados por Otelo e por especialistas da vida maior, todo o grupo preparava-se para retornar à carne, em seus compromissos assumidos consigo mesmos.

Somente nas vésperas do internamento para as experiências necessárias, que Kevin e Miriel puderam conhecer verdadeiramente aquele que reencarnaria como filho de seu amor, na última gravidez de Miriel, conforme nossos relatos. Não adentraremos aqui em maiores detalhes, mas tratava-se de um coração amigo, que ansiava por nova experiência e muito sofrera ante a deserção da mãezinha que Deus lhe deu. Mas sentia-se verdadeiramente disposto à reconciliação, oferecendo o perdão àquela que o deveria ter protegido na vida.

Ainda sob os influxos dessas emoções, o casal foi convidado a comparecer no gabinete de Otelo, para uma palestra particular. O benfeitor enviou um gentil mensageiro, que informou apenas que se tratava de assunto de alto interesse dos dois.

Ansiosos, ambos acorreram na hora marcada ao edifício onde Otelo envergava funções especiais, encaminhando-se juntos para seu gabinete.

Foram recebidos com carinho e introduzidos em uma sala contígua, onde se assentaram lado a lado.

De frente a eles, o benfeitor tinha o semblante iluminado por uma emoção diferente. Após alguma conversação amigável, iniciou o assunto principal, segurando as mãos de ambos:

– Meus queridos filhos, agradeço muito a Deus e a Jesus por poder testemunhar este reencontro, antes que cada um de vós prossiga com vossos projetos. Em breve estareis internados para o preparo ao regresso à carne. Mas não ireis para vossa viagem sem esta dádiva de alegria, concedida pelo Pai de todos nós...

Encarando o interlocutor com expectativa, ambos sentiam que insólita emotividade tomava conta de suas forças. Olharam um para o outro de maneira significativa, encarando de novo o interlocutor, que continuou:

– Diz-me, meus amados: o que vos faltaria para que as esperanças sejam completas?

Kevin ergueu-se, como que por impulso. As lágrimas aljofravam livremente em sua face. Já Miriel manteve-se de olhos baixos, trêmula e emocionada. Foi o moço irlandês que falou:

– Oh, Céus! Meu senhor, dar-nos-ás notícias de Bragnae?

Erguendo-se também, Otelo apontou a porta que ficava atrás do casal, e disse com a voz emocionada:

– Creio que ela mesma pode vos noticiar...

Kevin virou-se em um átimo. Em sua frente estava a pequena Bragnae, em seus oito anos, como ele a viu pela última vez. O rapaz caiu de joelhos, sustentando a face com as duas mãos, em pranto convulsivo.

A menininha aproximou-se, retirando suas mãos e beijando-lhe o rosto com ternura:

– Papai...

Kevin jogou-se-lhe aos pés. Beijou-os, humildemente, rogando-lhe perdão. A menina avançou para ele e o ergueu, apontando Miriel, que se conservava totalmente quieta, com os olhos cobertos com as próprias mãos.

Ambos se aproximaram dela e Bragnae, tocando-lhe os cabelos avermelhados, disse em tom suave:

– Não vais cumprimentar-me, mãezinha? Acaso não sentiste minha falta como senti a tua?

E abraçou-se a mãezinha, acolhendo-a no próprio regaço, como se fosse ela a mãe e Miriel a filha.

Após os primeiros entendimentos, Bragnae retomou a forma adulta que lhe era peculiar, pois apenas mostrou-se como criança para ser reconhecida por aqueles que haviam sido seus pais sobre a Terra.

Estava ali para despedir-se deles e cumprimentá-los antes das novas experiências. Ela estaria na equipe de espíritos protetores daquele agrupamento em experiências redentoras.

Poucos dias depois, todos eles adentravam a instituição própria para os trabalhos de preparação para a reencarnação.

* * *

VOLTANDO À CONSCIÊNCIA após o fenômeno que se assemelhava a um desdobramento, abri meus olhos devagar, sorvendo ar.

Levei a destra ao rosto, de maneira a limpar meus olhos das lágrimas abundantes que verti durante a recordação do passado.

Apesar da extensão do que relato, todo o fenômeno não ocupou mais que duas horas terrenas.

Ao redor de mim, ainda estavam as construções fluídicas que erigi com minha vontade direcionada. Ou seja, eu ainda estava na cabana, nos bosques irlandeses.

Ergui-me do leito e olhei em derredor, observando os detalhes, para sempre gravados em minha memória.

Quando aninhei a intenção de sair, pude perceber que uma vibração amiga me aguardava do lado de fora. Encaminhei-me, então, com um sorriso no rosto, para rever o irmão espiritual que, educadamente, postava-se do lado de fora da cabana, esperando por mim.

Lá estava ele. O mesmo Orish destes relatos, ou Clement, de uma encarnação posterior. Não importava o nome. Era o abnegado companheiro de existências a quem eu muito devia e ainda devo nos dias atuais.

Abracei-o, comovido com o encontro.

– Agradeço-te o eterno carinho. Não sabes o quanto tua presença aqui, agora, significa para mim, meu irmão! – eu disse com a voz embargada.

– Jean Lucca, tuas recordações falam de um tempo em minha existência que muito me serviu de aprendizado. Aqui, na companhia tua e de nossos outros irmãos, pude restabelecer alguma paz consciencial que eu necessitava há muitos séculos. Quitei comigo mesmo alguns débitos escabrosos de desatinos passados e muito tenho que agradecer-te e também aos nossos familiares por tantas lições...

Buscamos o caminho de volta, entretendo alguma conversação sobre experiências diversas. Celeremente alcançamos os campos onde eu havia chegado, horas antes, na companhia de Otelo.

Sorrindo, o amigo das eras abraçou-me, fraternal:

– Quero que saibas que estarei contigo neste teu novo trabalho. Apesar de minha imensa desvalia, quero colocar-me à tua disposição.

Otelo aproximou-se de nós dois, abraçando-nos paternalmente.

– Meus filhos, alcemos nossos pensamentos às alturas, buscando sintonizar com os sublimes mensageiros do Mestre Adorado, de maneira que possamos fortalecer nossos melhores ideais. Mas, acima de tudo, nos apressemos em agradecer às celestes potências por todas as concessões e oportunidades com as quais nos brindam a existência. Façamos juntos uma prece!

E com o olhar fulgurante fixo no infinito, como a divisar regiões de excelsitude, Otelo levou a destra no peito, ditando esta simples prece, que marcou o término de nossas realizações nas belas terras da Irlanda:

– Senhor dos Mundos, humildemente unimos nossas mentes em agradecimento à tua misericórdia. Oh, perfeição! Oh, bondade infinita! Prostramo-nos diante de vós, e rogamos à tua providência magnânima que nos inspire em nossos propósitos, de maneira que nada realizemos fora de tua vontade infinitamente justa. Abençoa toda a família terrestre, que caminha vacilante aos teus braços, inconsciente de tua solicitude e paciência perfeitas. Louvado seja o Pai Amoroso de todas as criaturas! Louvado seja o Arquiteto do Universo sem fim! Louvado seja Jesus, que se entregou ao sacrifício pelo amor de todos nós, para que pudéssemos aprender o melhor caminho para alcançar-te, Deus de nossas vidas! Habita em nós, agora e para todo sempre. Que assim seja!

Nós três, ali unidos em um abraço, chorávamos de comoção. Sem muito esforço, podíamos ouvir hinos provindos de regiões extraterrenas, como se a prece de Otelo houvesse encontrado ressonância em corações carinhosos, que respondiam em forma de cânticos suaves.

A noite caíra calmamente, com seu manto salpicado de estrelas enfeitando o céu. No céu, a lua cheia estava mais bela que nunca. Observando os astros, senti imensa saudade do Cruzeiro do Sul, que, nesta época, torna-se plenamente visível nas primeiras horas de escuridão, nas terras brasileiras.

Enleados por ideais superiores, nós três deixamos aqueles sítios que um dia habitamos, nos quais um dia experimentamos boas e más resoluções, lutamos, choramos e sofremos ao lado daqueles que nos são caros aos corações.

Voltaríamos à Pátria do Evangelho, esta terra rica de recursos materiais e espirituais, que nos acolheu com seus braços sublimes, oferecendo-nos o ensejo de progredir. E porque nos sentíamos todos filhos legítimos de seu solo afável e gentil, o fizemos sob o brilho de incontrolável alegria.

8
Apontamentos finais

As experiências que grafamos nestas linhas as compartilhamos com os irmãos tão somente com o intuito de alertar aos corações que amamos sobre o encadeamento de todas as nossas atitudes, ao longo de nossa existência.

Temos, a grande maioria de nós, reciclado os mesmos desatinos de eras passadas, em um ciclo vicioso de dores totalmente desnecessário ao nosso aprendizado.

E tudo tão somente porque ainda não nos damos conta de que somos os eternos construtores de nossos destinos. Mesmo tendo à nossa disposição os conhecimentos aclaradores da doutrina espírita, teimamos em caminhar quais inconscientes das realidades espirituais. Confabulamos com Deus, alegando sermos ainda cegos, quando, na verdade, nós mesmos mantemos os próprios olhos fechados diante da realidade.

Preferimos continuar nas fortalezas de ilusão que erigimos em torno de nossos passos, modificando as verdades eternas ao sabor de nossas dificuldades íntimas, de maneira a suprir o vazio que nos avassala o interior. Na verdade, não compreendemos que tal vazio se deve unicamente pelo distanciamento voluntário de cada um de nós do amor verdadeiro.

Mas este sentimento que sustenta toda a criação de Deus e no qual estamos irremediavelmente imersos é o que nos torna a imagem e semelhança de nosso Pai Celestial.

Mas até que desenvolvamos em nós os potenciais latentes da alma, a maior das virtudes está encoberta pela materialidade de que necessitamos nos revestir ao longo de nossa evolução, desde os reinos inferiores.

Constitui-se o nosso máximo ideal nossa própria libertação, de maneira que consigamos nos sentir parte deste contexto perfeito, descobrindo nossa ligação com toda a criação de Deus. Para isso, necessitamos educar o amor que habita em nós, mas encontra-se ainda não manifesto, reprimido por nosso desconhecimento de sua força, adormecido por nossa invigilância.

O que será, afinal, o amor?

Ao longo dos séculos, os materialistas o negaram sistematicamente, os cientistas o definiram como uma conjugação especial de hormônios, os pessimistas imputaram a ele a raiz de todos os crimes e todas as tragédias humanas, os românticos o idealizaram, os filósofos o confundiram, os sofredores o desejaram, os felizes o esqueceram, os ateus o subestimaram, os religiosos o delimitaram.

E, ainda hoje, depois de todas as experimentações válidas e desnecessárias, equilibradas e desequilibradas, o homem ainda não o pode definir de uma maneira satisfatória. Ainda hoje, depois de galgarmos, vagarosamente, os reinos da evolução planetária, amando no magnetismo mineral, amando na sensibilidade vegetal, amando no instinto animal, amando no raciocínio humano, ainda não aprendemos a sentir de maneira plena, temerosos dessa força que adivinhamos ser imensa, muito maior do que qualquer outra potencialidade que possuímos. Desconhecemos o amor, por isso o tememos tanto.

Temendo o amor, prosseguimos disfarçando suas manifestações e encobrindo seus sinais, enganando nossos sentidos com teorias complexas e vazias, com tratados frágeis e destinados ao fracasso. Gastamos largo tempo criando conceituações e jogos de palavras que confundem e entorpecem. Movimentamo-nos entre quimeras e nos alimentamos de devaneios, chorando e sofrendo ante a quebra das ilusões na forja do tempo.

No entanto essa força vive em nós e nos impulsiona, sem que nenhum embargo lhe possamos opor. É ela que nos sustenta e nos consola, ainda que teimemos em descrer. E é esta força que nos atrai uns aos outros, nos misteriosos enlaces dos destinos, na beleza enigmática das afinidades.

E é essa mesma força que ainda renegamos e contra a qual nos rebelamos que nos levará de volta aos braços amoráveis de Deus, donde de um hausto sublime saímos um dia, nos pródromos de nossa criação. E o Pai nos tem sustentado por esta mesma força, de maneira que, após etapas evolutivas sucessivas, nos tornemos simples e sábios, despertos para nossa realidade de filhos da perfeição e herdeiros do universo.

Até lá, caminharemos com esta sede angustiante e atordoante, buscando em todos os lugares aquilo que já se encontra em nosso poder, e que não percebemos porque nossas fragilidades nos impedem de olhar verdadeiramente para dentro de nós mesmos.

Mas Jesus afirmou que possuía a água viva[5]. Ensinou-nos que, quando conhecermos o dom de Deus, essa água viva nos será ofertada e jamais sentiremos sede novamente, pois em nós jorrará uma fonte que saltará para a vida eterna.

E porque cremos nisso, rogaremos a Jesus que nos ampare em nossa trajetória evolutiva para que conheçamos o dom de Deus em nós e o desenvolvamos. Ansiosos, buscamos seguir o Mestre, ainda que tenhamos os passos indecisos e hesitantes, ainda que estejamos confusos e temerosos, ainda que não compreendamos verdadeiramente o sentido de seu evangelho em nossos corações.

---

[5] João, capítulo 4.

Mas nós o buscamos, sabedores que somos de que Ele é o Caminho, a Verdade e a Vida[6], e que o Evangelho, bem compreendido e bem vivido, será essa fonte que nos aplacará para sempre a sede do amor verdadeiro.

Fim

---

[6] João, 14:6.